REGELSCHULE

Abschluss-Prüfungs-
aufgaben mit Lösungen **2014**

Deutsch

Realschulabschluss
Thüringen

2007–2013

STARK

ISBN 978-3-8490-0669-3

19. ergänzte Auflage
www.stark-verlag.de

Inhalt

Fortsetzung nächste Seite

Abschlussprüfungsaufgaben in Thüringen mit Lösungshinweisen zu den Aufgaben

Jeweils im Herbst erscheinen die neuen Ausgaben der Abschlussprüfungsaufgaben mit Lösungen.

Autoren:

Bärbel Bensch (Kapitel A–E, Übungsaufgaben 2 und 3)
Helke Felgenträger, Heike Ginter (Lösungen Jahrgänge 2007 bis 2013)
Christel Metzger (Übungsaufgabe 1)

Vorwort

Die Bewältigung der Prüfungsaufgaben zum Realschulabschluss im Fach Deutsch ist für viele Schülerinnen und Schülern eine Herausforderung, stellt doch der Aufsatz – mit seinen vielfältigen Darstellungsformen – eine in sich geschlossene selbstständige Leistung dar. Diese Art der sprachlichen Leistungsüberprüfung erfordert neben eigenverantwortlicher Themenentscheidung und logischem Denken besonders Sach- und Methodenkompetenz, d. h. stilistische, grammatische, orthografische, ästhetisch-literarische Fähigkeiten und Fertigkeiten sowie grundlegendes methodisches Können.

In der Prüfung stehen **vier Aufgaben zur Wahl**, die **komplex und offen** gestaltet und so gewählt sind, dass sie das Finden **eigenständiger Lösungsstrategien** garantieren.

Zur erfolgreichen Realisierung sind **Verfahrenskenntnisse zum rezeptiv-analysierenden Erörtern und Interpretieren sowie im anschaulichen Darstellen** gefordert:

- Erörtern und Argumentieren (These bzw. Text/Problem aus der Lebens- u. Erfahrungswelt der Schülerinnen und Schüler)
- Erörtern bekannter literarischer Themen
- Interpretieren literarischer Texte: kurze epische Texte, Dramenauszüge, Gedichte, Songs usw. (Angaben zu Autor, Werk, Zeit und ihrer Wechselbeziehung; Angaben zur Erzählweise, zu Textmerkmalen und verwendeten sprachlichen Mitteln; Nacherzählen)
- Wiedergeben von Eindrücken (Gedanken, Gefühle und Empfindungen bei Erlebnissen und Begegnungen mit Kunstwerken)
- Vergleichen von Texten
- Schreiben/Erzählen einer Geschichte nach einem vorgegebenen Erzählanfang o. Ä.

Letzteres zählt zu den **produktions- und kommunikationsorientierten Verfahren**, die aufgrund der **Lehrplananforderungen** in den **Aufgabenstellungen** der Prüfungen verstärkt Anwendung finden. Das bezieht sich auf

- die Form des freien Schreibens (Geschichten fortsetzen, umschreiben, neu formulieren u. a.),
- das Beachten und Anwenden des unterschiedlichen Adressatenbezuges (persönlicher Brief, Leserbrief, Zeitungsartikel, Tagebucheintrag, Dialog, Interview u. a.),
- das Nutzen und Verarbeiten verschiedener Informationsquellen (unterschiedliche Textsorten, Fotos, historische Quellen, Mind Map u. a.) sowie
- den Einsatz von Sachtexten.

Grundlagen für die Prüfungsaufgaben sind sowohl literarische Texte (Kurzgeschichten, Erzählungen, Parabeln, Kriminalgeschichten, Novellen, Romanausschnitte, selbst gewählte Lektürebeispiele, Dramenauszüge, Lyrik aller Epochen bis zu Songs moderner Liedermacher u. a.) als auch Medienbeispiele und pragmatische Texte.

Werden die Vorbereitungsmöglichkeiten (aufgezeigte Schwerpunkte und Textarten) und die eindeutige Abgrenzung in der Formulierung der Aufgabenstellungen des Aufsatzes nach Erörtern, Interpretieren, Wiedergeben von Eindrücken und kreativer Umsetzung beachtet, ist bereits ein großer Schritt zur Überwindung der Prüfungsproblematik getan.

Außerdem will dieses Buch dir zeigen, dass Aufsatzschreiben nicht Glückssache ist, sondern eine Fähigkeit, die erlernbar ist. Die dazu notwendigen Techniken und Vorgehensweisen vermittelt der Deutschunterricht, in den **Kapiteln A, B, C, D, E** sind diese zusammenfassend dargestellt.

Tipps zur Arbeit mit diesem Buch

Jede Schülerin und jeder Schüler kann sich individuell mit diesem Arbeitsmaterial auf die Prüfung vorbereiten.

- Wer sich hinsichtlich der Aufsatzform noch sehr unsicher fühlt, arbeitet den **ersten Teil** (die Kapitel A bis E) durch und sucht sich anschließend Prüfungsaufgaben zum Üben aus.
- Wer bereits über mehr Fertigkeiten im Aufsatzschreiben verfügt, wählt aus dem **zweiten Teil** (Übungsaufgaben, Prüfungsaufgaben) Themen aus und bearbeitet diese.

Es können schwerpunktmäßig Einleitungen, Gliederungen und Stoffsammlungen, einzelne Aufsatzteile oder ganze Darstellungen trainiert werden – allein oder in Gruppenarbeit im Deutschunterricht oder außerhalb der Schule.

Die Lösungsvorschläge ermöglichen die Kontrolle bzw. die Korrektur der eigenen Arbeit. Solltest du nicht weiterkommen, helfen dir die grau markierten **Hinweise und Tipps** vor der jeweiligen Lösung. Wenn du sie gelesen hast, solltest du unbedingt selbstständig weiterarbeiten.

Sollten nach Erscheinen dieses Bandes noch wichtige **Änderungen** in der Abschlussprüfung 2014 vom Ministerium für Bildung, Wissenschaft und Kultur bekannt gegeben werden, findest du aktuelle Informationen dazu im Internet unter: *www.stark-verlag.de/info.asp?zentrale-pruefung-aktuell.*

Viel Erfolg beim Erlangen des Realschulabschlusses wünscht

Bärbel Bensch

Themenübersicht nach Aufsatzarten

A. Erörtern und Argumentieren

1. Beschreibung der Aufsatzform

Bei der **freien Erörterung** ist das Thema als Feststellung, Behauptung oder als Frage formuliert, die im Aufsatz beleuchtet werden soll. Manchmal liegt auch ein Zitat zugrunde, das zunächst erläutert und anschließend mit eigenen Argumenten erörtert werden muss.

Eine weitere Aufsatzform stellt die **textgebundene Erörterung** dar, d. h. die Erörterung eines bekannten/unbekannten literarischen Stoffes/Problems. Grundlage dieser Erörterung ist ein literarischer Kurztext, eine Gedichtzeile, eine Gedichtstrophe, eine Szene aus einem Drama usw. Der Text ist zunächst inhaltlich wiederzugeben, danach sind die im Text enthaltenen Argumente/Behauptungen zu bearbeiten.

Wer erörtert, setzt sich mit einem strittigen oder komplizierten Problem bzw. Sachverhalt auseinander, um sich Klarheit darüber zu verschaffen. Welcher Art das zu erörternde Thema auch sein mag – eine politische Entscheidung, ein auffälliges Sozialverhalten, ein Alltagsproblem usw. – es löst in jedem Fall Fragen aus: Warum ist das so? Wie ist es dazu gekommen? Was ist zu tun? Wie ist die Sache zu beurteilen? Wer darauf begründete Antworten sucht, kann sich mit einer schnellen „Lösung“ nicht zufrieden geben, sondern muss das Problem unter vielfältigen Gesichtspunkten betrachten, Ursachen und Folgen erwägen, Aussagen und Urteile dazu prüfen, nicht zuletzt auch eigenes Wissen, eigene Erfahrungen zur Klärung heranziehen – kurz, muss das Problem erörtern.

Im Alltag werden Probleme meist **mündlich erörtert**. Jeder Gesprächspartner trägt aus seiner Sicht durch Kenntnisse und Meinungen, durch Vermutungen und Vorschläge, durch Widerspruch und Zustimmung zur Klärung des Sachverhalts bei, kann aber auch während des Gesprächs seinen Standpunkt leicht korrigieren.

Anders bei der **schriftlichen Erörterung**. Hier muss ein Einzelner den Sachverhalt allein untersuchen und zu einer Klärung kommen. Zwar hat die schriftliche Form den Vorteil, die Gedanken übersichtlich festzuhalten, zu überprüfen und zu ordnen. Aber der Verfasser muss nun auch die Interessen und Standpunkte anderer in seine Erörterung mit einbeziehen, vor allem, wenn es um eine strittige Frage, also um eine Problemerörterung geht.

Auf alle Fälle heißt es: Die Darstellung muss so klar und deutlich sein, dass der Leser den Gedankengang des Verfassers nachvollziehen kann. Das musst du unbedingt beachten, wenn du dich für eine Erörterung als Prüfungsaufsatz entscheidest. Besonders musst du dabei auf die zusätzlichen Arbeitsanweisungen achten.

2. Vorarbeiten

Bevor du mit der Darstellung deiner Gedanken beginnst, sind eine Reihe von Vorarbeiten sinnvoll. Die folgenden Arbeitsschritte solltest du aber auf jeden Fall durchführen, denn somit kannst du sicher sein, das Thema vollständig erfasst zu haben.

Der erste wichtige Schritt ist die **Analyse des Themas**. Es ist notwendig, das Thema zu erfassen, indem du es mehrmals durchliest, die Art der Erörterung klärst und das Thema abgrenzt. Du solltest überlegen: Auf welche Frage(n) muss mein Aufsatz Antwort geben?

Im zweiten Schritt musst du die **Schlüsselbegriffe** des Themas herausarbeiten. Du kannst sie im Thema unterstreichen, herausschreiben, definieren und Synonyme dazu finden. Ich empfehle dir außerdem, mit eigenen Worten zu formulieren, welche These(n), Behauptung(en) oder Frage(n) im Thema steckt (stecken). Verwende dabei die Schlüsselbegriffe.

Klarer wird die Problematik auch, wenn du das Thema umformulierst (z. B. in eine Frage) und mit eigenen Worten ausdrückst.

Sollten Zusatzaufgaben vorhanden sein, verfahre mit diesen ebenso: Stelle die Schlüsselbegriffe heraus und formuliere mit ihnen die Aufgabenstellung mit eigenen Worten. Bei der Erörterung eines Kurztextes arbeitest du statt der Schlüsselbegriffe des Themas die Hauptargumente/ Hauptthesen des Textes heraus. Anschließend verfährst du wie beschrieben.

Nach diesen Überlegungen stellst du fest, welcher **Darstellungstypus** verlangt ist:
- eine kontroverse Darstellung nach dem Schema Pro–Contra (Aufgabenstellungen, die mit Ja oder Nein zu beantworten sind) oder
- eine lineare bzw. entwickelnde Darstellung, die nach Gründen, Folgen, Auswirkungen, Bedeutungen usw., nach bestimmten Entwicklungen oder Erscheinungsformen fragt.

Der Darstellungstypus tritt nicht immer in einer Reinform auf. Es können beispielsweise erst Ursachen für eine Entwicklung beschrieben werden, die anschließend von zwei Seiten aus (Pro und Contra) beleuchtet werden.

Entsprechend diesen beiden Darstellungstypen baust du deine **Stoffsammlung** auf und ordnest danach den gesammelten Stoff. Verfahre am besten so:
Du sammelst Antworten und Einfälle zur Aufgabenstellung, zum Für und Wider oder zu den Gründen, Folgen, Auswirkungen, Bedeutungen usw. einer Sache. Du kannst die sog. W-Fragen (Wer? Was? Wann? Wo? Wie? Warum? usw.) als Fragesätze formulieren. Du solltest unbedingt alle vorkommenden Fachbegriffe klären. Deine Gedanken notierst du zunächst ungeordnet in Form von Stichpunkten oder ganzen Sätzen, die dir zu den jeweiligen Überschriften einfallen. Günstig ist es, die Stichpunkte oder ganzen Sätze untereinander zu schreiben, damit du leichter die zusammengehörigen Gedanken mit Farben, Zahlen oder Symbolen kennzeichnen, themenfremde Überlegungen oder unergiebige Einfälle leichter streichen und in Einzelfällen noch Fehlendes ergänzen kannst.

Danach solltest du den **Stoff ordnen**, indem du überlegst, welche Punkte der Stoffsammlung sich unter einem bestimmten Oberbegriff zusammenfassen lassen.

Zuletzt gehst du daran, die Reihenfolge für die gefundenen Oberbegriffe mit einzelnen Unterpunkten festzulegen, und zwar nach ihrer Wichtigkeit. Du kannst den wichtigsten Punkt an den Anfang oder an den Schluss stellen, solltest aber stets einheitlich verfahren. In der Reihenfolge kann es aber auch vom Persönlichen zum Allgemeinen bzw. in umgekehrter Folge vom Allgemeinen zum Persönlichen ablaufen. So ist eine entsprechende **Gliederung** für deinen Aufsatz entstanden.

3. Schreiben

Du wirst erkennen, dass eine gründliche Vorarbeit das Aufsatzschreiben wesentlich erleichtert. Durch mehrfaches Üben im Unterricht und mit diesem Buch erwirbst du dir die nötige Fertigkeit im Analysieren des Themas, in der Stoffsammlung und Stoffanordnung und im Erstellen einer guten Gliederung.

Danach verfasst du eine zusammenhängende Darstellung zum Erörterungsthema – einen **Entwurf** – und **überarbeitest** diese zielgerichtet. Am besten, du nimmst mit einem andersfarbigen Stift die Überarbeitung vor und notierst am Rand (evtl. Extrablatt) Ergänzungen.

Anschließend schreibst du den Aufsatz in **Reinschrift**, die du zur Bewertung abgibst (eigentlicher Prüfungsaufsatz).

Da der Aufsatz durch eine Dreiteilung – Einleitung, Hauptteil und Schluss – gekennzeichnet ist, sollen die einzelnen Teile noch einmal gesondert betrachtet werden:

Bei der **Einleitung** gibt es – je nach Thema – verschiedene Möglichkeiten. Du kannst

- das Thema bzw. das darin enthaltene Problem erklären,
- auf einen aktuellen Anlass, einen Zeitungsartikel, einen Buchausschnitt, eine Fernseh- oder Rundfunksendung o. Ä. hinweisen,
- einen geschichtlichen Rückblick geben oder einen historischen Bezug herstellen,
- eine persönliche Erfahrung, Beobachtung beschreiben,
- jemanden zitieren oder ein Sprichwort/eine Redewendung anführen.

Wichtig ist, dass du mit deiner Einleitung das Interesse des Lesers weckst bzw. zur eigentlichen Erörterung des Themas sinnvoll hinführst.

Danach beginnt der **Hauptteil**, die eigentliche Darstellung der verschiedenen Argumente zur Klärung des gewählten Themas – seien es die Pro-Contra-Argumente oder die unterschiedlichen Gründe, Folgen, Auswirkungen, Bedeutungen usw.
Das Ziel des Hauptteils ist die umfassende sachliche Information. Der Leser soll sich aufgrund deiner Überlegungen ein begründetes Urteil bilden können, das sich eventuell mit deinem eigenen Urteil deckt bzw. zu seiner Urteilsfindung beiträgt.
Bei der kontroversen Darstellung kannst du das Für und Wider jeweils im Block darstellen oder auf ein Pro-Argument das passende Gegenargument folgen lassen. Letzteres ist schwieriger, da nicht immer der eine Gesichtspunkt den anderen eindeutig widerlegt.
Die lineare (entwickelnde) Darstellung führt die Argumente jeweils gesammelt nach Gründen, Folgen, Auswirkungen, Bedeutungen usw. an.

Zum **Aufbau eines Arguments** empfehlt sich folgendes Vorgehen:

- du nennst das Argument (Behauptung),
- anschließend erklärst du es (Begründung),
- und schließlich führst du (ein) eigene(s) Beispiel(e) als Beweisführung an.

Wichtig sind die **Überleitungen** von Argument zu Argument mit den entsprechenden Begründungen und Beispielen, aber auch z. B. vom Pro- zum Contra-Teil oder von den Gründen zu den Auswirkungen. Sie sollen dem Leser dein Vorgehen klar machen und den langen Hauptteil in überschaubare Abschnitte unterteilen.

Im **Schluss** fasst du deine Überlegungen zusammen und leitest daraus deine persönliche Stellungnahme ab, die du begründen musst und mit eigenen Beispielen/Erfahrungen (selbstkritisch) untermauern kannst. Mit einer Frage als Schlusssatz könntest du den Leser nochmals persönlich ansprechen. Die Frage sollte aber nicht formal/plakativ gestellt werden.

Für den **Umfang** der Einleitung, des Hauptteils und des Schlusses könntest du dir als Richtlinie das Verhältnis 1 : 5 : 1 einprägen.

Grafische Darstellungen

Analyse des Themas

Erfassen des Themas	• mehrmals durchlesen • Klärung der Art der Erörterung • Abgrenzung von ähnlichen Themen
Klären wichtiger Themenbegriffe (Schlüsselbegriffe)	• unterstreichen • herausschreiben • definieren • Synonyme finden
Formulieren der Aufgabenstellung	• Umformulieren des Themas • unverändert übernehmen

Stoffsammlung, Stoffordnung und Gliederung

Stoffsammlung

- Antworten und Einfälle zur Themafrage sammeln
- W-Fragen als Fragesätze formulieren und Antworten sammeln
- Fachbegriffe klären
- Stichpunkte oder ganze Sätze notieren
- Gedanken in beliebiger Reihenfolge untereinander schreiben

⇓

Arbeitsschritte auf dem Weg zur Stoffordnung

- zusammengehörige Gedanken mit Farben, Zahlen oder Symbolen kennzeichnen
- themenfremde Überlegungen oder Unergiebiges streichen
- in Einzelfällen noch Gesichtspunkte ergänzen

⇓

Stoffordnung / Gliederung

- Oberbegriffe suchen / Unterpunkte zuordnen
- sinnvolle Reihenfolge festlegen, z. B.:
  - vom Unwichtigen zum Wichtigen
  - vom Persönlichen zum Allgemeinen
- Gliederung aufstellen

Aufbau des Aufsatzes

Einleitung

- Thema / Problem erklären *oder*
- aktueller Anlass, Zeitungsartikel o. Ä. *oder*
- geschichtlicher Rückblick *oder*
- persönliche Erfahrung *oder*
- Zitat/Sprichwort *oder*
- bei Kurztexten: Inhaltsangabe

(Überleitung)

Hauptteil

	Überleitung	Überleitung
• „Pro" bzw. Gründe	• „Contra" bzw. Folgen	• Auswirkungen usw.
A1	A1	A1
A2	A2	A2
A3	A3	A3
…	…	…

(Überleitung)

Schluss

- Zusammenfassung
- persönliche Stellungnahme mit Begründung und Beispiel(en)

B. Interpretieren literarischer Texte

1. Beschreibung der Aufsatzform

Ein Thema des Prüfungsaufsatzes verlangt eine Interpretation eines literarischen Textes (Kurzgeschichte/Erzählung/Dramenauszug/Romanausschnitt/Gedicht).

Was verlangt die Interpretation eines literarischen Textes?

An der Bedeutung des Wortes „interpretieren" kann sehr gut gezeigt werden, was mit dieser Darstellungsart gemeint ist. „Interpretare" heißt wörtlich „zwischensprechen" bzw. auch „deuten, auslegen", also mit eigenen, verständlichen Worten jemandem erläutern, was ein Text uns sagen will. Literarische Texte sind in verschlüsselter Sprache geschrieben, die der Interpret (für einen Leser oder Zuhörer) wieder entschlüsseln soll. Um einen Text entschlüsseln zu können, braucht man Interesse an Sprache und Literatur, aber auch Kenntnisse diesbezüglich, ein Gespür für Ausdrucksmittel und natürlich Übung. Durch Üben erwirbst du Fertigkeiten im Herausfinden der Mittel, die einen Text verschlüsseln. Im Unterricht werden diese meist Stilmittel oder sprachkünstlerische Mittel genannt.

Zur Interpretation gehört neben der Textuntersuchung nach Inhalt und Form (also die Entschlüsselung) auch die Beobachtung, wie der Text auf die Leser wirkt und wirken soll (Leserbezug). Außerdem kann eingearbeitet werden, was du über die epochale Zuordnung des literarischen Textes und die Autorin/den Autor weißt (über ihr/sein Leben und Werk, den sozialen und politischen Hintergrund) und welche Hinweise der Text darauf gibt.

Um dir Sicherheit für das Interpretieren zu geben, werden hier wiederholend grundsätzliche Merkmale der verschiedenen literarischen Textsorten genannt:

Erzählung, Roman und Kurzgeschichte gehören zum Genre der Epik. Unter **Erzählung** versteht man die Darstellung eines wirklichen, möglichen oder erfundenen Ereignisses, erzählt als Eigenerlebnis oder in der dritten Person. Die Erzählung ist in Prosa geschrieben, hat eine Einleitung, einen Hauptteil mit Höhepunkt und einen Schluss (s. Kapitel D). In der Erzählung werden charakteristische Merkmale von Personen sichtbar. Gegenüber der Erzählung ist der **Roman** von größerem Umfang, komplexer in der Handlung, figurenreicher und welthaltiger.

Zu den Kurzformen der Epik gehört die **Kurzgeschichte**. Sie ist eine kurze Erzählung (amerik. „short story"), die ein alltägliches Geschehen schlaglichtartig hervorhebt und zu einer überraschenden Wende führt, wobei die Schlusspointe von Anfang an den Erzählverlauf bestimmt, d. h. die Geschichte wird vom Ende her erzählt. Die Kurzgeschichte zeigt meist einen unvermittelten Eingang, eine gedrängte Steigerung und einen offenen Schluss, der den Leser zum Nachdenken über das Dargestellte zwingt. Die Kurzgeschichte kann an Merkwürdiges gebunden sein, kann Belangloses oder auch historisch Bedeutungsvolles widerspiegeln. Sie zeigt häufig eine typisierte Figur in einer Entscheidungssituation, in einem Konflikt. Das Geschehen umfasst einen kurzen Zeitausschnitt. Aufgrund ihres geringen Umfangs bietet sie auf einem Minimum an Raum ein Maximum an Sinn und damit häufig eine symbolische, verweisende Botschaft. Die innere Handlung dominiert. Der Erzählton zeigt oft die Tendenz zur nüchternen Sachlichkeit, der Stil Tendenz zu umgangssprachlichen Wendungen, z. B. zum Jugendjargon. Man unterscheidet in Kurzgeschichten den Ich-Erzähler (aus eigenem Erleben), den personalen Erzähler (aus der Sicht einer Gestalt) und den auktorialen Erzähler (er handelt nicht, tritt aber wertend in Erscheinung).

Unter einem **Drama** versteht man den Ablauf eines Geschehens auf der Bühne durch handelnde Personen mithilfe von Dialogen und Monologen, nach Szenen (Auftritte) und Akten (Aufzüge) gegliedert; es gehört zum Genre der Dramatik.

Das Drama hat in der Regel einen strengen, meist fünfaktigen (manchmal dreiaktigen) Aufbau: Exposition, d. h. Darlegung des Sachverhalts, der einen Konflikt in sich birgt oder gelöst werden muss; Ausspielen des Konflikts bis zum Höhepunkt, der entscheidenden Wende; Lösungsversuch, der entweder zum befriedigenden Erfolg oder in die Katastrophe führt. Wichtig ist das Moment der Spannung, deshalb müssen die einzelnen Szenen genau ineinander greifen. Es ist notwendig, beim Interpretieren einer Dramenszene die richtige Einordnung in das Gesamtgeschehen zu beachten.

Gedichte gehören wie die Balladen zur literarischen Gattung der Lyrik, welche die persönlichste aller Gattungen ist und äußerst subjektive Empfindungen, Stimmungen und Gefühle ausdrückt. In Gedichten wird oft das persönliche Erlebnis in eine allgemeine Erfahrung gehoben. Häufig gibt es ein „lyrisches Ich" (greifbar in der 1. Person oder in der Anrede eines „du"), das als Bezugspunkt aller Wahrnehmungen und Äußerungen eingesetzt wird, aber nicht mit dem Autor selbst verwechselt werden darf. Die Ballade erzählt von Ereignissen und Schicksalen. Die verdichtete Sprache der Lyrik ist von der Alltagssprache abgehoben: äußerlich durch die gebundene Redeweise (Vers, Reim, Strophe), aber auch durch die Wortwahl und die Bilder (Metapher, Personifikation, Symbol, Vergleich).

2. Vorarbeiten

Eine gute Interpretation setzt intensive Vorarbeiten voraus. Lies vor allem den Text gründlich und beobachte bei der Textentschlüsselung genau.

Der erste Teil der Vorarbeit gilt der **Auseinandersetzung mit dem Text**. Nach der Phase des mehrmaligen – langsamen, gründlichen – Lesens des Textes schließt sich das inhaltliche Erfassen an, am besten mit den **fünf W-Fragen** (Wer? Was? Wann? Wo? Warum?). Anschließend erstellst du eine kurze **Inhaltsangabe**, in der die Schauplätze, die Dauer bzw. die zeitliche Abfolge, die Haupt- und Nebenpersonen der Handlung erfasst werden – und worum es geht. Die Inhaltsangabe erfolgt im Präsens! Die Inhaltsangabe benötigst du als Teil für den Aufsatz. Weiterhin geht es darum, die Textsorte anhand typischer Merkmale festzustellen (also Gedicht, Romanausschnitt, Erzählung, Kurzgeschichte usw.).

Der nächste Schritt beinhaltet die eigentliche **Textarbeit**, die **Interpretation** (Entschlüsselung, Deutung). Der Inhalt mit seinen verschiedenen Bedeutungsaspekten wird gründlich untersucht. Lies dabei den Text mehrmals, denn oft fällt dir später noch etwas Neues auf.

Du kannst die fünf W-Fragen als Raster nehmen und ausbauen, etwa mit folgenden zusätzlichen Fragen:

- Wie ist die Hauptperson/sind die Hauptpersonen charakterisiert?
  Gibt es Nebenpersonen? Welche Beziehungen gibt es zwischen den Personen?
- Wie verändern sich die Personen und ihr Verhältnis untereinander?
- Was wird dargestellt (Text, Bild)?
- Was geschieht und wie verändert sich das Geschehen?
- Welches Hauptthema/Problem wird angesprochen?
- Auf welchem politischen, sozialen, religiösen Hintergrund wird es gezeigt?
- Welche Tendenzen der Zeit werden sichtbar?
- Wird der zeitliche Ablauf unterbrochen durch Vor- oder Rückblenden?
- Was lässt sich über den Ort bzw. den Wechsel der Schauplätze sagen?
- Welche Gründe gibt es für den Verlauf des Geschehens, für das Verhalten der Personen, für ihr Verhältnis untereinander und zur Handlung?

Aus der Beantwortung dieser Fragen kannst du folgern, wofür Personen, Geschehen, Ort und Zeit im Text stehen, was durch sie gesagt wird. Dadurch kommst du über den Inhalt zur **Aussage** des Textes.

Anschließend betrachtest du die **Sprache** und die **Form** des Textes:
Bei der **Sprachuntersuchung** stellst du die Mittel heraus, mit denen die Verfasserin/der Verfasser des Textes arbeitet, z. B.

- Übertreibung, Ironie, Verallgemeinerung, bestimmte Wortfelder, Bild, Vergleich, Symbol, Wiederholung, Personifikation, Aufzählung, rhetorische Frage, Gegensatz usw.
- Wen lässt die Autorin/der Autor sprechen?
- Besonderheiten im Satzbau, z. B. Häufung bestimmter Satzzeichen, unvollständige Sätze, komplizierter/einfacher Satzbau usw.
- Sprachstil: Umgangssprache, gehobene Sprache, Jargon, Fachsprache, Verwendung vieler Verben bzw. Substantive usw.

Schreibe deine Beobachtungen in Stichpunkten heraus oder markiere sie farbig im Text.

Wenn du die Sprachuntersuchung beendet hast, musst du unbedingt herausfinden, was die beobachteten Mittel mit dem Inhalt zu tun haben:

- Verstärken/unterstreichen sie die Bedeutung des Inhalts?
- Stehen sie im Gegensatz dazu?

Lediglich festzustellen, welche Sprachmittel verwendet werden, sagt an sich sehr wenig aus und genügt nicht.

Bei der **Betrachtung der Form** gehst du ähnlich vor: Du arbeitest die Besonderheiten heraus und fragst anschließend, welcher Bezug zum Inhalt besteht.
Zur Formbetrachtung gehören:

- Strophen, Reim, Versmaß (Gedichte)
- Unterteilung in Abschnitte
- Anordnung/Aufbau einzelner Strophen/Abschnitte bzw. Textteile (Steigerung, Abfolge von Gegensätzen, ungeordnete Reihenfolge usw.)
- Anfang und Schluss (Geschlossenheit, Offenheit)

Nach Bearbeitung dieser Gesichtspunkte und Fragen kannst du die gesamte **Aussage** des Textes (Inhalt und Form) festhalten.

Im nächsten Schritt untersuchst du den Bezug zwischen **Text und Leser**:

- Wer erzählt den Text (Er- oder Ich-Erzähler)?
- Welche Leser werden angesprochen (z. B. Jugendliche, Schüler, besorgte Eltern, technisch interessierte Menschen, Menschen mit bestimmten Problemen usw.)?
- Auf welche Weise wird der Leser angesprochen (z. B. Anrede, Identifikation mit bestimmten Personen, als kritisch distanzierter Beobachter usw.)?
- Welche Stimmung erzeugt der Text (z. B. Nachdenklichkeit, Optimismus, Pessimismus usw.)?

Die Beantwortung dieser Fragen gibt Auskunft über die Absicht des Verfassers und die Leserwirkung.

Schließlich nimmst du noch eine **Übertragung (Transfer)** auf deine bzw. die allgemeine heutige Lebenssituation vor. Deine bisherigen Notizen kannst du als Stoffsammlung betrachten.

Im zweiten Teil der Vorarbeiten folgt nun die **Gliederung**.

Es gibt grundsätzlich zwei Arten, eine Textinterpretation aufzubauen:

- Entweder gehst du chronologisch vor, d. h., du folgst dem Textverlauf und beschreibst Abschnitt für Abschnitt bzw. Strophe für Strophe, was du beobachtet und welche Zusammenhänge du hergestellt hast.
- Oder du gehst nach übergeordneten Gesichtspunkten vor und ordnest deine Beobachtungen jeweils unter.

Ersteres Vorgehen ist besonders geeignet für Texte, die eine lineare Entwicklung (z. B. eine Steigerung) enthalten, letzteres Vorgehen für Texte, die gegensätzliche Positionen oder eine Reihe verschiedener, unzusammenhängender Gedankengänge beinhalten (z. B. gegensätzliche Reaktionsweisen in einer Konfliktsituation).

3. Schreiben

Nach diesen ausführlichen Vorarbeiten müsste dir das Schreiben des Aufsatzes relativ leicht fallen.

In der **Einleitung** kannst du
- über die Autorin/den Autor schreiben (später einen Bezug zum Text herstellen),
- über die Leserwirkung, speziell über deinen persönlichen Eindruck schreiben (anschließend im Hauptteil diesen Eindruck überprüfen),
- die im Text behandelte Problematik beschreiben (und dann auf die Textuntersuchung überleiten).

Der folgende **Hauptteil** enthält zunächst eine kurze Inhaltsangabe (im Präsens, keine wörtliche Rede) und stellt im Anschluss die Ergebnisse der Textuntersuchung dar. Wichtig sind Zitate als Belege für deine Feststellungen.
Achte darauf, dass du dich nicht wiederholst (z. B. bei der Darstellung des Inhalts oder wenn du Beobachtungen zu Sprache und Form auf den Inhalt beziehst) und dass du das Wesentliche im Auge behältst, dich also nicht im Detail verlierst.
Die Absichten des Verfassers (evtl. mit Bemerkungen über Autorin/Autor) und die Wirkung auf den Leser bilden den letzten Abschnitt des Hauptteils.

Der **Schluss** enthält die zentrale Aussage als Zusammenfassung deiner Untersuchungen und nimmt eine Übertragung der Problematik auf unsere Gegenwart/dein Leben vor.
Du kannst auch ganz persönlich darüber schreiben, wie dich der Text angesprochen hat, was dir gefallen/nicht gefallen hat.

Grafische Darstellung

Einleitung • Biografisches über Autorin/Autor *oder* • Leserwirkung (persönlich) *oder* • Problematik beschreiben (Überleitung)
Hauptteil • kurze Inhaltsangabe • Ergebnisse der Textuntersuchung nach: – Inhalt – Sprache und Form • Leserwirkung/Autorenabsicht (Überleitung)
Schluss • zentrale Aussage • Transfer *oder* • persönliche Stellungnahme

C. Schildern/Wiedergeben von Eindrücken

1. Beschreibung der Aufsatzform

Im Prüfungsaufsatz kann natürlich auch eine Aufgabe gestellt werden, die verlangt, deine Eindrücke, Gedanken und Empfindungen beim Lesen eines bestimmten Textes wiederzugeben. Es handelt sich hierbei – im Gegensatz zur Erörterung, die sachlich gehalten ist – um ein persönliches, ausdrucksvolles Schreiben in Verbindung mit einer Textbeschreibung. Schildern bedeutet immer: etwas ausmalen, ausschmücken, beschreiben – mit eigenen Worten.

Gegenstand der Schilderung kann eine Situation, ein Erlebnis, eine Landschaft, eine Person, ein Kunstwerk o. Ä. sein. Es gilt, dies aus dem persönlich Erlebten heraus ausdrucksvoll darzustellen. Das ausdrucksvolle Darstellen basiert auf genauem Beobachten, dem Erkennen der Grundstimmung und dem Wahrnehmen der Details sowie dem wirkungsvollen Einsatz entsprechender sprachlicher Mittel. Dazu gehören Sprachbilder – Vergleiche, treffende Ausdrücke – Adjektive, Verben, Substantive. Das hast du im Sprachunterricht gelernt.

Im Prüfungsaufsatz geht es darum, diese reine Form der Schilderung bzw. der Wiedergabe von Eindrücken deutlich abzugrenzen von den Anforderungen, die wie folgt formuliert sein können: Schildern der Eindrücke, Gedanken und Empfindungen beim Lesen einer Erzählung bzw. Kurzgeschichte oder eines Gedichts und Eingehen auf sprachkünstlerische Besonderheiten.

Beim genaueren Betrachten eines solchen Themas sind folgende Schwerpunkte erkennbar, die beim Abfassen des Aufsatzes erfasst werden müssen:

- Erkennen der entsprechenden Textart und deren Merkmale;
- Verstehen des Textes – inhaltliches Erschließen;
- Schildern/Wiedergeben eigener Eindrücke, Gedanken und Empfindungen beim Lesen des Textes;
- Aufzeigen entsprechender sprachkünstlerischer Besonderheiten, die oben genannte Eindrücke, Gedanken und Empfindungen hervorrufen – natürlich in Verbindung mit dem Text;
- Erkennen der Absicht des Verfassers oder abschließende Wertung.

Damit ist zu erkennen, dass bei dieser Aufsatzform nicht nur persönliches Schreiben und damit Grundkenntnisse über das Wiedergeben von Eindrücken erforderlich sind, sondern auch das Wissen um die Anforderungen der Textbeschreibung (Interpretation) vonnöten ist.

2. Vorarbeiten

Das Wiedergeben von Eindrücken beim Lesen eines Textes setzt gründliche Vorarbeiten voraus. Nimm dir genügend Zeit dafür; es kommt dem Ergebnis deines Aufsatzes auf jeden Fall zugute, wenn du den Text aufmerksam liest und genau beobachtest, welchen Eindruck der gesamte Text bzw. einzelne Textzeilen im Besonderen auf dich machen.

Der erste Teil der Vorarbeiten gilt also dem **ersten Leseeindruck**. Lies den Text mehrmals, aber wenigstens zweimal – langsam und gründlich (Gedichte mit Betonung). Dabei kannst du schon markieren, was dir besonders auffällt (Wörter, Sprachbilder), welche Textstellen dich besonders beeindrucken.

In dieser Phase geht es darum, den Inhalt zu erfassen und eine kurze Inhaltsangabe zu schreiben. Sie ist später Bestandteil deines Aufsatzes. Außerdem soll die Textart anhand ihrer typischen Merkmale bestimmt werden (siehe Kapitel B).

Der nächste Schritt erfordert das **Herausschreiben der Textstellen, die besonders Gedanken, Gefühle und Empfindungen provozierten**, d. h. die dich anregen, nachzudenken über ähnliche Erlebnisse, über den Sinn des Gesagten bzw. des Geschehenen, über Entscheidungen und Haltungen bzw. Handlungen der Personen in entsprechenden Situationen (im Text). Du kannst folgendermaßen vorgehen:

- Aufschreiben von Gedanken, Gefühlen, Empfindungen zum Gesamtgeschehen (Grundanliegen des Textes – dein grundsätzliches Verständnis);
- Herausschreiben von Details, die ein bestimmtes Geschehen bzw. eine bestimmte Entscheidung/Haltung einer Person/mehrerer Personen zum Inhalt haben, persönliche Eindrücke (Nachdenklichkeit, Mitgefühl, Ablehnung, Zustimmung, Identifikation, Liebe, Hass, Verständnis, Unverständnis, Erinnerung, Vorbildwirkung usw.).

Anschließend untersuchst du die **sprachkünstlerischen Besonderheiten** des Textes und stellst fest, welcher Bezug zum Inhalt besteht. Du suchst die Mittel heraus, mit denen der Verfasser arbeitet (vgl. Kapitel B), z. B.:

- Übertreibung, Vergleich, Gegensatz, Frage usw.;
- Erzähler des Textes;
- Besonderheiten im Satzbau, z. B. Häufung bestimmter Satzarten, unvollständige Sätze, komplizierter/einfacher Satzbau usw.;
- Besonderheiten des Sprachstils: Umgangssprache, Jugendjargon, verbaler oder nominaler Stil u. Ä.

Dazu gehört natürlich auch die **Formbetrachtung** – Aufbau, Anfang- und Schlussgestaltung, Einteilung in Abschnitte, Strophen, Reim und Rhythmus (bei Gedichten).

Es wäre zum Schluss ratsam, auf die **Absicht des Verfassers** und die **Leserwirkung** in einer Zusammenfassung einzugehen.

Betrachtest du das Erarbeitete als Stoffsammlung, müsstest du dir noch einmal Gedanken machen, wie du die Endfassung des Aufsatzes aufbauen willst. Zwei Möglichkeiten solltest du kennen:

- Entweder du gehst (wie beim Interpretieren) chronologisch vor, d. h., du folgst dem Textverlauf und beschreibst Abschnitt für Abschnitt bzw. Strophe für Strophe, welche Gedanken, Gefühle und Empfindungen dich beim Lesen des vorliegenden Textes bewegen, welche sprachkünstlerischen Besonderheiten dir in diesem Zusammenhang auffallen.
- Oder du gehst von deinen Gedanken, Gefühlen und Empfindungen aus, die dich beim Lesen des Textes bewegt haben/bewegen und beweist das anschließend an geeigneten Textstellen.

Entscheidend ist, dass du **das Thema nicht verfehlst**, indem du eine Nacherzählung des Inhalts in den Mittelpunkt deiner Ausführungen stellst und vielleicht nur ein bis zwei Gedanken, die dich bewegen, „anhängst“. Das Gleiche trifft auf das Untersuchen einer bereits vorgegebenen Textstelle innerhalb der Aufgabenstellung zu.

3. Schreiben

Obwohl du bei den Vorarbeiten eine Ähnlichkeit mit Teilschritten des Interpretierens erkennen kannst, handelt es sich beim Wiedergeben von Gedanken, Gefühlen und Empfindungen beim Lesen eines Textes um eine sehr subjektive Schreibform.
Entscheidend für das Gelingen einer Schilderung bzw. das Wiedergeben von Eindrücken ist die persönliche Art zu schreiben; die persönliche Empfindung und die Detailbeobachtung stehen im Vordergrund, obgleich Textkenntnisse erforderlich sind.

In der **Einleitung** kannst du
- über den Inhalt schreiben oder
- über eine ähnliche persönliche Situation/ein ähnliches Erlebnis berichten oder
- die im Text behandelte Problematik beschreiben.

Der folgende **Hauptteil** enthält
- deine Gedanken, Gefühle und Empfindungen beim Lesen des vorgegebenen Textes und die entsprechenden Textbelege und
- die Ergebnisse der Untersuchung der sprachkünstlerischen Besonderheiten einschließlich der Merkmale der erkannten Textsorte.

Zum **Schluss** rundest du deine Ausführungen mit einer Zusammenfassung der Wirkung auf den Leser (auf dich) ab.

Da diese Aufsatzform persönliches Schreiben verlangt und es schwierig ist, dafür objektive Maßstäbe festzulegen, wird in den Lösungsvorschlägen vor allem auf die Merkmale der Textsorte eingegangen.

Grafische Darstellung

Einleitung • Textinhalt *oder* • persönliches Erlebnis *oder* • Problematik (Überleitung)
Hauptteil • Gedanken, Gefühle und Empfindungen beim Lesen des Textes • Textbelege • sprachkünstlerische Besonderheiten (Überleitung)
Schluss • Wirkung auf Leser (persönlich)

D. Erzählen einer Geschichte

1. Beschreibung der Aufsatzform

Was muss beim Erzählen einer Geschichte beachtet werden?

Neben der Erörterung, der Interpretation eines Textes und der Wiedergabe von Eindrücken kann als Thema das Erzählen einer Geschichte gewählt werden.
Es handelt sich hierbei um kreatives Arbeiten, da ausgehend von einem Wort, einem Satz, einem kurzen Text (z. B. Gedicht, Sprichwort o. Ä.) oder auch einem Bild eine Geschichte erfunden werden soll. Da diese Geschichte erzählt wird, nennt man sie schlichtweg eine Erzählung. Je nachdem, worauf man diese aufbaut, spricht man von einer Erlebnis- oder einer Fantasieerzählung.

Grundlegendes zur Erlebniserzählung

Anlässe für das Erzählen könnten ein besonderes Ereignis (ungewöhnlich/unterhaltsam) oder der Wunsch, etwas persönlich Erlebtes mitzuteilen, sein. In der Darstellung muss auf alle Fälle ein klarer Aufbau zu erkennen sein, der sich in Einleitung, Hauptteil und Schluss gliedert.

In der **Einleitung** spielen Informationen zum Ort, zur Zeit, zur Situation und zum Gegenstand bzw. zur Person/zu Personen eine wesentliche Rolle.

Im Mittelpunkt des **Hauptteils** steht ein einmaliges Erlebnis. Beim Erzählen des Erlebnisses sind bestimmte Erzählschritte zu beachten – Steigerung der Spannung, ein ausgebauter Höhepunkt und der entsprechende Ausklang der Geschichte.

Abgerundet wird die Erlebniserzählung mit einem **Schlussgedanken**/einer **Lehre**/einer **Folgerung**/einer **Erklärung**.

In der **sprachlichen Gestaltung** sind die Wahl des Erzählers, Sinneswahrnehmungen, eigene Gedanken und Gefühle von Bedeutung. Eine bildhafte Sprache, treffende Verben, wirkungsvolle Adjektive, Vergleiche verstärken die Wirksamkeit des Dargestellten.
Als Zeitform ist das Präteritum zu wählen, wobei bei der Ausformulierung des Höhepunktes das Präsens möglich ist.

Grundlegendes zur Fantasieerzählung

Im Aufbau sind die gleichen Prinzipien wie bei der Erlebniserzählung gültig. Anlässe für fantasievolles Erzählen bilden Reiz- oder Schlagwörter, Bilder, Träume, Sehnsüchte oder Sciencefiction-Vorstellungen u. a. So unterscheidet man danach eine reine freie Fantasieerzählung, die fantastisch-unwirklich ist, aber für den Leser nachvollziehbar. Märchenhafte Elemente könnten dabei wirkungsvoll eingesetzt werden. Sucht man sich verschiedene Reizwörter, bringt sie in eine sinnvolle Reihenfolge, gestaltet diese vorgegebenen Begriffe glaubwürdig, logisch aus und verbindet alles zu einem Ganzen, hat man eine andere Möglichkeit der Fantasieerzählung. Das Gleiche ist machbar nach vorgegebenen oder ausgedachten Bildfolgen. Außerdem besteht die Möglichkeit, einen Erzählanfang glaubwürdig fortzusetzen.

Meistens enthalten Themen dieser Art eine zusätzliche Arbeitsanweisung, die unbedingt zu beachten ist.

2. Hinweise für das Schreiben

Einige **Fragen** können beim Verfassen einer Geschichte/Erzählung hilfreich sein:

- Woran denke ich, woran erinnere ich mich, wenn ich das Thema lese? (z. B. eine bestimmte Situation, ein nachhaltiges Erlebnis, eine gehörte/gelesene Geschichte, ein Film, eindrucksvolle Bilder usw.) – Stichpunkte notieren!
- Welchen Handlungsablauf kann ich meiner Geschichte zugrunde legen? (W-Fragen: Wo, wann war was? Wer spielte die Hauptrolle? Wer Nebenrollen? Wie erzeuge ich Spannung, die zum Höhepunkt der Handlung führt? Wie endet meine Geschichte?) – Stichpunkte notieren!
- Habe ich mich für eine Erlebnis- oder eine Fantasieerzählung entschieden?
- Welchen Erzähler wähle ich? (Ich-Erzähler oder Erzähler in der 3. Person?)
- Sind Sinneswahrnehmungen (Sehen, Hören, Fühlen), evtl. die wörtliche Rede, anschauliche sprachliche Mittel (bildhafte Sprache, Symbole, entsprechende Verben, Adjektive usw.) und die richtige Zeitform gewählt worden?
- Wenn das Thema eine Wertung erfordert, ist diese in die Darstellung eingeflossen?

Genauere Hinweise in Bezug auf die Vorarbeiten und das Abfassen einer Geschichte/Erzählung können nicht gegeben werden, da es sich um eine subjektive Schreibform handelt. Entscheidend für das Gelingen ist die eigene schöpferische Arbeit, gepaart mit viel Fantasie, mit Spaß am „Fabulieren“.

3. Problematik der Aufsatzart

Das Schema des Aufbaus einer spannenden Geschichte (grafische Darstellung) und die Anforderungen an die sprachliche Gestaltung kannst du dir einprägen. Wählen solltest du eine solche Aufgabe aber nur, wenn du dir sicher bist, die Anforderungen erfüllen zu können.

Zu dieser Aufsatzart können Lösungsvorschläge nur andeutungsweise angeboten werden, da sehr viel subjektives Können des Schreibers gefordert ist.

Grafische Darstellung

Aufbau einer Erzählung

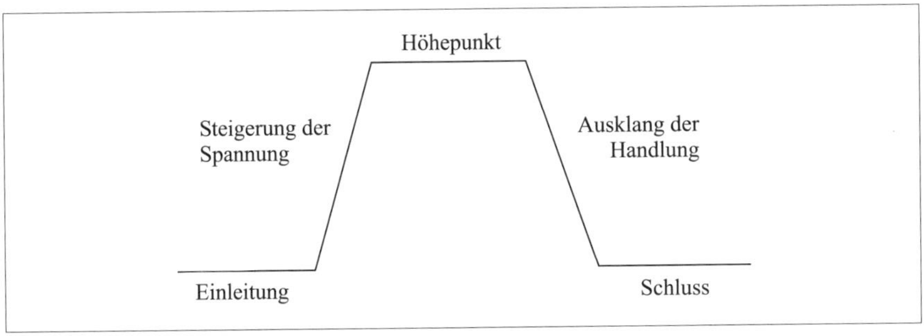

E. Umgang mit Texten

1. Beschreibung der Aufsatzform

In zunehmendem Maße werden Sachtexte (pragmatische Texte) und verschiedene andere Informationsquellen wie Tabellen, Schemata, Diagramme etc. als Grundlage für Prüfungsaufgaben genutzt. Dabei geht es um das Erschließen, um die analytische Auseinandersetzung mit Informationswert und -absicht und um die weitere Verarbeitung der gewonnenen Informationen in einer zusammenhängenden Darstellung.

Voraussetzung für die erfolgreiche Lösung einer solchen Aufgabe ist zu wissen, welche Techniken und Methoden sich einsetzen lassen, um Informationen optimal zu sichten, auszuwerten, festzuhalten und darzustellen bzw. aufzubereiten.

2. Informationserfassung, -speicherung und -darstellung bzw. -aufbereitung

2.1 Sachtexte – Merkmale und Arten

Wir unterscheiden zwischen **literarischen Texten** (dichterisch, fiktional) und **Sachtexten** (sachbezogen, pragmatisch). Für den Umgang mit Beispielen beider Gruppen und deren Beurteilung ist es notwendig, bestimmte Merkmale erkennen und zuordnen zu können. Literarische Texte und ihre Zugehörigkeit zu den drei traditionellen Gattungen der Literatur – Epik, Lyrik, Dramatik – stehen im Mittelpunkt des Kapitels B.

Sachtexte (pragmatische Texte)

- beschäftigen sich mit Personen, Handlungen und Sachverhalten mit Realitätsbezug,
- sind an einen bestimmten Zweck gebunden, ihre Sprache ist sach- und fachbezogen,
- sind in Bezug auf den Inhalt zumeist eindeutig und nicht auslegungsbedürftig.

Für eine Unterteilung der Sachtexte gibt es vielerlei Ansätze, u. a. nach der Funktion der Sprache: **Darstellung, Appell, Ausdruck**.

Sachtexte (pragmatische Texte)

Informierende Texte/ Darstellungstexte	**Appellative Texte/ Aufforderungstexte**	**Expressive Texte/ Ausdruckstexte**
• überwiegend sachliche Information über einen Gegenstand, einen Sachverhalt oder eine Person • sach- und fachbezogene Sprache	• Appell an den Leser/ Hörer; Ziel: ihn von etwas zu überzeugen, ihn zu etwas zu bewegen oder einen Befehl auszusprechen • oft Verwendung des Imperativs: „Lassen Sie sich …“	• Mittelpunkt der Texte sind Meinungen und Gefühle des Schreibers/ Sprechers • Autor meist namentlich genannt • oft Formulierungen wie „Ich bin der Auffassung, dass …“
Bericht, Nachricht, Lexikon-Artikel, Inhaltsangabe, Beschreibung, Gebrauchsanweisung, Referat, Reportage, …	Arbeitsanweisung, Verordnung, Werbetext, Befehl, Aufruf, Plakat, politische Rede, Flugblatt, …	Kommentar, Gespräch, Interview, Glosse, Karikatur, privater Brief, Tagebucheintrag, …

In fast jeder Mitteilung sind alle drei Sprachfunktionen enthalten, deshalb lassen sich viele Texte nicht eindeutig zuordnen, z. B. der Leserbrief. Dieser enthält informative, appellative und expressive Elemente.

2.2 Lesetechniken zur Informationserfassung

Überfliegendes/orientierendes Lesen

- einen Text rasch überfliegen,
- sich einen Überblick über Inhalt und Aufbau verschaffen,
- die Eignung des Textes/Buches als Informationsquelle feststellen.

Es gibt verschiedene Techniken des orientierenden Lesens:

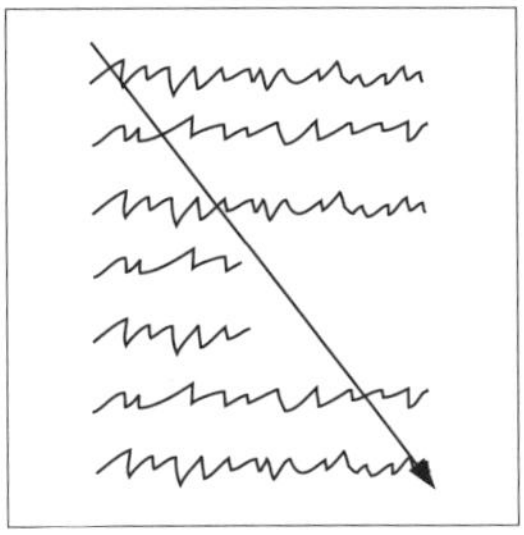

Diagonallesen

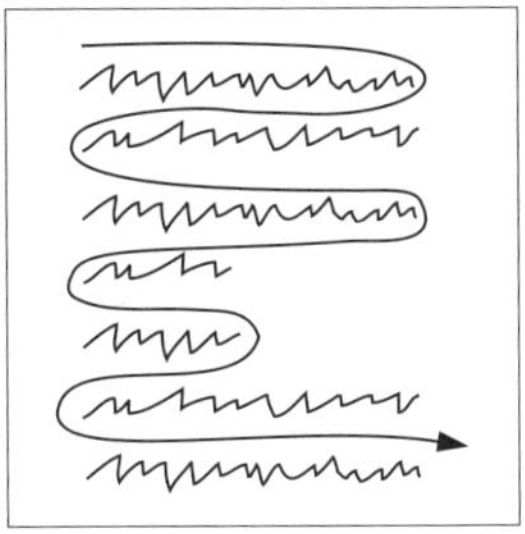

Schlängellesen

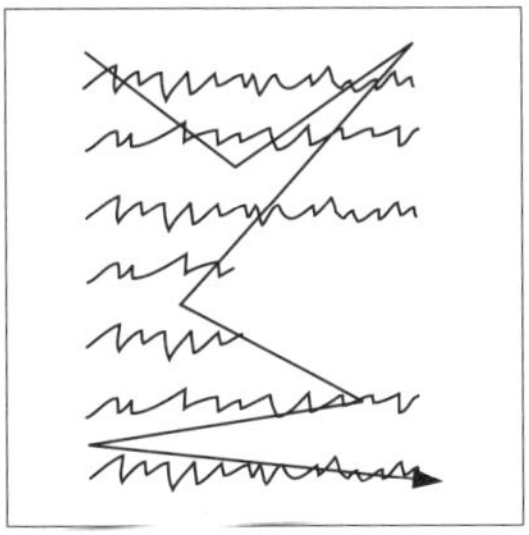

Zickzacklesen

Kursorisches/selektives Lesen

- Textpassagen mit unterschiedlicher Intensität lesen,
- gezielt Fragen stellen,
- bestimmte Informationen heraussuchen (Begriffe, Antworten zu Fragen ...).

Totales/gründliches Lesen

- Satz für Satz lesen, Gedankengang des Autors nachvollziehen,
- den gesamten Inhalt erfassen,
- Markierungen vornehmen.

Systematisches Lesen oder 5-Schritt-Lesemethode

(nach: H. Klippert, Methodentraining, Beltz Verlag, Weinheim und Basel, 1998, S. 97)

1. Schritt

Überfliegen

- auf Überschriften, Fettgedrucktes, sonstige Hervorhebungen, Bilder, Anfänge einzelner Abschnitte achten (bei Büchern auf Inhaltsverzeichnis),
- grundsätzliches Ziel: Gewinnen einer groben Übersicht über Inhalt und Aufbau des Textes.

2. Schritt

Fragen

- Überlegen, um welche Aussagen es geht,
- Überlegen, auf welche Fragen der Text Antwort gibt,
- Aufschreiben der entsprechenden Fragen (evtl. auf Extrablatt).

3. Schritt — **Lesen**

- gründliches Lesen des Textes,
- Beachten deiner Fragen und deiner Leseabsicht,
- beim Lesen kurze „Sekundenpausen“ einlegen, damit sich das Gelesene besser einprägt.

4. Schritt — **Zusammenfassen**

- nach jedem Sinnabschnitt überlegen, was gelesen wurde und ob alles klar/verständlich ist,
- wichtige Stellen unterstreichen (Wörter, Satzteile, ganze Sätze),
- jeden gelesenen Sinnabschnitt mit eigenen Worten zusammenfassen, gedanklich oder schriftlich (als Stichpunkte, Einzelsätze oder als kurzen zusammenfassenden Text).

5. Schritt — **Wiederholen**

- Wiederholen der wichtigsten Aussagen/Informationen des Textes,
- Berücksichtigen der anfangs formulierten Fragen und Unterstreichungen, die du evtl. während der Textarbeit vorgenommen hast,
- die Wiederholung kann gedanklich oder schriftlich ausgeführt werden; du kannst dir auch in Gedanken einen „Vortrag“ halten.

2.3 Texte markieren und strukturieren

Vorgehen

- absatzweises Durchlesen, Klären unbekannter Wörter (durch mehrmaliges Lesen der betreffenden Stelle oder mithilfe des Kontextes oder durch Auflösen komplizierter Satzstrukturen oder durch Nutzen eines Nachschlagewerkes),
- Markieren der Kernaussage und Schlüsselbegriffe (einzelne Wörter, bei Definitionen evtl. Sätze),
- Beachten möglicher Fragestellungen beim Markieren:
  - Welches sind die Absichten des Verfassers?
  - Was sind Kernaussagen, was sind Randbereiche?
  - Was sind Meinungen, was Argumente?
  - Welche Struktur (Aufbau) liegt dem Text zugrunde?
  - Stimmt das Gelesene mit den bereits vorhandenen Erkenntnissen überein?
- durchgängig gleiche Markierungsmethode nutzen:
  - Unterstreichungen sparsam und gezielt, auch mit unterschiedlichen Farben,
  - Verwendung von Abkürzungen/Symbolen/Zeichen (eigenes System entwickeln), z. B.

!	→	wichtig, Besonderheit
?	→	fraglich, unklar
W	→	widersprüchlich
1 … 2 …	→	Reihenfolge
Def.	→	Definition
Bsp.	→	Beispiel
Zus.	→	Zusammenfassung

Vorteile des Markierens

- Wesentliches wird gekennzeichnet,
- Text wird dabei strukturiert,
- Zusammenhänge werden sichtbar.

2.4 Informationen speichern und auswerten

Informationen lassen sich – je nach Zweck – auf unterschiedliche Weise festhalten.

Die Hauptaussage eines Textes erfassen

- Fragen stellen:
  - Wovon handelt der Text?
    Mit welchem Problem/Sachverhalt setzt sich der Autor auseinander?
  - Welche Absicht verfolgt der Verfasser mit dem Text?
  - In welcher Weise wird das Thema behandelt?
  - Welche wichtigen Informationen werden zum Thema gegeben?
- Lesen, Markieren und Herausschreiben von Stichpunkten zu diesen Fragen,
- zum Schluss Hauptaussage des Textes mithilfe der Stichpunkte formulieren.

Einen Text zusammenfassen

Wichtig ist die Konzentration auf die Hauptaussage. Zuerst wird das Thema fixiert, danach fasst man den Inhalt des Textes zusammen.

- Techniken des Zusammenfassens:
  - Weglassen unwichtiger Informationen,
  - Zusammenfassen mehrerer Einzelaussagen zu einer komplexen Information,
  - Verallgemeinern von Einzelaussagen.
- Formen des Zusammenfassens:

Konspektieren (Konspekt)	**Exzerpieren (Exzerpt)**
Ziele Erfassen der Hauptinformation eines Textes in sprachlich verdichteter und geordneter Form: • in der Regel durch Notieren von Stichpunkten, nur wörtliche Übernahme wichtiger Textstellen; • genaue Quellenangabe ist notwendig.	Informationsentnahme aus einem Text unter einer bestimmten Fragestellung: • sinngemäßes, häufig auch wörtliches Festhalten von Informationen (Zitate); • die genaue Quellenangabe ist von Nutzen für das schnelle Wiederauffinden von Textstellen.
Arbeitsschritte • Lesen des Textes und Ermitteln der Struktur (an Teilüberschriften, Absätzen orientieren), • abschnittweises Durcharbeiten des Textes und Erfassen der wesentlichen Informationen, • Verdichten der Hauptgedanken zu Stichpunkten, • Notieren der Stichpunkte in übersichtlicher Form.	• Bestimmen der Fragestellung, unter der der Text durchgearbeitet werden soll, • kursorisches Lesen des Textes und Kennzeichnen der Textstellen, die Informationen zu der bestimmten Fragestellung enthalten, • gründliches Lesen der Textstellen, • Herausschreiben der wesentlichen Informationen.
Wichtige Aussagen (z. B. Definitionen, Kernaussagen) werden **wörtlich** übernommen und als **Zitate** gekennzeichnet.	

Zitieren

Unter „Zitieren“ versteht man die wörtliche oder sinngemäße Wiedergabe mündlicher oder schriftlicher Äußerungen anderer. Zitate müssen mit **Quellenangaben** (Verfasser, Titel, Erscheinungsort, Verlag, Erscheinungsjahr, Seite) kenntlich gemacht werden (z. B. als Fußnote oder im Anschluss an den jeweiligen Text).

Wörtliche (direkte) Zitate

- Anwendung bei Definitionen oder bei Stellungnahmen,
- Anfang und Ende durch Anführungszeichen kennzeichnen,
- Übereinstimmung mit dem Originaltext, Auslassungen kenntlich machen (…).

Sinngemäße (indirekte) Zitate

- nicht wörtliche Übernahme fremder Äußerungen,
- inhaltliches Entsprechen der Äußerungen,
- in der Quellenangabe mit dem Zusatz „vgl.“ verdeutlichen.

2.5 Anfertigen einer Inhaltsangabe

Einen Sachtext kann man durch eine Inhaltsangabe wiedergeben. Darunter ist eine **knappe und sachliche Information über den Inhalt** eines umfangreichen Textes zu verstehen.

Eine Inhaltsangabe
- enthält **Titel, Autor und Thema** des Textes,
- bedeutet die Wiedergabe des Inhalts in knapper Form **mit eigenen Worten**,
- kann Hinweise auf Auffassungen des Verfassers enthalten,
- kann sinngemäße oder wörtliche Zitate verwenden,
- steht meist im Präsens,
- kann anhand einer **Strukturskizze** vorbereitet werden; diese Skizze veranschaulicht als **optisch-schematische Textaufbereitung** den Inhalt bzw. die Gedankenfolge des Textes (eine wertvolle Hilfe beim mündlichen, aber auch schriftlichen Darstellen bzw. Weitergeben von Informationen).

Beispiel

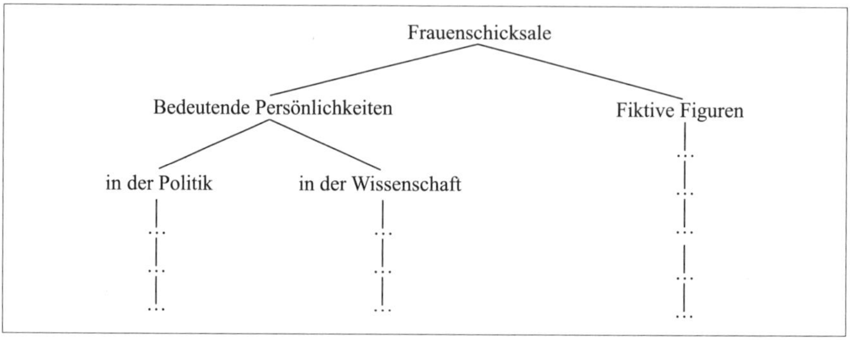

2.6 Grafisch veranschaulichte Informationen

Jede Information wird einprägsamer und leichter fassbar, wenn sie durch bildliche Darstellungen unterstützt oder sogar als Bild vermittelt wird. Es gibt verschiedene Möglichkeiten der Veranschaulichung von Informationen (bekannt aus anderen Unterrichtsfächern): Diagramme, Tabellen, Skizzen und Mindmaps.

Kurvendiagramm
Prozent-Interesse für Computer (Bsp.)

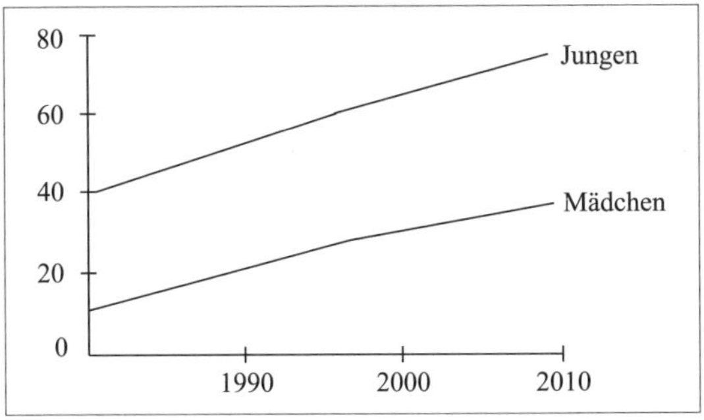

Verwendung / Einsatzbereich

- Veranschaulichung von Zahlen
- Abhängigkeiten zwischen Größen
- Entwicklungsverläufe
- Prozesse
- Vergleichende Darstellung

Kreisdiagramm
Bestand der Schulbibliothek (Bsp.)

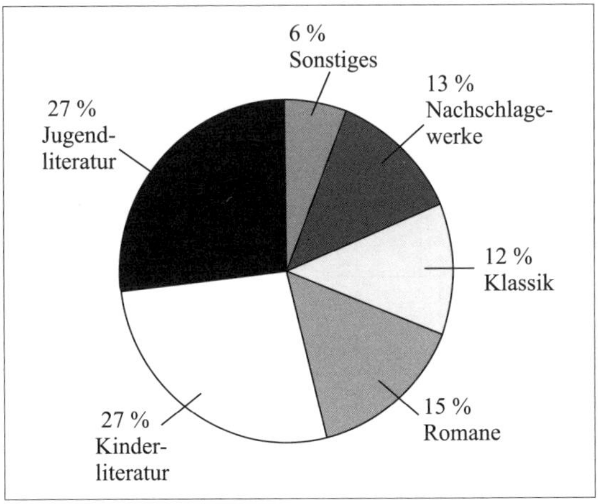

Verwendung / Einsatzbereich

- Einfache deutliche Aussage über Größenverhältnisse
- Gesamtüberblick
- Darstellung des Gesamten und seiner einzelnen Teile
- Momentaufnahme

Balkendiagramm
Umfrage: Freizeitinteressen (Bsp.)

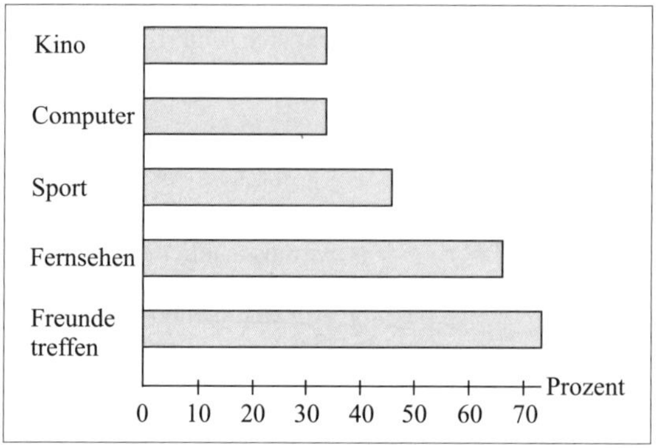

Verwendung/Einsatzbereich

- Große Anschaulichkeit
- Rangfolgenvergleich
- Zeitreihenvergleich
- Vergleich zweier oder mehrerer Größen

Säulendiagramm
Umfrage: Leseinteressen (Bsp.)

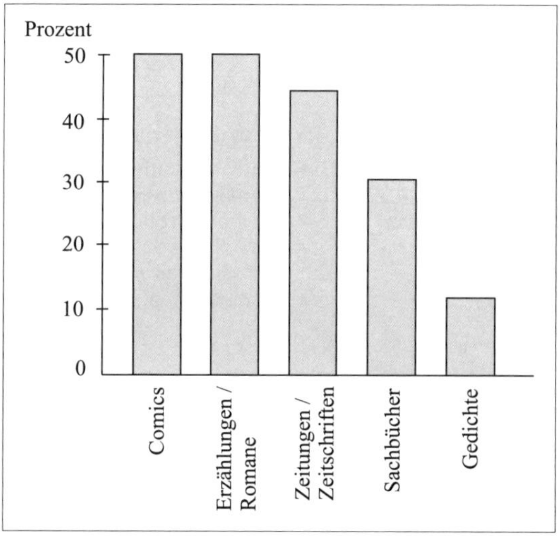

Verwendung/Einsatzbereich

- Momentaner Stand, kein Verlauf
- Gegenüberstellung von Werten, Größen

Organigramm (Blockdiagramm)
(Bsp.)

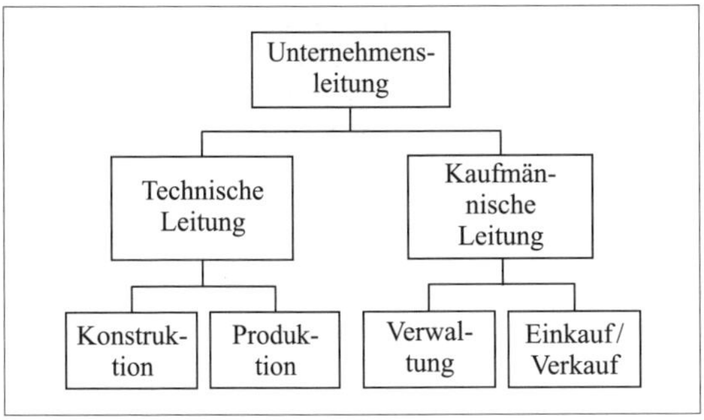

Verwendung/Einsatzbereich

- Verdeutlichen von Strukturen und Abhängigkeiten
- Linien kennzeichnen Beziehungen bzw. Verknüpfungen
- Abbildung von Hierarchien
- keine genormten Symbole, jedoch einfache und wiederholende Symbole (Quadrate, Kreise, Pfeile, Linien, Rechtecke)

Aufbaudiagramm
(Bsp.)

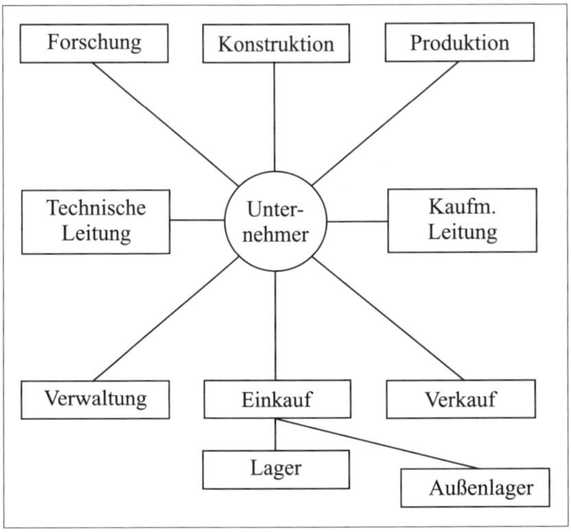

Verwendung/Einsatzbereich
(siehe oben: Organigramm)

Flussdiagramm
Projektarbeit (Bsp.)

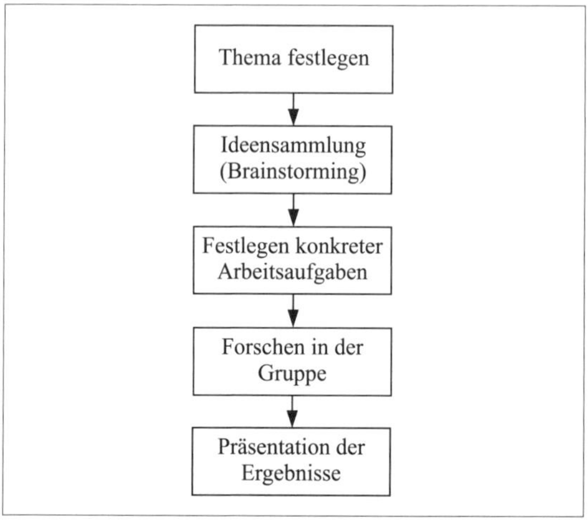

Verwendung/Einsatzbereich
- bildhafte Darstellung mit einheitlichen Symbolen von Prozessschritten, Verhaltensregeln
- Struktur eines Vorganges
- Flusslinien geben Richtung an, Linien mit Pfeilspitzen
- Vorzüge:
  Prozessablauf als „Ganzes" abgebildet, leichter Vergleich mit tatsächlichem Verlauf

Zeitleiste (Bsp.)
Entwicklung des deutschen Comics (Bsp.)

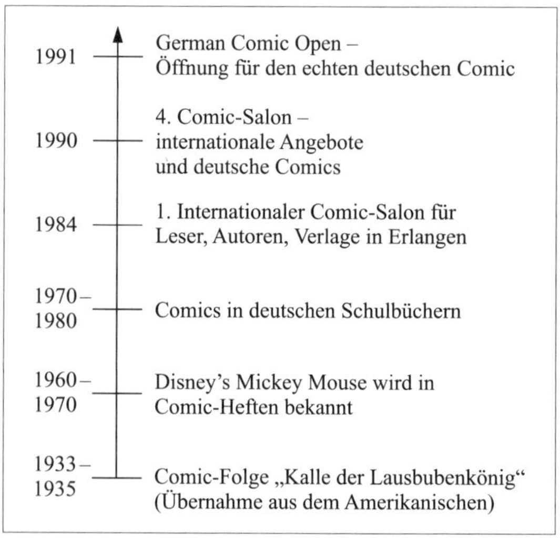

Verwendung/Einsatzbereich
- lineare, überblicksmäßige Darstellung von chronologischen Abläufen
- Abfolge von Geschehnissen als nicht umkehrbare Aufeinanderfolge sowie Dauer von Veränderungen/Ereignissen in Natur u. Geschichte
- Form: senkrecht oder waagrecht; Verbindung von Jahreszahl/Zeitangabe mit Ereignis durch Punkte, Striche, Pfeile, Balken usw.

Tabellen
Auswertung verschiedener Texte (Bsp.)

Wirkung des Fernsehens

Vorteile	Nachteile
– aktuelle Informationen	– gesundheitliche Schäden
– …	– …
– …	– …

Verwendung/Einsatzbereich
- Messwerte und Zahlengrößen vergleichen
- Unterschiede/Gemeinsamkeiten beim Vergleichen von Texten/Gegenständen/Vorgängen
- Übersichten erstellen

Skizzen
Kabale und Liebe – Konflikt (I. Akt) (Bsp.)

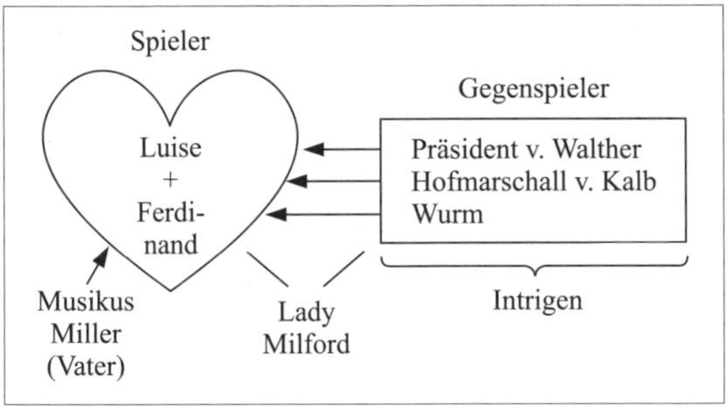

Verwendung/Einsatzbereich
- Verdeutlichen von Situationen, Größenverhältnissen
- vereinfachte Form einer Textübersicht/Textstruktur
- optisch-schematische Darstellung mit Linien, Pfeilen, Symbolen und mit Wörtern

Mindmap
(Bsp.)

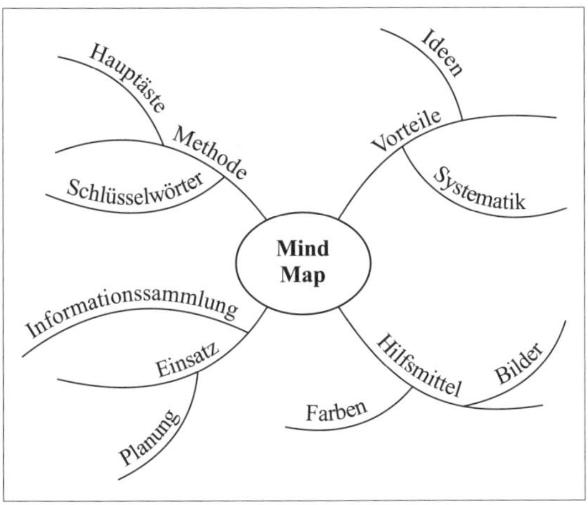

Verwendung/Einsatzbereich
- Gedankenkarte
- bildhafte Darstellung von Gedankengängen
- grafische Strukturierung von Sachverhalten, Ideen, Denkprozessen
- innere Ordnung: vom Abstrakten zum Konkreten, vom Allgemeinen zum Speziellen
- vielseitig verwendbar, kreative Form

Folgende Regeln solltest du beim **Mindmapping** beachten:

- großflächig anlegen,
- kurze Formulierungen verwenden,
- Begriffe auf Linien in Block- oder Druckschrift schreiben,
- eingekreistes Thema (Kernproblem, Schlüsselbegriff) in die Mitte platzieren, Hauptäste vom Thema in beliebiger Reihenfolge nach außen zeichnen, Verzweigungen von den Hauptästen veranschaulichen weitere Differenzierungen.

Anwendung:

- bei der Analyse von Texten,
- am Anfang eines Strukturierungsprozesses (Ideensammlung, Vorbereitung),
- am Ende eines Strukturierungsprozesses,
- bei der Wissensaneignung,
- als Hilfe beim kreativen Lösen von Aufgaben,
- als Veranschaulichung von komplexen Sachverhalten.

3. Hinweise zum Schreiben

Wenn du dich für eine so komplexe Aufgabenstellung entscheidest, musst du den Nachweis erbringen, dass du nicht nur ausgewählte Methoden der Informationserfassung und -speicherung beherrschst, sondern auch die sprachlich zusammenhängende Darstellung der gewonnenen Informationen in einer geeigneten Form (Textproduktion).

Einige der Textproduktionen setzen Kreativität beim Schreiben voraus. Das solltest du bei der Wahl der Aufgabe beachten.

Realschulabschluss Deutsch in Thüringen
Übungsaufgabe 1: Mind Map

Lehren und Lernen

Sie beginnt beim Säugling und begleitet den Menschen bis ans Lebensende – die Bildung. Babys lernen in rasendem Tempo, junge Menschen suchen Erprobungen und formen ihren Charakter. Viele Berufstätige wollen oder müssen immer weiter lernen, Neues wagen. Ältere zieht es an die Universitäten oder zumindest vor den Fernseher zur Millionärsshow.

Bildung boomt, ihre herausragende Bedeutung im 21. Jahrhundert ist unbestritten. Kein Politiker betont das nicht in seinen Reden. Für Eltern gibt es kaum etwas Wichtigeres als die gute (Aus-)Bildung ihrer Kinder, denn über sie eröffnen sich Lebenschancen.

Längst wird Bildung nicht mehr nur als Ansammlung von Wissen und Erlernen von Fertigkeiten angesehen. Bildung ist vielschichtig, sie hat zu tun mit dem Kopf und dem Körper, der Seele und der Persönlichkeit. […]

Das geht nicht ohne Blick auf die Wirklichkeit, die oft sehr ernüchternd ist und zeigt, dass Bildung von der Politik nicht das Gewicht bekommt, das ihr zusteht: Erzieherinnen an Kindergärten müssen bei geringem Gehalt Außerordentliches leisten, um alle neuen Anforderungen von der Sprachförderung bis zu den Bildungsplänen zu erfüllen.

Schulleiter ringen um Unterrichtsgerät und Lehrerstunden. […] Nicht nur Schüler und Lehrer geraten zunehmend unter Druck, sondern auch die Eltern. Die Folge: Nachhilfeinstitute boomen. […]

Bildung steckt im Spannungsfeld zwischen Alt und Neu, zwischen Bewahren und Vorantreiben. Manch altes Thema erweist sich als erstaunlich aktuell. So forderte der Kulturwissenschaftler Wilhelm von Humboldt schon im Jahr 1809 einen einheitlichen, allgemeinen Schulunterricht und lehnte die Aufteilung der Schüler ab – „da die Bestimmung eines Kindes oft sehr lange unentschlossen bleibt“. Auch bestehe das Risiko von „Verwechslungen“ und „Verbildungen“. Genau 200 Jahre später wird die Debatte über Schulstruktur und Selektion leidenschaftlicher denn je geführt.

Manch Neues wiederum überrascht, weil es Altes aufgreift und ihm eine zeitgemäße Wendung gibt. Heute sind Schüler begeistert, wenn sie im Unterricht Daniel Kehlmanns Buch „Die Vermessung der Welt“ lesen. Sie verschlingen den neuen Bildungsroman mit altem Thema. Aus ihrer Sicht läuft er Goethe und Schiller längst den Rang ab.

Wo Bildung nur konserviert wird und sich nicht verändern darf, erstarrt die Gesellschaft. Erziehung und Schule müssen heute mehr leisten als noch vor 30 oder 40 Jahren. Nicht alle Lehrer sind dafür gerüstet. […]

Eine Gesellschaft muss um Bildung für alle ringen. Wer gebildet ist, kann selbstbestimmt handeln, sagt der Sozialwissenschaftler Klaus Hurrelmann […]. Mit Bildung lassen sich Denkschablonen aufbrechen und Grenzen überschreiten, die eben nicht auf ewig festgelegt sind. Das mag manchmal anstrengend sein, aber es ist aller Mühe wert.

Patrick Guyton, Quelle: Schwäbische Post vom 25. 04. 2009, S. 3,
zu Übungszwecken gekürzt

Aufgabe:

Stellen Sie in knapper schriftlicher Form (Mind Map) Kernaussagen des Textes zum Thema „Lehren und Lernen“ dar!

Lösung

Lesetechniken

Voraussetzung für die Informationserfassung und -entnahme ist das Lesen eines Textes. Du solltest folgende Lesetechniken beherrschen:

1. Schritt:
Lies die Überschrift, den Text und betrachte evtl. vorhandene Bilder, Tabellen bzw. Diagramme (Informationsaufnahme).

2. Schritt:
Verschaffe dir durch kursorisches Lesen (diagonales Überfliegen) einen Gesamteindruck bzw. einen Inhaltsüberblick.

3. Schritt:
Lies den Text nun unter gegebenem Gesichtspunkt genauer (orientierendes Lesen) und streiche gezielt Fakten an. Wende hierbei deine eigenen Markierungshilfen (Unterstreichungen, Symbole, Abkürzungen, Randbemerkungen u. a.) an.

4. Schritt:
Schreibe die wesentlichen Informationen heraus. Das Ergebnis kann auf verschiedene Arten gespeichert und dargestellt werden: Stichpunkte, Mind Map, Tabelle, Illustration, Diagramm, Zeitstrahl, Flussdiagramm. In obiger Aufgabe wird ausdrücklich ein Mind Map verlangt.

Mind Map

Erklärung
- engl. „mind“: Geist, Denken; „map“: Landkarte
- Arbeitstechnik, um gefundene Informationen zu ordnen bzw. um sich Notizen für die Ausarbeitung zu machen
- Landkarte entspricht einer bildhaften Anordnung der Gedanken

Vorgehensweise
- Setze den **zentralen Begriff** oder die Kernaussage in Form eines Schlüsselwortes in die Mitte eines Blattes. Bei manchen Themen kann dies auch eine Abbildung oder Zeichnung sein.
- Ausgehend davon zeichnest du für jeden **Gedanken** zum Thema einen eigenen **Ast**. An dessen Ende notierst du jeweils den **Oberbegriff** dieses Gedankens.
- Um die **Übersicht** zu behalten, solltest du dich möglichst auf die **wesentlichen Gedanken** und **Begriffe** beschränken.
- An jeden Ast setzt du mehrere **Zweige** für untergeordnete Gedanken an. An ihre Enden schreibst du wiederum die zugehörigen **Unterbegriffe**.
- Günstig ist es, wenn du verschiedene Farben verwendest.

Ein **Mind Map zum Text** könnte beispielsweise so aussehen:

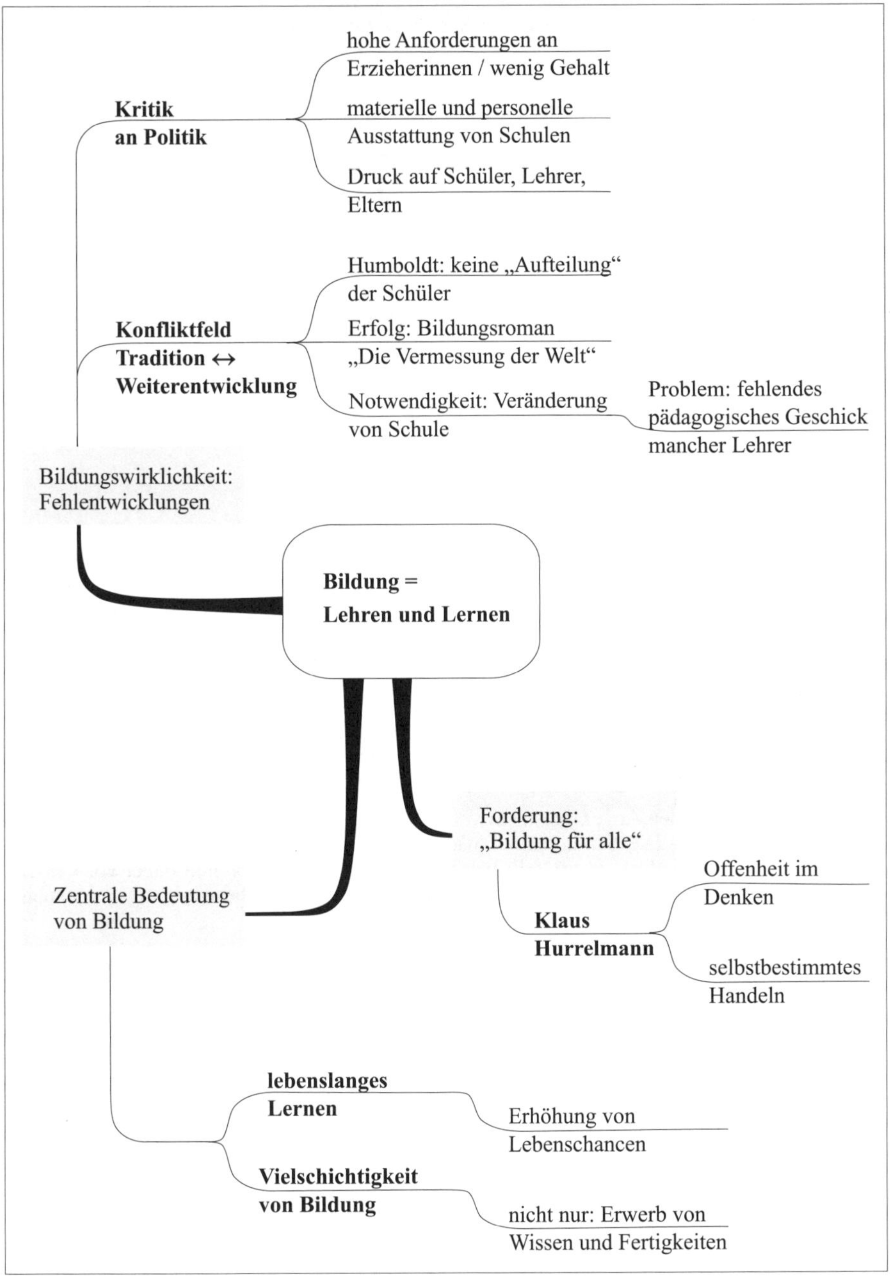

Ablauf einer Gerichtsverhandlung

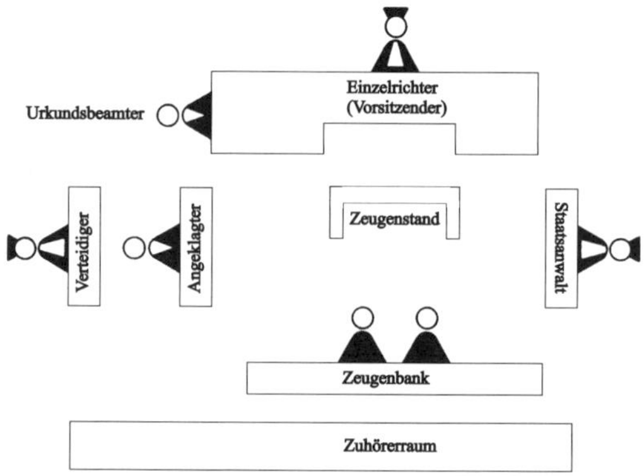

Die Hauptverhandlung beginnt mit dem Aufruf der Zeugen und deren Belehrung durch den Vorsitzenden des Gerichts. Belehrt werden sie über ihre Aussagepflicht und über die Bedeutung des Eides. Dann verlassen die Zeugen den Sitzungssaal; der Angeklagte tritt in den Mittelpunkt. Zunächst möchte sich das Gericht (Richter, eventuell auch Schöffen) ein Bild von der Persönlichkeit des Angeklagten machen. Deshalb wird der Angeklagte zunächst zur Person vernommen und muss über seine persönlichen Verhältnisse und seinen Werdegang berichten. Danach verliest der Staatsanwalt die Anklage. Anschließend hat der Angeklagte Gelegenheit, zu den gegen ihn erhobenen Beschuldigungen Stellung zu nehmen, d. h. er wird jetzt „zur Sache" vernommen. Sollte er die Aussage verweigern, wozu er ein Recht hat, dann dürfen ihm daraus keine Nachteile erwachsen.

Das Gericht darf den Angeklagten nur verurteilen, wenn es ihm seine Straftat überzeugend nachweisen kann. Die Schuld oder Unschuld des Angeklagten soll durch die anschließende Beweisaufnahme festgestellt werden. Als Beweismittel gelten dabei vor Gericht: Zeugenaussagen, Sachverständigengutachten, Urkunden, Tatortbesichtigung und manches andere mehr.

Nach Abschluss der Beweisaufnahme hält zunächst der Staatsanwalt sein Plädoyer; dann folgt das Plädoyer des Verteidigers. Am Ende stellen beide ihre Anträge auf Bestrafung oder auf Freispruch des Angeklagten. Das letzte Wort hat der Angeklagte, sofern er noch etwas äußern möchte. Danach zieht sich das Gericht zur Urteilsfindung ins Beratungszimmer zurück. Bei seiner Urteilsfindung ist das Gericht vollkommen unabhängig und an den Antrag des Staatsanwaltes nicht gebunden. Es liegt im Ermessen des Gerichts, unter Berücksichtigung aller mildernden oder erschwerenden Umstände das Strafmaß zu bestimmen, und zwar innerhalb des im Strafgesetzbuch festgelegten Strafrahmens.

Heinz Klippert, Methoden-Training, Beltz-Verlag, Weinheim–Basel, [11]2000, S. 216

Aufgabe:
Fassen Sie die einzelnen Etappen der Gerichtsverhandlung in einem Flussdiagramm zusammen!

Lösung

Lesetechniken

Voraussetzung für die Informationserfassung und -entnahme ist das Lesen des Textes. Du solltest die Lesetechniken beherrschen, wie sie in der Übungsaufgabe 1 (Seite A-1) vorgestellt sind.

Flussdiagramm

Erklärung
- griech. „Diagramm“: Schaubild, in dem Informationen zeichnerisch dargestellt werden
- verschiedene Arten, z. B.
  - Kreisdiagramm (Ergebnisdarstellung)
  - Säulendiagramm (Möglichkeit der Mehrfachantworten)
  - Flussdiagramm (Darstellung von Informationen aus solchen Texten, die Sachverhalte, Prozesse oder Vorgänge in einer zeitlichen oder anderen Reihenfolge beschreiben)

Vorgehensweise
- Thema bzw. Aufgabenstellung erfassen
- Abfolge/Reihenfolge der wichtigsten Aussagen erkennen, z. B. zeitlich, ursächlich u. a.
- Wahl der Darstellungsform, z. B. Kästchen, Kreise, Ellipsen, Dreieck
- Untereinanderreihung, Nebeneinanderreihung; Verwenden zusätzlicher Mittel zur Visualisierung bzw. Unterstützung der Aussagen, z. B. Pfeile, Striche, Zahlen u. a.
- Nominalstil (Substantive, Substantivierungen) verwenden

Ein **Flussdiagramm zum obigen Text** könnte beispielsweise so aussehen:

A
Belehrung der Zeugen über
- Aussagepflicht
- Bedeutung des Eides

↓

B
Vernehmung des Angeklagten zu
- Person, persönlichen Verhältnissen
- Werdegang

↓

C
Verlesen der Anklage durch den Staatsanwalt

↓

D
Vernehmung des Angeklagten „zur Sache“

↓

E
Beweisaufnahme zur Klärung der Schuldfrage

↳

F
Plädoyer des Staatsanwalts
Stellen des Strafantrages

↓

G
Plädoyer des Verteidigers
Stellen seines Strafantrages

↓

H
Möglichkeit der letzten Stellungnahme des Angeklagten

↓

I
Urteilsfindung des Gerichts
Festlegen des Strafmaßes

Realschulabschluss Deutsch in Thüringen
Übungsaufgabe 3: Adressatenbezug, Freies Schreiben

Barbara Rhenius: Im letzten Augenblick

Es war wie ein Alptraum! Bahnübergang. Mein Auto bleibt auf den Gleisen stehen. Motor abgewürgt. Die Schranken gehen herunter. Eingesperrt. Ich schreie. Gaffende Menschen. Panische Angst. Aussteigen, schieben. Der Wagen rührt sich nicht von der Stelle.

Hilft mir denn keiner? Eine Frau, ein Mann – ich sehe nur ihre zupackenden Hände. Zwei Arme heben den schweren rotweißen Balken an. Der Zug rast vorbei. Zitternd stehe ich neben mir. Ich sehe in lachende Gesichter.

Aus: Treffpunkte 9, Schroedel Schulbuchverlag, 1991, S. 62 (leicht gekürzt)

Aufgabe:
Formulieren Sie zum Geschehen einen Bericht für die Lokalpresse!
Entwickeln Sie einen Dialog zwischen zwei Augenzeugen des Vorfalls!

Lösung

Teilaufgabe 1

Durch die Analyse der Aufgabenstellung findest du folgende Schwerpunkte:
- Bericht für die Lokalpresse (pragmatischer Text)
- Geschehen des literarischen Textes „Im letzten Augenblick“
- formulieren / schreiben

Auf diese Weise ist das Grundgerüst für deine Stoffsammlung entstanden.

Der Zeitungsbericht

- Informationsbeschaffung für den Bericht:
  - Fragen stellen: Wer? Was? Wann? Wo? Wie? Warum? Welche Folgen?
  - Orts-, Zeit-, Personenangaben kann man sich auch ausdenken.
  - Ordnen der Informationen nach zeitlichem Ablauf
  - Hauptgeschehen in einem einleitenden Satz zusammenfassen
- Beachten der Merkmale des Berichts:
  - sachlich berichten, auf das Wesentliche beschränken
  - Zeitform: Präteritum
  - keine Meinung des Verfassers einbringen
  - Wahrheitsgehalt einhalten; Benennen der Quelle
  - schlagkräftige Überschrift formulieren
  - Aufbau: Schlagzeile (Überschrift, fett dargestellt)
Vorspann (Lead): das Wichtigste (ein Satz)
Nachrichtenkörper (Body)
- Beachten des Adressatenbezugs: Bericht für die Ortspresse – Bekanntheitsgrad!

Der literarische Text „Im letzten Augenblick“ von B. Rhenius

- Bemerkungen zum Text:
  - Kürzestgeschichte, vollständiges Geschehen
  - Augenblicksdarstellung aus der Sicht der Hauptperson/des Erzählers: das Wichtigste
  - wie innerer Monolog
  - Sprache der Handlung angepasst – Wörter, Wortgruppen, Ellipsen, etwas längere Sätze – je nach Stimmungslage der Hauptperson

- Inhalt:
  Auf den Gleisen eines beschrankten Bahnübergangs bleibt aufgrund des Versagens des Motors ein Auto stehen. Die Situation erfährt durch das augenblickliche Schließen der Schranken eine Zuspitzung. Der in Panik geratenen Person wird Hilfe durch eine Frau und einen Mann zuteil. Der Zug rast vorbei, alle lachen befreit.

Schreiben des Berichts für die Lokalpresse

(Hinweis: Hier ist Kreativität gefragt! Folgende Angaben sind ortsorientiert und dienen als Beispiel.)

- Zusammentragen der notwendigen Informationen durch Konkretisierung der Angaben unter Beachtung des Adressatenbezugs
- Ort/Zeit: 25. Mai, gegen 19.00 Uhr, beschrankter Bahnübergang in Zwötzen
- Personen: eine 35-jährige Fahrerin eines Opel Corsa, älteres Ehepaar aus der Umgebung
- Geschehen in Stichpunkten:
  - ungenügende Fahrpraxis
  - falschen Gang eingelegt, Motor abgewürgt
  - Schranken schlossen sich, Schieben des Autos erfolglos
  - Interregio Erfurt–Dresden auf Durchfahrt erwartet
  - unerwartete Hilfe durch älteres Ehepaar
  - Mann hob unter großen Anstrengungen Schranke hoch
  - Rettung im letzten Augenblick
  - der Zug raste durch
  - befreites Lachen der Beteiligten
  - Verursacherin kam mit Schrecken davon
- weitere notwendige Angaben zum Bericht:
  - Quelle: OTZ (Gera)
  - Aufbau:
    Schlagzeile: Im letzten Augenblick
    Vorspann: ein Satz mit den wichtigsten Angaben zum Geschehen (s. Ergebnisformulierung)
    Nachrichtenkörper (s. Ergebnisformulierung)
- Ergebnisformulierung (Beispiel):

„Im letzten Augenblick“

OTZ (Gera). Am 25. Mai gegen 19.00 Uhr blieb eine 35-jährige Frau mit ihrem Opel Corsa mitten auf den Gleisen am Bahnübergang Zwötzen stehen, konnte jedoch mithilfe eines älteren Ehepaares vor dem herannahenden Interregio Erfurt–Dresden in Sicherheit gebracht werden.
Durch Einlegen des falschen Ganges hatte die junge Frau, die wenig Fahrpraxis aufwies, den Motor abgewürgt. Das Auto blieb demzufolge auf den Gleisen stehen. Da der Zug in wenigen Augenblicken sich nähern würde, wurden die Schranken geschlossen. Da geriet sie in Panik und …

Führe die Berichterstattung zu Ende!

Teilaufgabe 2

Folgende Anforderungen sind zu bearbeiten:
- Entwickeln eines Dialogs
- vorgegeben: zwei Augenzeugen des Vorfalls

Bemerkungen zum Dialog:
- Rede – Gegenrede / direkte Rede
- Ausdruck der Gedanken der Gesprächspartner
- Wissen zum Geschehen vorhanden
- Vermutung über Vorgeschichte / Ursachen und Folgen

Bemerkungen zu Vorfall und Personen:
- Vorfall ist bekannt (s. Teilaufgabe 1)
- Augenzeugen nach eigenen Vorstellungen festlegen: Alter, Geschlecht, vielleicht berufliche Tätigkeit u. a.
- Wahl der Personen bestimmt Inhalt / Verlauf und Sprachstil des Dialogs

Beispiele für die Wahl der Augenzeugen des Vorfalls:
- Zwei erfahrene Autofahrer üben Kritik am Fahrverhalten der jungen Frau.
- Das ältere Ehepaar stellt die Hilfeleistung in den Mittelpunkt des Gesprächs.
- Zwei andere Bürger bringen ihre Erleichterung über den positiven Ausgang des Geschehens zum Ausdruck.

Abschließende Bemerkung

Positiv ist es, wenn du ganz andere Vorstellungen hast. Schreibideen zu entwickeln, das ist Sinn und Zweck solcher Aufgaben.

Viel Freude und Spaß beim Üben!

Aufgabe:

1.1 Bearbeiten Sie anhand der Textgrundlage beiliegendes Aufgabenblatt!

1.2 Das Zusammenleben mit älteren Menschen ist mitunter schwierig, bietet aber auch Chancen. Erörtern Sie diese Problematik!

Hinweis: Beide Teilaufgaben 1.1 und 1.2 sind zu bearbeiten.

Bertolt Brecht: Die unwürdige Greisin

Meine Großmutter war zweiundsiebzig Jahre alt, als mein Großvater starb. Er hatte eine kleine Lithographenanstalt[1] in einem badischen Städtchen und arbeitete darin mit zwei, drei Gehilfen bis zu seinem Tod. Großmutter besorgte ohne Magd den Haushalt, betreute das alte, wacklige Haus und kochte für die Mannsleute und Kinder.
Sie war eine kleine magere Frau mit lebhaften Eidechsenaugen, aber langsamer Sprechweise. Mit recht kärglichen Mitteln hatte sie fünf Kinder großgezogen – von den sieben, die sie geboren hatte. Davon war sie mit den Jahren kleiner geworden.
Von den Kindern gingen die zwei Mädchen nach Amerika und zwei der Söhne zogen ebenfalls weg. Nur der Jüngste, der eine schwache Gesundheit hatte, blieb im Städtchen. Er wurde Buchdrucker und legte sich eine viel zu große Familie zu.
So war sie allein im Haus, als mein Großvater gestorben war.
Die Kinder schrieben sich Briefe über das Problem, was mit ihr zu geschehen hätte. [...] Aber die Greisin verhielt sich abweisend zu den Vorschlägen und wollte nur von jedem ihrer Kinder, das dazu imstande war, eine kleine geldliche Unterstützung annehmen. [...]
Die Kinder schrieben ihr, sie könne doch nicht ganz allein leben, aber als sie darauf überhaupt nicht einging, gaben sie nach und schickten ihr monatlich ein bißchen Geld. Schließlich, dachten sie, war ja der Buchdrucker im Städtchen geblieben.
Der Buchdrucker übernahm es auch, seinen Geschwistern mitunter über die Mutter zu berichten. Seine Briefe an meinen Vater und was dieser bei einem Besuch und nach dem Begräbnis meiner Großmutter zwei Jahre später erfuhr, geben mir ein Bild von dem, was in diesen zwei Jahren geschah. [...] Auf eine schriftliche Anfrage meines Vaters, was die alte Frau denn jetzt so mache, antwortete er ziemlich kurz, sie besuche das Kino. [...]
Dazu kam, daß meine Großmutter nicht nur mit ihrem Sohn am Ort keinen regelmäßigen Verkehr pflegte, sondern auch sonst niemanden von ihren Bekannten besuchte oder einlud: Sie ging niemals zu den Kaffeegesellschaften des Städtchens. Dafür besuchte sie häufig die Werkstatt eines Flickschusters in einem armen und sogar etwas verrufenen Gäßchen, [...]. Der Flickschuster war ein Mann in mittleren Jahren, der in der ganzen Welt herumgekommen war, ohne es zu etwas gebracht zu haben. Es hieß auch, daß er trank. Er war jedenfalls kein Verkehr für meine Großmutter. [...]
Etwa ein halbes Jahr nach dem Tod des Großvaters schrieb der Buchdrucker meinem Vater, daß die Mutter jetzt jeden zweiten Tag im Gasthof esse.
Was für eine Nachricht! Großmutter, die zeit ihres Lebens für ein Dutzend Menschen gekocht und immer nur die Reste aufgegessen hatte, aß jetzt im Gasthof! Was war in sie gefahren?
Bald darauf führte meinen Vater eine Geschäftsreise in die Nähe und er besuchte seine Mutter. Er traf sie im Begriffe auszugehen. [...] Sie schien ganz ausgeglichener Stim-

mung zu sein, weder besonders aufgekratzt noch besonders schweigsam. […] Die Stube war natürlich peinlich sauber und sie sah gesund aus. […]

Aber sie schien mit ihrem Familienleben abgeschlossen zu haben und neue Wege zu gehen, jetzt, wo ihr Leben sich neigte. Mein Vater […] fand sie ganz munter und sagte meinem Onkel, er solle die alte Frau machen lassen, was sie wolle. Aber was wollte sie? Das nächste, was berichtet wurde, war, daß sie eine Bregg[2] bestellt hatte und nach einem Ausflugsort gefahren war, an einem gewöhnlichen Donnerstag. […] Und nach der Bregg kam die Reise nach K., einer größeren Stadt, etwa zwei Eisenbahnstunden entfernt. Dort war ein Pferderennen und zu dem Pferderennen fuhr meine Großmutter.

Der Buchdrucker war jetzt durch und durch alarmiert. Er wollte einen Arzt hinzugezogen haben. Mein Vater schüttelte den Kopf, als er den Brief las, lehnte aber die Hinzuziehung eines Arztes ab.

Nach K. war meine Großmutter nicht allein gefahren. Sie hatte ein junges Mädchen mitgenommen, eine halb Schwachsinnige, wie der Buchdrucker schrieb, das Küchenmädchen des Gasthofs […]. Dieser „Krüppel" spielte von jetzt ab eine Rolle. Meine Großmutter schien einen Narren an ihr gefressen zu haben. Sie nahm sie mit ins Kino und zum Flickschuster […].

Die Briefe meines Onkels wurden ganz hysterisch, handelten nur von der „unwürdigen Aufführung unserer lieben Mutter" […].

Genau betrachtet lebte sie hintereinander zwei Leben. Das eine, erste, als Tochter, als Frau und als Mutter und das zweite einfach als Frau B., eine alleinstehende Person ohne Verpflichtungen und mit bescheidenen, aber ausreichenden Mitteln.

Das erste Leben dauerte etwa sechs Jahrzehnte, das zweite nicht mehr als zwei Jahre. […]

Sie war keineswegs vereinsamt. […]

Sie starb ganz unvermittelt an einem Herbstnachmittag in ihrem Schlafzimmer, aber nicht im Bett, sondern auf dem Holzstuhl am Fenster. Sie hatte den „Krüppel" für den Abend ins Kino eingeladen und so war das Mädchen bei ihr, als sie starb. Sie war vierundsiebzig Jahre alt.

Ich habe eine Photographie von ihr gesehen, die sie auf dem Totenbett zeigt und die für die Kinder angefertigt worden war. Man sieht ein winziges Gesichtchen mit vielen Falten und einen schmallippigen, aber breiten Mund. Viel Kleines, aber nichts Kleinliches. Sie hatte die langen Jahre der Knechtschaft und die kurzen Jahre der Freiheit ausgekostet und das Brot des Lebens aufgezehrt bis auf den letzten Brosamen.

(Aus: Bertolt Brecht: Gesammelte Werke, Bd. 11. Suhrkamp Verlag: Frankfurt 1967, S. 315 ff.; Text für Prüfungszwecke gekürzt und auf Wunsch des Rechteinhabers in alter Rechtschreibung abgedruckt)

1 Druckerei

2 Pferdegespann

Aufgabenblatt zu Aufgabe 1.1

Ergänzen Sie anhand der Textgrundlage folgende Übersicht!

- „Sie hatte die langen Jahre der ______________________________ und die kurzen Jahre der ______________________________ ausgekostet und das Brot des Lebens aufgezehrt bis auf den letzten Brosamen.“ (2 P.)

- Ergänzen Sie je fünf Fakten!

Greisin

1. Leben	2. Leben
______________________________	______________________________
______________________________	______________________________
______________________________	______________________________
______________________________	______________________________
______________________________	______________________________

(10 P.)

- Welches Ereignis löst diesen Wandlungsprozess aus?

____ (1 P.)

- Die Söhne der Greisin bewerten das neue Leben der Mutter unterschiedlich. Belegen Sie das durch je drei Beispiele. (6 P.)
Wählen Sie eine geeignete Darstellungsform! (1 P.)

Lösung

Teilaufgabe 1.1

Hinweis: Die Aufgabe 1.1 verlangt die Bearbeitung des beigelegten Aufgabenblattes. Du sollst die verschiedenen Aufgaben anhand der Textgrundlage „Die unwürdige Greisin" lösen. Dabei sind ausgewählte Methoden der Informationserfassung und -darstellung anzuwenden. Hilfreiche Hinweise dazu findest du im Kapitel E sowie in Lösungen zu verschiedenen Aufgaben in diesem Buch.
Der Form der Informationsdarstellung ist durch die Vorgabe des Aufgabenblattes wenig Spielraum gegeben. Lediglich die letzte Aufgabe bietet Varianten der Darstellung.
Die erste Aufgabe verlangt, die beiden entsprechenden Substantive aus dem letzten Satz der Textgrundlage (Z. 68) zu notieren, die zweite erfordert das Formulieren von Stichpunkten. Die Frage der dritten Aufgabe sollte in einem Satz beantwortet werden, während die letzte Aufgabe das Zitieren von geeigneten Textstellen oder das Niederschreiben von Stichpunkten oder Sätzen zulässt.
Beachte die Anzahl der geforderten Fakten bzw. Beispiele in der zweiten und vierten Aufgabe. Die nachfolgenden Lösungsvorschläge machen deutlich, dass es eine höhere Anzahl von Antwortmöglichkeiten gibt.
Neben der inhaltlichen Vollständigkeit und Richtigkeit werden die korrekte Umsetzung der Methode und die Sprachrichtigkeit bewertet. Dabei werden bei zwei Verstößen gegen die Sprachrichtigkeit ein Punkt, bei mehr als zwei Fehlern zwei Punkte von der Gesamtpunktzahl abgezogen.

Mithilfe folgender Arbeitsschritte kannst du die erste Teilaufgabe beantworten:

1. *Informationsentnahme:*
   Mithilfe verschiedener Lesetechniken kannst du die im Text enthaltenen Informationen herausfiltern:
   - *orientierendes Lesen*
     Überfliegen des Textes, um einen Überblick über den Inhalt zu erhalten, und Anwenden des sog. Schlängellesens zur schnellen Orientierung
   - *selektives Lesen*
     gezieltes Lesen des Textes unter dem Aspekt der jeweiligen Aufgabenstellung; abschnittsweises Vorgehen ist geeignet; Markieren zutreffender Textstellen am Rand für jede Aufgabe
     Hierbei empfiehlt sich das Anwenden unterschiedlicher Markierungsmethoden (siehe Kapitel E, Punkt 2.3).
   - *gründliches Lesen*
     Zum Schluss die angestrichenen Textpassagen noch einmal Zeile für Zeile lesen; Markieren wesentlicher Schlüsselwörter, Fakten oder Beispiele mit der entsprechenden Methode
2. *Informationsdarstellung:*
   Jetzt kannst du die Informationen in das Aufgabenblatt übertragen.
   Für die letzte Aufgabe ist zur Gegenüberstellung die Form der Tabelle am besten geeignet.

Aufgabenblatt zu Aufgabe 1.1

Ergänzen Sie anhand der Textgrundlage folgende Übersicht!

– „Sie hatte die langen Jahre der **Knechtschaft** und die kurzen Jahre der **Freiheit** ausgekostet und das Brot des Lebens aufgezehrt bis auf den letzten Brosamen.“

– Ergänzen Sie je fünf Fakten!

Greisin

1. Leben

- dauerte etwa 60 Jahre
- war Tochter, Frau und Mutter
- gebar sieben Kinder, zog fünf davon mit kärglichen Mitteln groß
- besorgte ohne Magd den Haushalt
- betreute das alte, wackelige Haus
- kochte für ein Dutzend Menschen, aß selbst nur die Reste

2. Leben

- dauerte nicht mehr als zwei Jahre
- war keineswegs vereinsamt
- lebte als „Frau B.“
- alleinstehende Person ohne Verpflichtungen
- verfügte über bescheidene, jedoch ausreichende Mittel
- schien mit dem Familienleben abgeschlossen zu haben, pflegte keinen regelmäßigen Kontakt mit ihrem Sohn
- besuchte keinen ihrer Bekannten, lud niemanden von ihren Bekannten ein
- ging nicht zu Kaffeegesellschaften
- aß jeden zweiten Tag im Gasthof
- suchte sich die Gesellschaft eines Küchenmädchens
- besuchte das Kino, den Flickschuster und ein Pferderennen in einer größeren Stadt
- machte an einem Wochentag einen Ausflug mit der Pferdekutsche

– Welches Ereignis löst diesen Wandlungsprozess aus?
Der Tod ihres Mannes löst diesen Wandlungsprozess aus.

– Die Söhne der Greisin bewerten das neue Leben der Mutter unterschiedlich.
Belegen Sie das durch je drei Beispiele!
Wählen Sie eine geeignete Darstellungsform!

1. Sohn (Vater des Ich-Erzählers)	2. Sohn (Buchdrucker/Onkel des Ich-Erzählers)
– „Sie [die Mutter] schien ganz ausgeglichener Stimmung zu sein", „sah gesund aus" (Z. 35–38)	– „Der Buchdrucker war jetzt durch und durch alarmiert." (Z. 46)
– „fand sie ganz munter und sagte meinem Onkel, er solle die alte Frau machen lassen, was sie wolle" (Z. 40/41)	– „wollte einen Arzt hinzugezogen haben" (Z. 46/47)
– „schüttelte den Kopf, […], lehnte aber die Hinzuziehung eines Arztes ab" (Z. 47/48)	– „Briefe […] wurden ganz hysterisch, handelten nur von der ‚unwürdigen Aufführung unserer lieben Mutter'" (Z. 54/55)

oder

1. Sohn (Vater des Ich-Erzählers)	2. Sohn (Buchdrucker/Onkel des Ich-Erzählers)
– findet bei einem Besuch seiner Mutter nichts Außergewöhnliches vor, schätzt ihr Verhalten und ihre Lebensumstände als unauffällig ein (Vgl. Z. 35–40)	– zu Beginn noch gelassen (Vgl. Z. 22)
– spricht sich dafür aus, nicht einzugreifen, sondern die Mutter gewähren zu lassen (Vgl. Z. 40–41)	– ist beunruhigt, fordert ärztliche Untersuchung (Vgl. Z. 46/47)
– ist verwundert über das Verhalten der Mutter, lehnt aber eine ärztliche Untersuchung ab (Vgl. Z. 47/48)	– schreibt abwertend über die Bekanntschaften der Mutter (Vgl. Z. 49–53)
	– wird hysterisch, zeigt keinerlei Toleranz (Vgl. Z. 54/55)

Teilaufgabe 1.2

Hinweis: Die Teilaufgabe 1.2 setzt Verfahrenskenntnisse des freien Erörterns voraus. Die dafür notwendigen Arbeitsschritte sind im Kapitel A erläutert.
Der unter Teilaufgabe 1.1 abgedruckte literarische Text muss in deinen Ausführungen keine Berücksichtigung finden.
Bevor du mit dem Schreiben beginnst, solltest du das in der Aufgabenstellung vorgegebene Thema genau analysieren und eingrenzen. Denke auch daran, die zentralen Begriffe der Aufgabenstellung zu klären.
Überlege im Anschluss, welche Schwerpunkte du in deiner Erörterung setzen kannst. Hierbei können gezielte Fragestellungen an das Thema hilfreich sein.
Plane nun den Aufbau deines Aufsatzes. Erstelle dazu eine stichpunktartige Stoffsammlung und bringe sie in eine dir sinnvoll erscheinende, geordnete Reihenfolge: Das ist die Gliederung für deinen Aufsatz.

Analyse und Eingrenzen des Themas

Das Zusammenleben mit älteren Menschen

Schwierigkeiten ← → Chancen

Erörtern der Problematik = kritische Auseinandersetzung

Klärung der Begriffe
- „Zusammenleben“:
  - in der Gesellschaft, in der Familie
  - Leben nach bestimmten Normen und Werten
- „ältere Menschen“:
  - durchaus abhängig von der persönlichen Wahrnehmung
  - mögliches Kriterium: Erreichen des Rentenalters

Schwerpunkte der Erörterung
- In welchen Bereichen können Probleme mit älteren Menschen auftreten?
- Was sind die Ursachen dafür?
- Auf welchen Gebieten eröffnen sich Chancen im Umgang mit älteren Menschen?
- Welche Erfahrungen können gewonnen werden?
- Was ist mein persönlicher Standpunkt in Bezug auf die angesprochene Problematik?

Stichpunktartige Stoffsammlung und Gliederung

Einleitung: persönliches Beispiel

(*oder:* Verweis auf zunehmenden Altersdurchschnitt in der Bevölkerung und damit verbundene Aktualität des Themas)

Hauptteil: Das Zusammenleben mit älteren Menschen – Schwierigkeiten und Chancen

Hinweis: Beginne deinen Hauptteil mit der Themenanalyse. Diese schriftliche Untersuchung hilft dir, das Problem noch einmal genau zu beleuchten. Du wirst erkennen, ob du es wirklich durchdrungen hast. Außerdem läufst du nicht so schnell Gefahr, vom Thema abzukommen. Lass die Klärung der Schlüsselbegriffe mit einfließen! Ein individueller Spielraum ist durch unterschiedliche Erfahrungen und Betrachtungsweisen gegeben.
Die nachfolgenden Argumente müssen nicht alle in deinen Hauptteil einfließen. Wichtig ist, dass eine Ausgewogenheit zwischen den beiden Seiten „Schwierigkeiten und Chancen“ herrscht. Berücksichtige beim Ausformulieren außerdem den Aufbau eines Arguments (Behauptung → Begründung → Beispiel; Hinweise dazu im Kapitel A).

1. Schwierigkeiten
   - andere Lebensansichten und Wertevorstellungen
   - geringere Toleranz bezüglich der Ausgehzeiten, der Musik, der Mode usw.
   - übertriebene Fürsorge
   - Zunahme der Gebrechlichkeiten, Krankheiten
   - Verlangsamung
   - psychische und physische Belastung für die Pflegenden
   - Inanspruchnahme von Freizeit der Angehörigen
   - konservatives Denken, Beharren auf ihrer Meinung aufgrund ihrer Lebenserfahrung
   - Einmischen in das Familienleben, in Erziehungsfragen

2. Chancen
   - Vorbildwirkung aufgrund hoher Lebenserfahrung
   - Vorbilder in Bezug auf das eigene Altern
   - geschätzte Zeitzeugen
   - Vermittler von Traditionen, Handwerken
   - „Taschengeldaufbesserer“
   - höheres Zeitpotential als die Eltern, aufmerksame Zuhörer
   - Aufgabe als Betreuer, Hilfe im Haushalt
   - Unterstützer beim Lernen und bei den Hausaufgaben

Schluss: persönliche Stellungnahme
- Abwägen von Vor- und Nachteilen im Zusammenleben
- Toleranz als Mittel, Schwierigkeiten zu umgehen

Aufsatzbeispiel

Einleitung

In unserer heutigen Gesellschaft haben es ältere Menschen nicht leicht. Ich habe im Laufe der letzten Jahre bemerkt, wie ganz alltägliche Dinge für meine Oma immer schwieriger wurden. Sie ist nun 80 Jahre alt und für ihr Alter sehr gesund, doch seit sie mit dem Gehen Probleme hat, ist es nicht immer einfach für sie.
Jeder von uns hat oder hatte ältere Verwandtschaft oder Bekannte und jeder geht mit älteren Menschen ganz verschieden um. Manche sehen sie als Belastung an, andere als Bereicherung. Aus diesem Grund möchte ich mich mit der Problematik „Das Zusammenleben mit älteren Menschen ist mitunter schwierig, bietet aber auch Chancen“ auseinandersetzen.

Hauptteil

Hinweis: Da die Begriffe „Zusammenleben“ und „ältere Menschen“ einen größeren Deutungsspielraum zulassen, ist es ratsam, deren Klärung dem Hauptteil voranzustellen.

Als „Zusammenleben“ werte ich das Leben in einer gemeinsamen Gesellschaft und besonders die Beziehung zu Verwandten. Heute leben viele ältere Menschen allein oder in Wohngemeinschaften und pflegen ihren Kontakt zu ihren Kindern und Enkeln. Der Begriff „ältere Menschen“ ist weit dehnbar. Für mich beschreibt er vor allem Personen, die in Rente gegangen sind oder durch ihr Alter in ihrem Handeln und ihrer Gesundheit eingeschränkt sind. Es sind jene Menschen, die ihr Leben auf Grund ihres Alters umstellen mussten.
Die Aufgabenstellung beschreibt das Zusammenleben als „mitunter schwierig“. Das heißt, dass es gelegentlich Probleme gibt, aber auch, dass diese normal und alltäglich sind. Mein Thema behandelt folglich die Probleme, die die Beziehungen zu und das alltägliche Zusammenleben mit älteren Menschen belasten, und die Möglichkeiten, die uns durch das Miteinander geschaffen werden.
Ein großes Problem ist die Unselbstständigkeit von vielen älteren Menschen. Oftmals haben sie gesundheitliche Beeinträchtigungen und können dadurch ihren Alltag nicht wie gewohnt leben. Einige finden sich in unserer modernen Welt auch nicht so gut zurecht, da sie die rasante Entwicklung der Technik und auch die der Gesellschaft verpasst haben. Folglich kümmern sich oft die Kinder um ihre Eltern, gehen für sie einkaufen oder erledigen Rechnungen und Briefwechsel für sie. Das kostet Zeit und Nerven. Einerseits fühlen sich die Kinder ihren Eltern verpflichtet, doch kann es auch eine psychisch sehr anspruchsvolle Aufgabe sein, seine Eltern zu versorgen. Das belastet natürlich die Beziehung zu seinen Verwandten und vielleicht prägt das auch die Einstellung zu älteren Menschen allgemein.
Im alltäglichen Leben muss man Rücksicht auf ältere Menschen nehmen, da sie vieles nicht mehr mit derselben Geschwindigkeit und Leichtigkeit können wie jüngere Mitmenschen. Im Straßenverkehr liegen darum schnell die Nerven blank, wenn ein älterer Mann die Ampelphase verpasst oder mit 50 km/h fährt, anstatt mit den erlaubten 80 km/h. Man ist immer im

Konflikt, da man einerseits die Verpflichtung zur Rücksichtnahme spürt, gleichzeitig aber auch schnell von den Konsequenzen genervt ist.
Ein weiteres Problem ist, dass ältere Menschen oft eine völlig andere Wertevorstellung haben. Sie haben in ihrem Leben so viele andere Erfahrungen gemacht als wir, dass man manchmal das Gefühl hat, zwei Welten treffen aufeinander. Meine Großeltern haben beispielsweise eine andere Einstellung zur Emanzipation der Frau als ich. Ihrer Meinung nach zerfällt dadurch der Familienbund ein Stück weit und die Erziehung der Kinder wird vernachlässigt. Ich finde jedoch, dass Frauen genauso ein Recht darauf haben zu studieren und zu arbeiten und dass in unserer Gesellschaft auch eine veränderte Form der Familie möglich sein muss.
Diese Meinungsdifferenzen sehe ich aber auch als Chance. Keiner kann von sich behaupten, eine objektive Sicht auf sein Leben, die Gesellschaft und Kultur zu haben. Durch ältere Mitmenschen haben wir die Möglichkeit, unsere Werteanschauung in Frage zu stellen und auch toleranter zu werden. Mich haben meine Großeltern dazu gebracht, viele moderne Trends zu überdenken und mir eine objektivere Meinung dazu zu bilden.
Wir können viel von älteren Menschen lernen, denn nicht alles ist richtig in unserer Gesellschaft. Sie haben den Vergleich zu vergangenen Systemen und können darum zu einer Verbesserung unseres jetzigen beitragen. Sie haben außerdem in ihrem Leben so viel erlebt und auch Fehler gemacht, die nicht jede Generation nachmachen muss. Kinder und Enkel können von ihren Eltern beziehungsweise Großeltern ein halbes Leben erzählt bekommen, welches genauso brisant ist wie das eigene.
Als weiteren Vorteil sehe ich die Möglichkeit, durch ältere Menschen besser mit dem eigenen Altern zurechtzukommen. In Zeiten zahlloser „Anti-Age-Produkte“ fällt es schwer, dem hohen Alter mit Freude entgegenzublicken. Ich persönlich werde mir später immer ein Beispiel an meinen Großeltern nehmen, denn sie tragen ihr Alter mit Stolz und Würde und lassen sich nicht von dem Jugendlichkeitswahn beeindrucken. Meine Großeltern waren für mich immer ein wichtiger Bestandteil der Familie und sind meine Vorbilder.
Hinzu kommt, dass man durch das Zusammenleben mit älteren Menschen eine bessere Verantwortung für die Kultur und Geschichte eines Staates übernehmen kann. Betrachtet man die Erlebnisse älterer Generationen, kann man die politische und kulturelle Lage seines Landes besser verstehen. Was wäre Geschichte ohne Zeitzeugen? Wir können lernen, wie das Leben früher war, wie es zu Krisen kam und vor allem, welche Rolle ein normaler Mensch dabei gespielt hat. Ich fand es beispielsweise sehr interessant, mit Zeitzeugen über den Nationalsozialismus oder das Leben in der DDR zu sprechen, da ich mir über das alltägliche Leben damals kaum eine Vorstellung machen konnte.

Schluss

Das Zusammenleben mit älteren Menschen kann anstrengend und mitunter auch problematisch sein. Oftmals stellt es eine psychische Belastung dar, wenn eine ältere Person, die einem nahesteht, gesundheitliche Probleme hat. Zwischen zwei Generationen gibt es immer Differenzen und das kann das Zusammenleben erschweren. Doch vor allem stellen ältere Menschen eine Bereicherung unserer Gesellschaft und unserer Kultur dar. Auf persönlicher Ebene können wir ungemein viel von älteren Menschen lernen und gemeinsam Zeit verbringen. Meiner Meinung nach müsste mehr für ältere Menschen getan werden, denn zur Zeit werden sie vor allem als Belastung angesehen. Dabei könnten sie eine große Bereicherung darstellen, wenn sie besser in die Gesellschaft eingegliedert werden würden.
Wir müssen mehr Rücksicht im Zusammenleben nehmen, denn die Erfahrungen, die wir dadurch machen können, sind unbezahlbar.

Hinweis zur Wertigkeit der Teilaufgaben:
Bei mehrteiligen Aufgaben setzt sich die Note aus 25 % Lern- und Arbeitstechniken (Teilaufgabe 1.1) und 75 % geschlossene Darstellung (Teilaufgabe 1.2) zusammen. Das solltest du bei der dir zur Verfügung stehenden Arbeitszeit von 180 Minuten bedenken.

Realschulabschluss Deutsch in Thüringen: Prüfungsaufgaben 2007
Aufgabe 2

„Unsere Zukunft: Werden wir glücklich sein oder verzweifelt? Wir wissen es nicht. Wir wissen nur eines. Sie kommt.“, meint Yasmin Zahedi, 16 Jahre aus Hamburg.

Quelle: Zahedi, Yasmin (geb. 1987): Zukunft: Wir haben Angst vor dir (S. 28). Aus: Rat für nachhaltige Entwicklung (Hg.): Jugend schreibt Zukunft. München: Ökom 2003, S. 58.

Aufgabe:

Äußern Sie Ihre Gedanken und Gefühle, wenn Sie über Zukunft nachdenken!

Lösung

Hinweis: Die Aufgabe verlangt, dass du deine Gedanken und Gefühle zum Thema „Zukunft“ zusammenhängend darlegst. Das vorgegebene Zitat führt dich in die Thematik ein und kann dir Impulse für deine Ausführungen geben. Du musst aber nicht näher darauf eingehen.
In einer Art Gedankenspaziergang sollten deine Zukunftsvorstellungen deutlich zum Ausdruck kommen. Hierbei ist es möglich, dass du Beispiele sowohl aus deiner eigenen Erfahrungswelt als auch Beispiele aus dem aktuellen Tagesgeschehen einbeziehst. Wichtig dabei ist, dass du konsequent das Thema verfolgst und deine Gedanken logisch verknüpfst.
Deine Gefühle und Empfindungen stehen in diesem subjektiv orientierten Aufsatz im Vordergrund. Dein Text sollte möglichst persönlich und ausdrucksstark sein. Um das zu erreichen, musst du entsprechende sprachliche Mittel wirkungsvoll einsetzen (z. B. Sprachbilder, Vergleiche, Fragen, aussagekräftige Adjektive, Verben und Substantive). Die Darstellung erfolgt in der Ich-Form.
Es ist ratsam, die Vorüberlegungen zur Thematik in einer Stoffsammlung (z. B. Cluster) festzuhalten, um beim Schreiben das Thema nicht aus den Augen zu verlieren.
Hinweise zum Schildern von Gedanken und Gefühlen findest du im Kapitel C und in den Lösungen zu verschiedenen Aufgaben.

Analyse der Aufgabenstellung

Zukunft

meine private Zukunft — die Zukunft der Menschheit

Äußern von Gedanken und Gefühlen

Impulse aus dem Zitat: Glücklich sein? ⟷ Verzweifelt sein?

Zukunft kommt

Einleitung
Einstimmen auf die Thematik durch Fragestellungen mit Hinweis auf die Bedeutsamkeit

oder:

Sprichwort oder Redewendung, z. B. „Die Zukunft liegt in den Sternen"

Stoffsammlung

Beispiel: Cluster

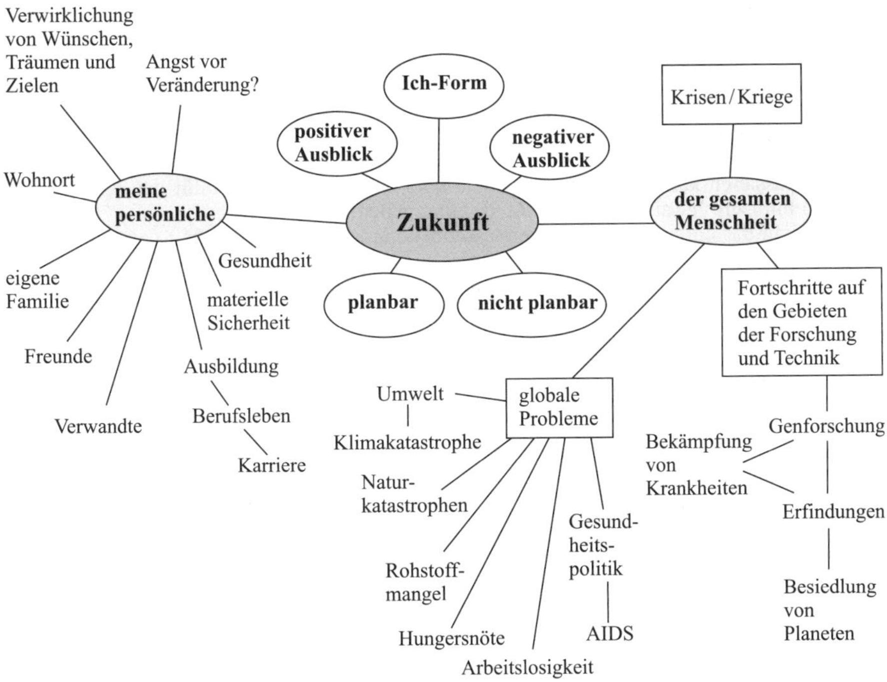

Schluss
mögliches Fazit → Bezug zum Ausgangszitat herstellen → Zukunft kommt → sich den Herausforderungen stellen

Aufsatzbeispiel

Zukunft
Wenn ich an die Zukunft denke, breitet sich in mir Ungewissheit aus, denn ich weiß nicht, was auf mich zukommen wird. Wie wird mein Leben wohl aussehen? Werde ich glücklich sein? Gesund? Reich? Wo werde ich wohl wohnen? Ich weiß nicht, ob ich eine Familie haben werde, auch wenn ich sehr gern eine hätte. Einen lieben Mann und vielleicht zwei oder drei Kinder, das wäre schön – und unwahrscheinlich in der heutigen Zeit, in der man Karriere machen muss, um sein Dasein nicht als asozial abgestempelt in irgendeinem dunklen Loch zu fristen. Mit Familie und Kindern kommt man da nicht weit. Ich muss mich also fragen, ob ich

zu denen gehören will, welche die Karriereleiter erklimmen, oder zu denen, die auf der Stelle treten und nicht vorankommen.
Gerade jetzt am Ende der 10. Klasse denke ich häufiger darüber nach, was nach den Prüfungen und den Sommerferien auf mich zukommt. Ich gehöre nicht zu denen, die alles genau planen, aber einen Schritt habe ich mir bewusst überlegt. Ich werde die nächsten zwölf Monate in einem anderen Land verbringen. Eine Gastfamilie und eine neue Schule warten auf mich. Natürlich bin ich sehr aufgeregt und nicht selten taucht in mir die Frage auf, ob dieser Weg der richtige sein wird. Schaffe ich es, dort allen Anforderungen gerecht zu werden und ohne meine vertraute Umwelt zurechtzukommen? Hilft mir das Jahr, um selbstständiger zu werden und konkrete Vorstellungen für mein späteres Familien- und Berufsleben zu entwickeln? Meine Gedanken gehen aber schon viel weiter, denn was passiert nach meiner Rückkehr nach Deutschland? Werde ich dann eine Lehre beginnen oder doch mein Abitur machen? Die Zeit nach meinem Auslandsaufenthalt steht also noch völlig in den Sternen.
Doch nicht nur die Ungewissheit meiner eigenen Zukunft bereitet mir Unbehagen. Was ist mit unserer aller Zukunft? Viele wichtige Ressourcen gehen langsam zur Neige. Werden Kriege um die letzten Reste bestimmter Rohstoffe unser Leben auf der Erde überschatten? Und was ist mit dem Klimawandel? In dem Film „The Day After Tomorrow“ wird sehr gut beschrieben, was passieren kann, wenn wir uns nicht bald besinnen und etwas für den Klimaschutz tun. Dem Film zufolge stehen wir am Rande einer neuen Eiszeit!
Wenn ich mir das durch den Kopf gehen lasse, bekomme ich es mit der Angst zu tun. Ich will nicht in einer Welt leben, die von Krieg beherrscht oder deren Natur zerstört wird.
Ich weiß auch nicht, was ich von der technischen Entwicklung halten soll, die immer weiter fortschreitet. Wird dieser Fortschritt uns in eine bessere Zukunft führen?
Werden wir Menschen endlich fähig sein, Erfindungen im positiven Sinne zu nutzen? Es gibt so viele Probleme auf der Erde, die von der rasanten technischen Entwicklung profitieren könnten. Spontan fallen mir das Verhindern von Naturkatastrophen, z. B. Überflutungen, oder das Eindämmen von Hungersnöten ein.
Oder wird der Fortschritt die Erde und damit auch uns nur noch mehr zugrunde richten? Wenn es wie bisher weitergeht, werden wir alles von zuhause aus machen können, egal ob es sich um einen Einkauf oder die spontane Buchung einer Urlaubsreise in die Karibik handelt. Sollen irgendwann Maschinen, Roboter und Computer die Arbeit des Menschen übernehmen? Was ist mit unserer Kommunikation untereinander? Wird sich diese nur noch auf diverse Chatforen begrenzen? Wenn ich daran denke, bekomme ich eine Gänsehaut. Das alles ist mir viel zu unpersönlich. Wenn wir keine Menschen um uns haben, wie erhalten wir dann die Menschheit? Etwa mit Retortenbabys? Wirklich toll, diese Vorstellung!
Deswegen versuche ich einfach, auch die guten Dinge zu sehen, welche uns die Zukunft bringen wird. Ich muss positiv denken, denn es gibt immer einen Weg, der uns in eine bessere Zukunft führt. Der Fortschritt zum Beispiel hat auch seine guten Seiten. In einem Film wurde gezeigt, wie die Zukunft in 50 Jahren tatsächlich aussehen könnte. Alles ist viel weiter entwickelt, vor allem im Bereich der Medizin. Heute unheilbar kranke Menschen werden also vielleicht schon in naher Zukunft geheilt werden können! Das finde ich wunderbar.
Genauso spannend ist für mich die Vorstellung, dass in naher Zukunft Planeten besiedelt werden. Wenn damit der Lebensraum für die Menschen vergrößert wird, vielleicht verringern sich dadurch kriegerische Auseinandersetzungen in den Teilen der Erde, wo sich die Menschen wegen Gebietsansprüchen bekämpfen? Ich habe hier das Bild der Flüchtlingslager in Palästina mit den vielen heimatlosen Menschen vor Augen. Ob es wohl möglich sein wird, auf den neu bevölkerten Sternen das Leben für die Menschen lebenswert zu gestalten? So ein Neubeginn wäre doch eine riesige Chance für die gesamte Menschheit!
Auch wenn ich daran denke, was alles noch auf mich zukommt, spüre ich zwar die Ungewissheit, doch gleichzeitig bin ich auch gespannt, aufgeregt und offen für viel Neues. Ich werde die Zukunft einfach so nehmen, wie sie kommt, und versuchen, das Beste daraus zu machen. So kann ich hinterher sagen, dass ich mit meinem Leben zufrieden bin und nichts bereuen muss. Das ist für mich das Wichtigste.

2007-12

Realschulabschluss Deutsch in Thüringen: Prüfungsaufgaben 2007
Aufgabe 3

Aufgabe:
Interpretieren Sie das Gedicht!

Wilhelm Willms (1930–2002)

Wusstest du schon?

wussten sie schon
dass die nähe eines menschen
gesund machen
krank machen
tot und lebendig machen kann
wussten sie schon
dass die nähe eines menschen
gut machen
böse machen
traurig und froh machen kann
wussten sie schon
dass das wegbleiben eines menschen
sterben lassen kann
dass das kommen eines menschen
wieder leben lässt
wussten sie schon
dass die stimme eines menschen
einen anderen menschen
wieder aufhorchen lässt
der für alles taub war
wussten sie schon
dass das wort
oder das tun eines menschen
wieder sehend machen kann
einen
der für alles blind war
der nichts mehr sah
der keinen sinn mehr sah in dieser welt
und in seinem leben
wussten sie schon
dass das zeithaben für einen menschen
mehr ist als geld
mehr als medikamente
unter umständen mehr
als eine geniale operation
wussten sie schon
dass das anhören eines menschen
wunder wirkt
dass das wohlwollen zinsen trägt
dass ein vorschuss an vertrauen
hundertfach auf uns zurückkommt
wussten sie schon
dass tun mehr ist als reden
wussten sie das alles schon
wussten sie auch schon
dass der weg vom wissen über das reden
zum tun
interplanetarisch weit ist

(Zitiert nach Lesebuch 9, hrsg. von Oswald Watzke, Verlag Ludwig Auer: Donauwörth 1987, S. 154)

Lösung

Hinweis: Diese Aufgabe verlangt von dir, ein Gedicht zu interpretieren (siehe Kapitel B). Vom Dichter Wilhelm Willms erfährst du die Lebensdaten. Somit kannst du sein Werk zeitlich grob einordnen. Die nachfolgenden Informationen sollen dir einen kurzen Einblick in sein Leben und Schaffen geben. Dies kann dir die inhaltliche Erschließung erleichtern.
Auffälligkeiten und Eigenheiten des Gedichtes, die du beim Lesen bemerkst, solltest du sofort markieren. Auch kannst du Fragen an das Gedicht schriftlich festhalten oder den Text mit persönlichen Kommentaren versehen (siehe Kapitel E). All das wird dir bei deiner Analysearbeit dienlich sein.
Für den Einleitungsteil stehen dir verschiedene Möglichkeiten zur Verfügung. Entweder bringst du zum Ausdruck, welche Wirkung das Gedicht auf dich ganz persönlich hat, oder du beschreibst die dargestellte Problematik. So zeigt der vorliegende Text, wie wichtig es ist, Verantwortung für seine Mitmenschen zu übernehmen, und welche positiven oder fatalen Folgen die entsprechende Zuwendung haben kann. Vielleicht hast du aber auch ganz persönliche Erfahrungen mit der beschriebenen Problematik gemacht, die du einleitend kurz darstellst.
Der Hauptteil umfasst die Interpretation des Gedichtes „Wusstest du schon?“, welches der Ideen- und Gedankenlyrik zuzuordnen ist. Fasse zunächst zusammen, um welches Thema es im Gedicht geht. Teile den Text in Sinneinheiten ein, damit erleichterst du dir die inhaltliche Erschließung! Durch den immer wiederkehrenden Vers „wussten sie schon“ ist die Einteilung leicht möglich. Diese Sinneinheiten ermöglichen dir ein abschnittsweises Vorgehen, in dem du Inhalt, Form und Sprache in ihrer Wechselwirkung zueinander betrachtest. Schrittweise kannst du das Gesagte deuten und dir der Wirkung bewusst werden. Du müsstest die Veränderungen bzw. Steigerungen sowie die antithetische Darstellung der Botschaften des Sprechers erkennen. Die Nutzung der folgenden Tabelle ist eine Möglichkeit der Stoffsammlung, die dir die Analysearbeit erleichtert. Sie ist die Grundlage für den noch auszuformulierenden Hauptteil. Betrachte abschließend die Haltung des lyrischen Sprechers und überlege, welche Intention des Autors dadurch zum Ausdruck gebracht wird.
Der Schlussteil bietet dir die Möglichkeit, deine eigene Wertschätzung oder Sichtweise zum Gedicht zu äußern. Auch kannst du Aussagen über die Aktualität der Problematik treffen.

Anmerkungen zum Autor Wilhelm Willms
Wilhelm Willms wurde am 4. 11. 1930 in Rurdorf an der Rur bei Linnich geboren und starb am 25. 12. 2002. Sein Studium zur Kunstgeschichte brach er nach wenigen Semestern ab und begann ein Theologiestudium in Bonn und München. In Aachen erhielt er 1957 die Priesterweihe. Bekannt wurde er als Verfasser geistlicher Lieder und Gedichte. Er gewann 1972 bei einem Wettbewerb zum Neuen Geistlichen Lied in Kiel mehrere Preise für seine Liedtexte.

Begriffsklärung
- Zinsen: Vergütung für geliehenes Geld, im Allgemeinen in Prozent des Geldbetrages pro Jahr ausgedrückt
- interplanetarisch: zwischen den Planeten

Stoffsammlung

Inhalt	Form	Sprache	Wirkung/Deutung
1. Sinneinheit (Z. 1–5) Wirkung menschlicher **Nähe** auf die Gesundheit → „gesund" oder „krank"; „tot" oder „lebendig"	– keine Strophen – kein Reim – Enjambement – freier Rhythmus – antithetische Begriffe durch Gegenüberstellung von Aussagen – Frage der Überschrift wiederholt sich in unregelmäßigen Abständen setzt sich im gesamten Gedicht fort	– Kleinschreibung – keine Satzzeichen – Aus dem „du" in der Überschrift wird ein „sie" im fortlaufenden Text setzt sich im gesamten Gedicht fort – Wiederholung des Verbs „machen" – Häufung von sinntragenden Adjektiven	– gibt klare Botschaft (unmissverständlich) – direkte Anrede an den Leser in Frageform – Auswirkungen von **Nähe** sehr extrem dargestellt – Betroffenheit des Lesers wird ausgelöst → wird aufgefordert, sich Gedanken zu machen
2. Sinneinheit (Z. 6–10) Wirkung menschlicher **Nähe** auf die Psyche → „gut" oder „böse"; „traurig" oder „froh"	– antithetische Begriffe: „gut", „böse", „traurig", „froh" – Wiederholung Vers 1 und 2 in Vers 6 und 7	– Wiederholung des Verbs „machen" – Häufung von sinntragenden Adjektiven	– Wirkung der Nähe erneut betont → verstärkt erste Aussage; deutliche Wichtung – löst Verantwortungsgefühl aus
3. Sinneinheit (Z. 11–15) Wirkung des **Wegbleibens** → lebensgefährlich; Wirkung des **Kommens** → heilend	– antithetische Begriffe: „sterben", „leben"	– Wiederholung des Verbs „lassen", „lässt"	– existenzielle Wirkung der menschlichen Nähe, des Beistands noch einmal betont
4. Sinneinheit (Z. 16–20) Wirkung d. menschlichen **Stimme** → kann Taubheit aufheben	– antithetische Begriffe: „aufhorchen", „taub"	– Adjektiv „taub" für Sinneswahrnehmung	– Sinneswahrnehmungen im übertragenen Sinne – Welt kann vom Betroffenen wieder wahrgenommen werden – Steigerung: zur Nähe kommt **Kommunikation** → Wirkung auf den anderen wird größer

5. Sinneinheit (Z. 21–29) Wirkung des **Redens** und des **Handelns** → kann Blindheit aufheben und Lebenssinn geben	– antithetische Begriffe: „sehend“, „blind“ – Versanzahl verdoppelt – Z. 25 nur ein Wort: „einen“	– Z. 26, 27, 28: Zeitformwechsel Präteritum	– verdeutlicht die verschiedenen Möglichkeiten, lebensnotwendige Veränderungen bei den Mitmenschen zu bewirken – Blick des Lesers wird immer mehr geschärft → könnte „einen“ konkreten Menschen vor sich sehen – Betroffene können Unglück hinter sich lassen
6. Sinneinheit (Z. 30–35) Wirkung des **Zeithabens** → ist wertvoller als materielle Dinge (Geld) oder medizinische Versorgung (Medikamente, Operation)	– antithetische Begriffe nicht mehr vorhanden, dafür Vergleiche: „mehr als“	– Wortwiederholung „mehr“ – „genial“ als Attribut zu Operation	– wirklicher Wert des Zeithabens hervorgehoben – „genial“ verliert im Kontext eigentliche Bedeutung – wirkliche Anteilnahme erhält hohen Stellenwert – weitere Steigerung in den Botschaften
7. Sinneinheit (Z. 36–41) Wirkung des **Anhörens**, des **Wohlwollens**, des **Vertrauensvorschusses** → kann Wunder bewirken; wird vom Gegenüber zurückgegeben		– Begriffe aus dem Bankwesen: „Zinsen“, „Vorschuss“ – Alliterationen: „wunder wirkt“, „vorschuss an vertrauen“ – Pronomen „uns“	– Begriffe aus dem Bereich des Geldes („Zinsen“, „Vorschuss“) erhalten neue Bedeutung, erreichen menschliche Qualitäten – Sprecher–Leser auf einer Ebene
8. Sinneinheit (Z. 42–48) **Tun** ist wertvoller als Reden, aber der Weg bis zum Tun ist unendlich weit	– Wiederholung der Ausgangsfrage „wussten sie schon“ in kürzeren Abständen	– Ergänzung der zentralen Frage durch „das alles“ und „auch“ – Adjektivwahl „interplanetarisch“ als besonderer Superlativ	– Fragestellung erfährt Nachdruck – Steigerung und zentrale Botschaft des Lyrischen Sprechers → **Tun** des Menschen ist entscheidend; Wissen und Reden sind nur Vorstufen; aber: weiter Weg zum **Handeln**

Aufsatzbeispiel

Hinweis: Das nachfolgende Beispiel zeigt dir, wie du die Stichpunkte aus deiner Stoffsammlung ausformulieren kannst:

Einleitung

Das Gedicht „Wusstest du schon?“ wurde von Wilhelm Willms (1930–2002) verfasst und beschreibt, was ein Mensch für einen anderen Menschen bewirken kann – im positiven, aber auch im negativen Sinn. Es ist der Ideen- und Gedankenlyrik zuzuordnen. Nachdem ich das Gedicht das erste Mal gelesen hatte, war ich eher verwirrt: Was sollen all diese Fragen? Bin da ich angesprochen? Doch nach mehrmaligem Lesen hat mich der Text mit seiner eindringlichen Botschaft sehr berührt. Ich finde, er zeichnet ein recht anschauliches Bild vom Umgang der Menschen miteinander.

Hauptteil

In diesem Gedicht wird dem Leser der Einfluss von zwischenmenschlichen Beziehungen auf jeden Menschen vor Augen gehalten, deren Notwendigkeit und all ihre negativen Aspekte. Außerdem werden Sinn und Nutzen solcher Verbindungen beschrieben, auch wenn der Weg zum Handeln schwer sein kann. Mit Handeln meine ich, im Bezug auf Beziehungen, „das zeithaben“ (Z. 31) für den anderen und „das anhören eines Menschen“ (Z. 37).

Da es bei diesem Gedicht keine Strophen gibt, habe ich durch die Bildung von Sinneinheiten versucht, Anhaltspunkte für meine Interpretation zu schaffen. Ich habe das Gedicht in acht Abschnitte unterteilt, wobei jeder mit der Frage „wussten sie schon“ beginnt. Diese immer wiederkehrende Frage gleicht auch der Überschrift des Gedichtes, wobei statt dem „du“ der Überschrift ein „sie“ im fortlaufenden Text verwendet wird. Dies schafft zwar Distanz, jedoch bleibt die direkte Anrede an den Leser erhalten. Es wäre denkbar, dass sich dadurch noch mehr Menschen angesprochen fühlen.

In der 1. Sinneinheit (Z. 1–5) beschreibt der lyrische Sprecher, welche Wirkung menschliche Nähe auf die Gesundheit eines anderen haben kann. Diese kann ihn sowohl „gesund“ (Z. 3) als auch „krank“ (Z. 4) machen. Sie kann ihn töten oder „lebendig“ (Z. 5) werden lassen. Antithetische Begriffe (z. B. tot ↔ lebendig) durchziehen einen großen Teil des Gedichtes.

Die Auswirkung menschlicher Nähe wird dem Leser sehr extrem vor Augen gehalten. Das macht betroffen und man wird aufgefordert, sich Gedanken über sein eigenes Verhalten gegenüber den Mitmenschen zu machen. Einerseits könnte der Blick des Lesers geschärft werden, um sich einem ganz speziellen Menschen zuzuwenden. Andererseits kann sich aber auch eine betroffene Person über ihr Unglück Gedanken machen, um es vielleicht mit eigener Kraft abzuwenden.

Weitere Form- und Sprachbesonderheiten, die das gesamte Gedicht prägen, sind der Verzicht auf Reime, der freie Rhythmus, eine durchgängige Kleinschreibung und das Wegfallen jeglicher Satzzeichen. Beim Lesen könnte der Eindruck entstehen, dass es nur auf den Inhalt des Gesagten ankommt und alle anderen Regeln und Normen bedeutungslos werden.

Welche Wirkung menschliche Nähe auf die Psyche haben kann, beschreibt die 2. Sinneinheit. Durch die antithetischen Begriffe „gut“ (Z. 8) und „böse“ (Z. 9), „traurig“ und „froh“ (Z. 10) werden die Extreme klar aufgezeigt. Durch die Wiederholung der Verse 1 und 2 in den Versen 6 und 7 erhält die Wirkung menschlicher Nähe eine erneute Wichtung. Dies verstärkt sich zusätzlich durch die Wortwiederholung des Verbs „machen“ (Z. 8, 9, 10). Beim Leser könnten sich dadurch ein Verantwortungsgefühl und die Sorge um seine Mitmenschen ausprägen.

Auch in der 3. Sinneinheit wird die existenzielle Wirkung menschlicher Nähe und des Beistandes noch einmal betont: Der lyrische Sprecher behauptet, „dass das wegbleiben eines menschen“ (Z. 12) lebensbedrohlich für einen anderen werden kann, andererseits aber „das kommen eines menschen“ (Z. 14) „leben lässt“ (Z. 15). Hier unterstreicht das Verb „lassen“ (Z. 13, 15) die Antithetik der Begriffe „sterben“ (Z. 13) und „leben“ (Z. 15), wodurch eine große Abhängigkeit der Betroffenen von einer ihm wichtigen Person verdeutlicht wird.

Die in Sinneinheit 4 beschriebene menschliche Zuwendung setzt die Nähe, das Dasein für den anderen, voraus, auch wenn dieser Begriff vom lyrischen Sprecher nicht mehr verwendet wird. Zunächst kommt zur Nähe die Bedeutung der Kommunikation. Durch „die stimme eines menschen" (Z. 17) können Betroffene wieder „aufhorchen" (Z. 19) und die Welt um sich herum wahrnehmen. Das Adjektiv „taub" (Z. 20) steht für die Sinneswahrnehmung des Hörens, die sensibilisiert wird.
Die Sinneswahrnehmung des Sehens spielt in Sinneinheit 5 eine zentrale Rolle. Reden und Handeln können einen Menschen „sehend" (Z. 24) oder „blind" (Z. 26) machen. Für den Leser nimmt die Vielfalt an Möglichkeiten menschlichen Handelns stetig zu und ihm wird weiterhin verdeutlicht, wie wichtig bzw. lebensnotwendig sein Handeln sein kann. Die Betroffenen können durch seine Hilfe ihr Leid hinter sich lassen. Diese Feststellung wird auch durch den Wechsel der Zeitform vom Präsens ins Präteritum (Z. 26–28) unterstützt.
Der lyrische Sprecher beginnt in der 6. Sinneinheit den hohen Stellenwert des „zeithaben(s)" (Z. 31) durch das Vergleichen mit materiellen Dingen hervorzuheben. Dazu begibt er sich in den Bereich der Medizin, der für fast jeden kranken Menschen die letzte Hoffnung darstellt. So behauptet er, dass selbst „eine geniale operation" (Z. 35) nicht als Alternative zu betrachten ist, wenn es um das „zeithaben" (Z. 31) für einen anderen Menschen geht. Somit verliert das Wort „genial" (Z. 35) als Attribut zu „Operation" in diesem Kontext seine eigentliche Bedeutung, wo es doch semantisch (‚großartig') kaum zu überbieten ist. Es wird unverkennbar, welch hohen Stellenwert wirkliche Anteilnahme und das Sichsorgen um den anderen haben.
Die menschliche Zuwendung kommt einem „wunder" (Z. 38) gleich. Diesbezüglich verweist der lyrische Sprecher in der 7. Sinneinheit auf die Wirkung, die „das anhören eines menschen" (Z. 37) haben kann. Er spricht von „wohlwollen" (Z. 39) und „vertrauen" (Z. 40) und hebt deren große Bedeutung mit Begriffen aus dem Bankwesen („zinsen", Z. 39; „vorschuss", Z. 40) hervor, die dadurch menschliche Qualitäten erhalten. Leser und Sprecher verschmelzen im Pronomen „uns" (Z. 41). Die Distanz, um Botschaften übermitteln zu können, scheint überwunden und nicht mehr notwendig zu sein. Eine neue Stufe menschlichen Zusammenseins ist an dieser Stelle erreicht. Der Spannungsaufbau scheint sich dem Höhepunkt zu nähern.
Die 8. Sinneinheit fasst die zentrale Botschaft unmissverständlich zusammen und verstärkt ihre Dringlichkeit durch die Wiederholung der Fragestellung „wussten sie schon" und ihre Ausweitung in „wussten sie das alles schon" (Z. 44) und „wussten sie auch schon" (Z. 45). All das Gesagte wird noch einmal auf den Prüfstand gehoben und ist die Voraussetzung für die eigentliche Erkenntnis, für das, worauf es ankommt. Entscheidend ist das Tun des Menschen. Die Einsicht in die Notwendigkeit zu Handeln und das Reden darüber sind nur die Vorstufen dafür. Der Weg „zum tun" (Z. 47) wird deshalb als „interplanetarisch weit" (Z. 48) beschrieben, was die große Schwierigkeit eines solchen Vorhabens veranschaulicht.
Auch wenn alle Feststellungen und Hinweise des lyrischen Sprechers von extremen Beispielen, Vergleichen oder Antithetik geprägt sind, gelingt es ihm, beim Leser eine innere Bereitschaft zu entwickeln, sich der schwierigen Aufgabe, verantwortungsvoll für seine Mitmenschen tätig zu werden, zu stellen. Die Erfüllung des menschlichen Seins liegt nicht in der Befriedigung seiner eigenen Wünsche und Bedürfnisse, sondern in dem umsichtigen Sich-Einbringen in sein soziales Umfeld. Diese Einsicht entspricht den Normen und Werten vieler religiöser Vorstellungen oder auch Utopien humanistischer Gesellschaftsmodelle.
So ist es auch nicht verwunderlich, dass Wilhelm Willms als Autor zahlreicher Kirchenlieder zur Erziehung zu dieser Lebenseinstellung beitragen wollte. Nächstenliebe und aufopferungsvolle Hingabe prägten viele berühmte Christen und zeichnen diese auch heute aus.

Schluss

Das Gedicht spricht mich persönlich sehr an, da es den Menschen zum Handeln aufruft. Für mich ist es ein gelungener Appell, der auf Probleme der heutigen Gesellschaft wie Einsamkeit und Anonymität hinweist.

Mädchen, Jungen – Männer, Frauen

Schon in der klassischen Literatur wird über das Rollenverhalten zwischen Mann und Frau reflektiert. Dieses Thema hat bis heute nicht an Aktualität verloren.

Setzen Sie sich, ausgehend vom Auszug aus Friedrich Schiller *Das Lied von der Glocke*, kritisch mit dieser Thematik auseinander und verdeutlichen Sie Ihren Standpunkt!

…
Der Mann muss hinaus
Ins feindliche Leben,
Muss wirken und streben
Und pflanzen und schaffen,
Erlisten, erraffen,
Muss wetten und wagen
Das Glück zu erjagen. …

Und drinnen waltet
Die züchtige Hausfrau,
Die Mutter der Kinder,
Und herrschet weise
Im häuslichen Kreise,
Und lehret die Mädchen
Und wehret den Knaben,
Und reget ohn Ende
Die fleißigen Hände,
…

(Aus: Friedrich Schiller: Sämtliche Werke in 20 Bänden, B. 1, sämtliche Gedichte, Carl Hanser Verlag, München 1965)

Lösung

Hinweis: Die Aufgabenstellung verlangt von dir, die vorgegebene Thematik unter Einbeziehung eines literarischen Textes zu erörtern. Da die Aufgabenstellung die Erschließung des Gedichtauszuges verlangt, entsteht ein teilweise textgebundener Aufsatz. Der Aufsatztyp stellt also eine Mischung aus geschlossener und offener Darstellung dar. Das bedeutet, dass du die Rolle der Frau/des Mannes im Vergleich kritisch betrachten, Argumente und Beispiele diesbezüglich anführen und den Bezug zum Gedicht herstellen sollst. Zudem werden Kenntnisse zum Menschenbild der Klassik und zur Entwicklung des Rollenverhaltens vorausgesetzt.
Zuerst solltest du sowohl die Aufgabenstellung als auch die zwei Strophen gründlich lesen, um Thema, Inhalt und Aussage zu erfassen. Fasse die im Gedicht dargestellten Aufgabenbereiche für den Mann/die Frau zusammen und halte sie stichpunktartig am Rand des Gedichtes fest. Diese Notizen können als Grundlage für eine kurze Inhaltsangabe im Aufsatz dienen.
Überlege nun, welche Schwerpunkte du in deiner Erörterung setzt. Gezielte Fragestellungen, die das Thema und das Gedicht betreffen, sind zu empfehlen.
Nun kannst du den Aufbau deines Aufsatzes planen. Erstelle dazu eine stichpunktartige Stoffsammlung, die du in eine dir sinnvoll erscheinende, geordnete Reihenfolge bringst: Das ist die Gliederung für deinen Aufsatz.

Analyse und Eingrenzen des Themas

Rollenverhalten zwischen Mann und Frau

klassische Literatur
Bsp. „Die Glocke"

heute

kein Verlust an Aktualität

Erörtern der Problematik
= kritische Auseinandersetzung

Klärung der Begriffe
„Rollenverhalten" heißt, den durch gesellschaftliche Normen bedingten Erwartungen zu entsprechen, in bestimmten Situationen so und nicht anders zu denken und zu handeln

traditionelles Rollenverständnis:
Frau: „schwaches Geschlecht"
zuständig für Familie und Haushalt
abhängig von einem männlichen Beschützer
Mann: „starkes Geschlecht"
Oberhaupt der Familie
Ernährer und Beschützer

Menschenbild der Klassik

Mittelstellung des Menschen

Teilnahme an der Gottheit durch seinen Geist

Teilnahme an der tierischen Natur durch seine Körperlichkeit

zunehmende Vervollkommnung zur Humanität

Rolle der Frau in der Zeit der Klassik	Rolle der Frau in Schillers Gedicht
– untergeordnete, fest umrissene Rolle – verkörpert Bild der Ehefrau und Mutter – Wirkungsbereiche: Haushalt, Kinder, Kirche (Bildungsbürgertum und Adel auch im Bereich der Kunst, Musik und Literatur) – muss Vater oder Ehemann gehorchen – ist finanziell abhängig vom Mann – hat keine öffentlichen Rechte – besitzt keine öffentlichen Ämter oder überhaupt öffentliche Verantwortung	– brave Hausfrau und Mutter – kluge „Herrscherin" des Hauses – Erziehung der Kinder
Rolle des Mannes in der Zeit der Klassik	**Rolle des Mannes in Schillers Gedicht**
– übergeordnete Rolle – Beschützer und Ernährer – trägt rechtliche Verantwortung – wirkt in der Öffentlichkeit	– steht im Gedicht in der Strophe vor der Frau – fechtet sein gehetztes Leben außerhalb des Hauses aus – sehr produktiv und tatkräftig dargestellt

Schwerpunkte der Erörterung
- Wie hat sich das Rollenverhalten im Laufe der Menschheit entwickelt?
- Welche Rolle wird der Frau/dem Mann in Schillers Gedicht zugeteilt?
- Wie ist die heutige Rollenverteilung im Vergleich zum Gedicht?
- Wie ist mein eigener Standpunkt zu diesem Thema?

Stichpunktartige Stoffsammlung und Gliederung

Einleitung
- Hinführung zum Thema durch Beispiel für das klassische oder traditionelle Rollenverhalten (zum Mädchen gehört die Puppe; zum Jungen das Auto)

oder

- Aussagen/Zitate aus Schillers Gedicht

Hauptteil

Hinweis: Der nachfolgende Gedankengang ist als Vorschlag zu betrachten. Selbstverständlich sind auch andere Gliederungen und Schwerpunkte möglich.

1. Traditionelles Rollenverhalten
Mann = Ernährer / Versorger / Beschützer
Frau = Hausfrau und Mutter

bei **Schiller** (kurze Inhaltsangabe)
– Zitate als Beispiele anführen

auch **heute** noch
– z. T. biologisch bedingt, z. B. Stillen des Säuglings

2. Veränderungen

↙ ↘

Mann
- noch immer überwiegend Hauptverdiener

aber:
- Mitverantwortung bei der Betreuung des Nachwuchses (Erziehungsurlaub)
- Hilfe im Haushalt

Frau
- Emanzipation
- Selbstverwirklichung
- finanzielle Unabhängigkeit
- bewusste Entscheidung gegen Familie und Kinder möglich (Karrierefrau)
- Aufnahme eines Studiums
- Ausüben eines Berufs
- Wirken im öffentlichen Bereich

3. Realität

leitende Stellen in z. B. Politik und Wissenschaft noch häufig von Frauen unterbesetzt

4. verschiedene Meinungen in der Gesellschaft

↙ ↘

Eva Hermann „Das Eva-Prinzip"

Alice Schwarzer → Frauenrechtlerin

5. eigene Meinung

aus persönlicher Erfahrungswelt

Schluss

Fazit:
- klare Rollenverteilung z. T. aufgehoben
- Entscheidung sollte in den Familien bewusst getroffen werden
- keine Diskriminierung der Rolle als Mutter → Verantwortung

Aufsatzbeispiele (Auszüge)

Hinweis: Es wird nachfolgend kein geschlossenes Aufsatzbeispiel angeboten, da die Aufgabenstellung sehr variable Möglichkeiten des Herangehens in sich birgt. Auch für welche Schwerpunkte sich der Verfasser entscheidet und wie stark er diese ausweitet, kann individuell ganz verschieden sein.
Die einzelnen Bausteine sind als einige von vielen Möglichkeiten zu betrachten. Sie greifen Aspekte des Gedankengangs der Stoffsammlung auf und spiegeln zum Teil unterschiedliche Standpunkte in der Argumentation wider.

Einleitung

Sophie darf mit den Autos spielen und Jakob bekommt den Puppenwagen …
„Moment!", werden einige sagen, „Ist hier nicht etwas verkehrt?"
Wir folgen schon im frühen Kindesalter unbewusst der Rollenverteilung Mann–Frau, wie wir sie in uns haben und vorgelebt bekommen: Die Jungen als Ritter, Abenteurer und Entdecker, die Mädchen als brave Puppenmuttis und Sandkuchenbäckerinnen.
Doch ist diese Rollenverteilung für beide Seiten das Optimum?

oder

„Der Mann muss hinaus/Ins feindliche Leben, …" und „… drinnen waltet/Die züchtige Hausfrau, …" – in Schillers Gedicht „Das Lied von der Glocke" werden die Rollen von Männern und Frauen klar voneinander abgegrenzt. Es wird deutlich, wie die Aufgabenverteilung zwischen den Geschlechtern zur Zeit der Klassik aussah. Doch ist so eine Aufteilung noch heute aktuell? Dieser Frage möchte ich im Folgenden genauer auf den Grund gehen.

Hauptteil

Schiller zeichnet ein genaues Bild von der Aufgabenverteilung der Geschlechter seiner Zeit. Der Mann, von welchem im Gedicht als Erstes die Rede ist und der somit wohl die gewichtigere Rolle zugeteilt bekommt, muss mutig sein und aus dem sicheren Halt der Familie ausbrechen, um sich in der Welt zu beweisen, aber auch, um seine Familie zu beschützen. Sein Schaffen spielt sich größtenteils außerhalb der Familie ab. (Vgl. Z. 1/2) Er soll ehrgeizig sein und seinen Wirkungsbereich prägen. Um seine Ziele zu erreichen und um glücklich werden zu können, greift er zu allen Mitteln, auch zu unehrlichen, z. B. „Erlisten, erraffen, …" (Z. 5).
Im Gegensatz dazu steht die Frau, besser gesagt die Hausfrau. Zu ihrem Aufgabenbereich gehören die Kinder und der Haushalt. Die Hausfrau „herrschet weise" (Z. 11), doch bezieht sich diese Macht nur auf den „häuslichen Kreise" (Z. 12) …

Kann man die strikte Aufteilung, die in Schillers Gedicht aufgezeigt wird, in der heutigen Zeit noch aufrechterhalten?
Sicherlich gibt es Familien, die genau nach diesem Prinzip leben, jedoch vertrete ich die Auffassung, dass man dies längst nicht mehr auf den Großteil der Bevölkerung – zumindest nicht in Deutschland – übertragen kann. Die meisten Familien können es schlicht nicht bewerkstelligen, von einem Gehalt allein zu leben. Beide Elternteile sind also gezwungen, zu arbeiten und Geld zu verdienen.
Zudem wollen die meisten Frauen, ermutigt durch engagierte Frauenrechtlerinnen wie Alice Schwarzer, gar nicht mehr die Rolle der „züchtige[n] Hausfrau" (Z. 9) übernehmen, sondern eine eigene berufliche Karriere haben und finanziell unabhängig sein. Warum auch nicht?
Inzwischen herrscht in Deutschland zumindest laut Gesetz Gleichberechtigung zwischen Frauen und Männern. Doch wie sieht das in der Praxis aus? Tatsächlich gibt es doch immer noch viele Menschen, die die klassische Rollenverteilung vollkommen unterstützen. Darunter sind sogar viele Frauen, wie zum Beispiel die Autorin des viel diskutierten Buches „Das Eva-Prinzip". In diesem werden die Frauen aufgerufen, sich wieder auf ihre häuslichen Pflichten zu besinnen und die Karriere zurückzustellen. Dabei ist die Verfasserin selbst eine karrierebewusste Frau …

Schon seit Urzeiten war die Frau gleichzeitig „Hausfrau" und Mutter. Früher war eine Trennung unvorstellbar. Es gehörte sich einfach so, dass die Frau neben den eigentlichen Mutterpflichten für den häuslichen Bereich zuständig war. Ist das bis heute so geblieben?
Diese Frage kann man zumindest teilweise mit „Ja" beantworten. Eine Spur dieses Rollenverständnisses ist in nahezu jeder modernen Familie noch zu erkennen. Auch wenn die Mütter oftmals berufstätig sind, gehört doch die Kinderbetreuung vorwiegend in den Aufgabenbereich der Frau. Das macht Sinn, sonst wäre das schließlich nicht jahrtausendelang so gewesen. Kinder brauchen einfach ihre Mutter. Das ist genetisch vorgegeben. Das Muttertier gibt die Milch und bietet Schutz und Fürsorge. Folglich bleibt der weibliche Elternteil bei den Jungen. Der Mensch gehört biologisch betrachtet zu den Säugern. Es verstieße gegen die weibliche Natur, den Nachwuchs im besonders schutzbedürftigen Alter allein zu lassen …

Allerdings haben Väter ihrem Nachwuchs gegenüber auch Pflichten. Windeln wechseln und Essen zubereiten sind nicht genetisch bedingt. Das erkennen immer mehr Väter und übernehmen Verantwortung bei der Kinderbetreuung und im Haushalt. Es gibt sogar welche, die an Stelle der Partnerin die Kinder zu Hause betreuen, denn nicht nur Frauen können den Erziehungsurlaub in Anspruch und eine Auszeit vom Beruf nehmen …

Ich bin der Meinung, dass die Aufgabe der Kinderbetreuung genauso gut vom Mann oder von beiden Elternteilen im Wechsel übernommen werden kann. Wenn eine Frau beruflich erfolgreicher ist als ihr Partner, warum sollte sie sich dann aus ihrem Beruf zurückziehen, um die Kinder zu versorgen? In diesem Fall könnte doch der Mann die Hauptverantwortung für die Erziehung der Nachkommen übernehmen. Mittlerweile belegen Studien, dass Mädchen durchschnittlich bessere Noten in der Schule haben und tendenziell bessere und höhere Abschlüsse schaffen. Müsste sich das dann nicht auch in einer höheren Beschäftigungsquote von Frauen niederschlagen? – Die meisten wichtigen Posten werden noch immer von Männern besetzt …

Schluss

Zusammenfassend lässt sich sagen, dass sich die klare Rollenverteilung zwischen Frau und Mann in den letzten Jahrzehnten deutlich gelockert hat, sich aber, schon aufgrund der Biologie, nie ganz auflösen wird. In der Natur hat alles seinen Sinn, warum also nicht auch diese Aufgabeneinteilung? Natürlich möchte sich keine moderne Frau mehr an den Herd fesseln lassen, doch das muss sie schließlich auch nicht mehr. Die Emanzipation hat zur Gleichberechtigung der Geschlechter beigetragen.

oder

Ich persönlich finde, dass jede Familie für sich entscheiden muss, wie sie ihre Prioritäten setzt. Wenn eine Mutter sich ganz ihren Kindern widmen möchte, darf sie nicht als modernes „Heimchen am Herd“ abgestempelt werden. Im Gegenzug dafür sollten Männer, die sich der Aufgabe der Kinderbetreuung und Haushaltsführung stellen, nicht belächelt werden.

Realschulabschluss Deutsch in Thüringen: Prüfungsaufgaben 2008
Aufgabe 1

Aufgabe:

GÖTTERKULT – PESTMITTEL – MASSENWARE – GESUNDHEITSKILLER

1.1 Stellen Sie mindestens 20 Informationen aus dem Text in einem Flussdiagramm oder einer Zeitleiste dar!

1.2 Das Rauchen gilt weltweit als eine der häufigsten Todesursachen.
Deshalb legt das Thüringer Schulgesetz in der seit dem 1. August 2007 gültigen Fassung zum Schutz der Jugend fest: *„Das Rauchen ist im Schulgebäude und auf dem Schulgelände untersagt."* (§ 47 (2) ThürSchulG)
Erörtern Sie diese Problematik umfassend!

Hinweis: Beide Teilaufgaben 1.1 und 1.2 sind zu bearbeiten.

Tabak trinken
(Anfang des 20. Jahrhunderts war das Rauchen in ganz Europa „gesellschaftsfähig")

Auf dem amerikanischen Kontinent war Tabak als Droge mindestens seit 500 Jahren vor Christi Geburt bekannt. Mayas und die Indianer Nordamerikas rauchten Tabak zur Kontaktaufnahme und Zwiesprache mit den Göttern. Von Entdeckungsreisen heimkehrende Seefahrer brachten Anfang des 16. Jahrhunderts die Tabakpflanze mit nach Europa. Die neue Pflanze sorgte für Furore: In Spanien wurde sie zunächst als Zierpflanze geschätzt. Am französischen Hof wurde Mitte des 16. Jahrhunderts gewaltig geschnupft. Tabakdosen waren Kostbarkeiten und dienten als Sammelobjekte und Staatsgeschenke. Das Rauchen wurde zuerst in den Niederlanden üblich, dann in England. Vielen galt Tabak als potentes Heilmittel. Helfen sollten Tabakblätter, -rauch oder -brühe unter anderem gegen Würmer, Krätze, Schwellungen des Zahnfleisches, Kopfschmerzen und Hühneraugen, gegen Kurzatmigkeit, Husten und Wassersucht, ja sogar gegen die Pest. Andere warnten schon damals vor den Folgen übermäßigen Rauchens und beklagten die Rücksichtslosigkeit der Raucher.

Das Einatmen von Rauch als Konsumform war für die Europäer neu – einen eigenen Begriff dafür gab es nicht. „Rauchtrinken", „Tabaktrinken" oder auch „Sauferei des Nebels" – mit derartigen Begriffen behalf man sich. Erst im Laufe des 17. Jahrhunderts bürgerte sich der Begriff des Rauchens allgemein ein. Innerhalb weniger Jahrzehnte – eine für die damaligen Verhältnisse kurze Zeitspanne – war die Sitte des Rauchens in Europa allgemein bekannt und weitverbreitet. Tabak war jedoch keine Massenware, sondern ein wertvolles Produkt; seine besten Sorten wurden Unze für Unze in Silber aufgewogen. Im 16. und 17. Jahrhundert wurde hauptsächlich Pfeife geraucht, zu Beginn des 19. Jahrhunderts kam die Zigarre hinzu, weitere 50 Jahre später die Zigarette.

Heute werden etwa 95 Prozent des konsumierten Tabaks in Form industriell gefertigter Zigaretten geraucht. Die in den USA Anfang der 90er-Jahre von Filmschaffenden und Finanzmaklern kreierte Mode, teure Zigarren und Zigarillos zu rauchen, findet auch in Deutschland Nachahmung und dürfte der Grund sein, dass sich der Verbrauch seit 1996 nahezu verdoppelt hat (1996: 1 359 Mio.; 2000: 2 511 Mio. Stück). An der Vorherrschaft der Zigarette änderte sich dadurch allerdings nichts. Zigarren und Zigarillos erbringen lediglich 2,3 Prozent des Gesamtumsatzes an Tabakwaren (rund 21,6 Milliarden Euro im Jahr 2001).

Dabei waren Zigaretten zunächst kaum mehr als eine Form der Resteverwertung. Bei der Zigarrenproduktion anfallende Tabakkrümel wurden gesammelt und in Papier gewickelt – ein relativ billiges Rauchvergnügen. Die Arbeiterinnen der großen spanischen Tabakmanufakturen zählten zu den ersten Konsumentinnen der Zigarette. Überhaupt wurde Rauchen für Frauen erst mit dem Erscheinen der Zigarette gesellschaftlich akzeptabel. Anfang des Jahrhunderts wurde die Zigarette durch die maschinelle Produktion zum Massenartikel. Konnte man sich 1930 vom Lohn für eine Stunde Arbeit 19 Zigaretten kaufen, waren es 1990 ca. 92 Zigaretten. Betrug der Verbrauch vor dem Ersten Weltkrieg pro Kopf der Bevölkerung rechnerisch 200 Zigaretten jährlich, so lag er in den 50er-Jahren in beiden deutschen Staaten bereits fünfmal so hoch und wuchs zunächst weiter. In den 50er-Jahren wurden jedoch auch die gesundheitlichen Folgen des Rauchens in groß angelegten Studien erstmals wissenschaftlich untersucht und dokumentiert. Der 1964 in den USA herausgegebene Terry-Report fasste die Ergebnisse zusammen und schreckte die Weltöffentlichkeit auf. Rauchen gilt seither weltweit als eine der häufigsten Ursachen für vorzeitige Invalidität und Tod. Nach Schätzung der Weltgesundheitsorganisation (WHO) sterben weltweit jährlich etwa vier Millionen Menschen an Krankheiten, deren Entstehung mit dem Rauchen in Verbindung gebracht wird, mehr als eine halbe Million davon allein in Europa.

(Quelle: Barmer, Informationsbroschüre Tabak – Rauchfrei ist besser)

Lösung

Teilaufgabe 1.1

Hinweis: Die Aufgabe 1.1 verlangt von dir, mindestens 20 Informationen aus dem vorgegebenen Text in Form eines Flussdiagramms oder einer Zeitleiste darzustellen. Methoden zur Lesetechnik und Informationsdarstellung, die dir dabei helfen, findest du im Kapitel E in diesem Buch. Als Lesetechnik eignet sich hier das totale/gründliche Lesen, da du ja nicht nur die Kernaussagen des Textes, sondern relativ viele Informationen detailliert wiedergeben sollst. Markiere dir beim Lesen alle wichtigen Textaussagen. Welche Informationen du anschließend in das Diagramm bzw. die Zeitleiste überträgst, bleibt dir überlassen.
Im Gegensatz zur Zeitleiste muss beim Flussdiagramm die Chronologie der Ereignisse nicht vorrangig berücksichtigt werden, aber die aufgelisteten Informationen müssen inhaltlich aufeinander aufbauen. Im vorgegebenen Text reihen sich die meisten Informationen zeitlich aneinander, sodass sich Flussdiagramm und Zeitleiste in ihrem Aufbau wenig voneinander unterscheiden. Beachte jedoch bei der Zeitleiste, dass die historischen Daten gut sichtbar sind und ihre Abfolge hervorgehoben wird, da der Sachtext hin und wieder zeitliche Sprünge aufweist. Verwende, um deine Informationen festzuhalten, den Nominalstil.

Substantivierung von Verben

Flussdiagramm

Tabakkonsum im Götterkult der Mayas und nordamerikanischen Indianer seit 500 v. Chr.

↓

Entdeckungsfahrer bringen Tabakpflanze nach Europa (16. Jahrhundert)

↓

in Spanien als Zierpflanze geschätzt

↓

als Schnupftabak in Frankreich (Mitte 16. Jahrhundert) → Tabakdosen echte Kostbarkeiten

↓

Rauchen zuerst in den Niederlanden, dann in England üblich
↓
einerseits: Tabak als Heilmittel gegen unterschiedlichste Krankheiten und Leiden
↓
andererseits: Warnung vor Folgen des übermäßigen Rauchens und Klagen über Rücksichtslosigkeit der Raucher
↓
Gebrauch verschiedener Bezeichnungen für das Rauchen in Europa, z. B. „Tabaktrinken“
↓
Einbürgerung des Begriffes „Rauchen“ erst im 17. Jahrhundert
↓
rasche Verbreitung des Rauchens in Europa
↓
Tabak keine Massenware, sondern wertvolles Produkt
↓
16. und 17. Jahrhundert: Pfeiferauchen vorrangig
↓
Mode des Zigarrerauchens erst seit Beginn des 19. Jahrhunderts
↓
Mitte 19. Jahrhundert: Zigarette als neues Konsumprodukt
↓
heute 95 % des Tabakkonsums in Form von industriell hergestellten Zigaretten
↓
Vorbild amerikanischer Prominenter: Verbrauch teurer Zigarren und Zigarillos seit 1996 in Deutschland verdoppelt → Einfluss auf Gesamtumsatz des Tabaks jedoch nur 2,3 %
↓
Vorherrschaft der Zigarette im Tabakkonsum
↓
Zigarette ursprünglich Produkt der Resteverwertung aus der Zigarrenproduktion
↓
erstes Konsumieren von selbst gedrehten Zigaretten aus Tabakkrümeln durch spanische Arbeiterinnen der Tabakmanufakturen
↓
Zigarette bewirkt wachsende Akzeptanz rauchender Frauen in der Gesellschaft
↓
Beginn 20. Jahrhundert: Zigarette industriell hergestellter Massenartikel
→ erschwinglich für jedermann
↓
Zigarettenverbrauch stieg vom Beginn des Jahrhunderts bis zur Mitte über das Fünffache
↓
seit 50er-Jahren: erste Studien zu gesundheitlichen Folgen des Rauchens
↓
Aufschrecken der Weltöffentlichkeit durch Terry-Report (1964)
→ Rauchen als eine der Hauptursachen für vorzeitige Invalidität und Tod
↓
Erkrankungen mit Todesfolge durch Rauchen weltweit sehr stark verbreitet

Zeitleiste

500 v. Chr.	– Mayas und nordamerikanische Indianer: Tabakkonsum für Götterkult
Anfang 16. Jahrhundert	– Entdeckungsfahrer bringen Tabakpflanze nach Europa – in Spanien als Zierpflanze geschätzt
Mitte 16. Jahrhundert	– in Frankreich als Schnupftabak beliebt → Tabakdosen echte Kostbarkeiten – Rauchen zuerst in den Niederlanden üblich – einerseits: Tabak gilt als Heilmittel gegen unterschiedlichste Krankheiten und Leiden – andererseits: Warnung vor Folgen des übermäßigen Rauchens und Klagen über Rücksichtslosigkeit der Raucher – Fehlen eines Begriffs für das Rauchen in Europa → Gebrauch verschiedener Bezeichnungen, z. B. „Tabaktrinken“
16. und 17. Jahrhundert	– Pfeiferauchen vorrangig
17. Jahrhundert	– Einbürgerung des Begriffes „Rauchen“ – rasche Verbreitung des Rauchens in Europa – Tabak keine Massenware, sondern wertvolles Produkt
Beginn 19. Jahrhundert	– Mode des Zigarrerauchens
Mitte 19. Jahrhundert	– Zigarette als neues Konsumprodukt – Zigarette ursprünglich Produkt der Resteverwertung aus der Zigarrenproduktion – erstes Konsumieren von selbst gedrehten Zigaretten aus Tabakkrümeln durch spanische Arbeiterinnen der Tabakmanufakturen – Zigarette bewirkt wachsende Akzeptanz rauchender Frauen in Gesellschaft
Beginn bis Mitte des 20. Jahrhunderts	– Zigarette wird industriell hergestellter Massenartikel → erschwinglich für jedermann – Ansteigen des Zigarettenverbrauchs über das Fünffache
seit 50er-Jahren	– Studien zu gesundheitlichen Folgen des Rauchens
1964	– Aufschrecken der Weltöffentlichkeit durch Terry-Report → Rauchen als eine der Hauptursachen für vorzeitige Invalidität und Tod
Anfang 90er-Jahre	– Konsum teurer Zigarren und Zigarillos bei Prominenten in den USA – Nachahmung in Deutschland
seit 1996	– Verdopplung des Zigarren- und Zigarilloverbrauchs – Zigarren und Zigarillos machen dennoch nur 2,3 % des Gesamtumsatzes an Tabakwaren aus → rund 21,6 Mill. Euro 2001
Gegenwart	– 95 % des Tabakkonsums in Form von industriell hergestellten Zigaretten – Erkrankungen mit Todesfolge durch Rauchen weltweit sehr stark verbreitet

Teilaufgabe 1.2

Hinweis: In der Teilaufgabe 1.2 wird die Aufsatzform des freien Erörterns von dir verlangt. Die dafür notwendigen Arbeitsschritte sind in Kapitel A beschrieben.
Für dich gilt es zunächst, herauszuarbeiten, was konkret erörtert werden soll. Die vorgegebene Aussage „Das Rauchen gilt weltweit als eine der häufigsten Todesursachen“ muss mit dem Inhalt des Thüringer Schulgesetzes in Verbindung gebracht werden. Demzufolge heißt die zu erörternde Problematik: Da das Rauchen weltweit als eine der häufigsten Todesursachen gilt, legt das Thüringer Schulgesetz vom 1. August 2007 an fest, dass das Rauchen im Schulgebäude und auf dem Schulgelände untersagt ist. *Du musst nun abwägen, ob dieses Gesetz von dir befürwortet oder abgelehnt wird, d. h. es wird eine kontroverse Auseinandersetzung mit der Problematik von dir erwartet.*
Um die Thematik umfassend zu erörtern, solltest du sie zunächst genau analysieren und eingrenzen. Fertige anschließend eine Stoffsammlung an, am besten in Form einer Tabelle oder Mindmap (vgl. Kapitel E), in der du mögliche Pro- und Kontra-Argumente gegenüberstellst. Daraus kannst du am Ende deiner Überlegungen ein eigenes Fazit ableiten. Lege vor dem Schreiben in einer Gliederung fest, wie du deinen Aufsatz aufbauen willst.

Analyse und Eingrenzen des Themas

Da das Rauchen weltweit als eine der häufigsten Todesursachen gilt, …

↓

wissenschaftliche Erkenntnis, die nicht zu widerlegen ist und unmissverständlich auf mögliche Todesfolgen des Rauchens hinweist

↓

Erkenntnis ist Anlass für das neue Schulgesetz

↓

… legt das Thüringer Schulgesetz vom 1. August 2007 an fest, dass das Rauchen im Schulgebäude und auf dem Schulgelände untersagt ist.

↓	↓	↓	↓
das Rauchverbot gilt an allen Thüringer Schulen	das Rauchverbot betrifft Schulgebäude und -gelände	das Rauchverbot gilt seit dem 1. 8. 2007	das Rauchverbot betrifft jeden, der sich in der Schule bzw. auf dem Schulgelände befindet, d. h. Schüler ebenso wie Eltern und Lehrer

Klärung der Begriffe

Todesursache:	Gründe, die zum Tod eines Menschen führen
Rauchverbot:	Genuss von Tabakwaren jeglicher Art ist untersagt
Thüringer Schulgesetz:	Regelwerk mit verbindlichen Vorschriften bzw. Bestimmungen für die Schulen des Landes Thüringen
Jugendschutz:	rechtliche Regelungen, die Kinder und Jugendliche in der Öffentlichkeit schützen sollen

Stichpunktartige Stoffsammlung und Gliederung

Einleitung:

Du kannst verschiedene Einstiegsmöglichkeiten wählen:
- persönliche Erfahrungen mit dem Rauchen
- *oder:* wissenschaftliche Erkenntnisse zur gesundheitsschädigenden Wirkung des Rauchens
- *oder:* Bezug auf aktuelle Ereignisse

Hinweis: Denke daran, dass du mit deiner Einleitung den Leser zu deiner Argumentation hinführen willst und eine Überleitung zum Hauptteil schaffen musst. Achte auch auf einen angemessenen Umfang.

Hauptteil:

Zu erörternde Frage: Ist das Rauchverbot an Thüringer Schulen sinnvoll oder nicht?

Was spricht dafür? Pro	Was spricht dagegen? Kontra
– Ausweitung des Jugendschutzgesetzes, welches das Rauchen erst ab 18 Jahren gestattet: auch Volljährigen und Lehrern ist das Rauchen an Schulen untersagt – Schutz der Schüler vor gesundheitsgefährdender Wirkung des Rauchens – Rauchverbot erleichtert richtiges Einschätzen der enormen gesundheitlichen Folgen – ältere Schüler und Lehrer: Bewusstwerden über ihre Vorbildwirkung – jede Sonderreglung für Raucher hat ein aufwendiges Kontrollsystem zur Folge – Hemmschwelle höher, gegen das Schulgesetz zu verstoßen	– Jugendliche ab 18 Jahren fühlen sich gegängelt – Schüler suchen nach illegalen Möglichkeiten, ihrer Sucht nachzugehen – Verbote schaffen Trotzreaktionen – unpünktliches Erscheinen zum Unterricht, da viele Pausen für Rauchen zu kurz – Verschlechterung der Klassenatmosphäre und der Motivation der Schüler – statt Verbote genügend Aufklärungsarbeit mit Schülern – Schülervertretungen für schulinterne Regelungen mit einbeziehen – geschaffene Raucherinseln ermöglichen einfache Kontrolle über Rauchverhalten der Schüler

Hinweis: Beginne deinen Hauptteil mit einer Themenanalyse. Auf diese Weise behältst du die vorgegebene Problematik genau im Auge und kommst nicht so leicht vom Thema ab. Lass die Klärung der Schlüsselbegriffe mit einfließen. Anschließend wägst du die Pro- und Kontra-Argumente gegeneinander ab, die du in deiner Stoffsammlung aufgelistet hast. Überlege dir genau, wie du die Argumente in deinem Aufsatz anordnen willst.
Reihe deine Gedanken logisch aneinander, vermeide Gedankensprünge.

Schluss:

Hinweis: Formuliere deine persönliche Sichtweise der Problematik, zu der du nach genauem Abwägen der unterschiedlichen Argumente gelangt bist. Sorge dafür, dass dein Fazit eine schlüssige Zusammenfassung deiner Argumentation bildet und du dich klar positionierst. Hebe hervor, was ausschlaggebend für deine Standpunktfindung war.

Aufsatzbeispiel

Einleitung

9.30 Uhr. Es läutet zur Pause. Schüler strömen aus den Klassenräumen. Manche spielen Ball, andere kaufen sich etwas zu trinken und wieder andere nehmen ihre Schachtel Zigaretten und ein Feuerzeug aus der Tasche, um sich nach einem ungestörten Platz zum Rauchen umzusehen. Allerdings ist dies in der Schule und auf dem Schulgelände untersagt. Somit muss man wohl oder übel widerrechtlich das Schulgelände verlassen, um sich eine Zigarette genehmigen zu können. Tagtäglich verstoßen Schüler an Thüringer Schulen gegen das Thüringer Schulgesetz. Es stellt sich daher die Frage, ob es eine richtige Entscheidung war, das Rauchen an Thüringer Schulen kategorisch zu verbieten.

Hauptteil

Das Thüringer Schulgesetz vom 1. August 2007 untersagt das Rauchen im Schulgebäude und auf dem Schulgelände. Damit geht es noch über das Jugendschutzgesetz hinaus, welches das Rauchen erst ab dem 16. bzw. seit 2007 ab dem 18. Lebensjahr gestattet: Es verbietet nicht nur minderjährigen Schülern, sondern auch Lehrern und Eltern in der Schule und auf dem Schulgelände zu rauchen. Dieses allgemeine Rauchverbot an Thüringer Schulen ist eine Reaktion auf wissenschaftliche Erkenntnisse, die belegen, dass Rauchen weltweit zu den häufigsten Todesursachen zählt. Der Genuss von Tabakwaren jeglicher Art löst Krankheiten aus, die den Tod eines Menschen beschleunigen können. Mit dem Rauchverbot an Thüringer Schulen soll verhindert werden, dass die Gesundheit junger Menschen unnötig gefährdet wird. Aber können Verbote diese erwünschte Wirkung erreichen?

Gerade viele ältere Schüler meinen, ohne das Rauchen nicht zurechtzukommen, und geben an, bereits Entzugserscheinungen zu spüren. Das veranlasst sie, nach illegalen Möglichkeiten Ausschau zu halten, um in der Schulzeit ihrer Sucht nachzugehen. Das Verbot hält sie nicht zurück, und sie verlassen sogar widerrechtlich das Schulgelände. Häufig reicht die Pausenzeit dann für das Rauchen nicht aus, und das Zu-spät-Kommen in den Unterricht nimmt zu. Ärger und Diskussionen mit den Lehrern, Schulfrust und Null-Bock-Stimmung schließen sich an. Auf die Atmosphäre in den Klassen und die Motivation der Schüler im Unterricht kann sich das Rauchverbot daher negativ auswirken.

Zudem weiß jeder: Verbote erzeugen Trotzreaktionen. Regeln werden gern bewusst ignoriert, gerade unter Jugendlichen, die Grenzerfahrungen suchen. Ob es das Schwarzfahren in den öffentlichen Verkehrsmitteln oder das Überqueren der Straße bei Rot an Ampelkreuzungen ist, der Reiz, die Verbote oder Vorschriften zu missachten, ist groß. Ein so striktes Verbot wie es jetzt an Thüringer Schulen gilt, kann daher auch die gegenteilige Wirkung erzielen. Der Reiz, sich mit dem Rauchen gegen das Schulgesetz aufzulehnen, könnte letztlich sogar dazu führen, dass mehr Schüler zur Zigarette greifen als ohne Rauchverbot.

Wäre es da nicht besser, über eine Sonderregelung für Raucher nachzudenken? Ein Grund für das rigorose Rauchverbot war unter anderem die Befürchtung, dass eine Sonderregelung für ältere Schüler ein aufwendiges Kontrollsystem erfordern würde. Die Mehrzahl der Schüler an deutschen Schulen hat das 18. Lebensjahr jedoch noch nicht erreicht, sodass sowieso nur eine kleine, überschaubare Schülergruppe davon betroffen wäre. Könnte man nicht gemeinsam mit den Schülern über schulinterne Vereinbarungen nachdenken, eventuell feste Raucherplätze einzurichten, die durch eine Schülerselbstkontrolle überwacht werden? Die Schüler würden sich ernst genommen fühlen, und das somit geschaffene Vertrauen erzeugte Ehrlichkeit und Selbstverantwortung. Es könnte z. B. wochenweise ein organisierter Schülerdienst für die Ordnung und Kontrolle eingesetzt werden.

Allerdings wäre das grundlegende Problem damit nicht aus der Welt geschafft. Fakt ist, Rauchen schadet der Gesundheit, deshalb sollte man alles tun, um der Sucht entgegenzutreten. Solange an Schulen geraucht werden darf, sei es auch nur an bestimmten dafür vorgesehenen Plätzen, wird es Schülern und Lehrern erleichtert ihre und auch die Gesundheit anderer zu gefährden. Selbst wenn Projekte zur Selbstkontrolle Erfolg hätten, bliebe das Problem bestehen,

dass jüngere Schüler in der Schule ältere und Lehrer gelegentlich beim Rauchen beobachten. Dadurch können sie den Eindruck bekommen, dass die Folgen des Rauchens so schlimm nicht sein können, wenn sogar Lehrer zur Zigarette greifen. Es besteht folglich die Gefahr, dass sie nicht lernen, die enormen gesundheitlichen Risiken richtig einzuschätzen. Die Vorbildwirkung ist gerade beim Rauchen nicht zu unterschätzen. Oft finden es jüngere Schüler cool, wenn sie mit einer Zigarette in der Hand ihren älteren Idolen näherkommen, auch wenn es nur die Schüler aus den oberen Jahrgangsstufen sind, die heimlich verehrt werden. Durch das Rauchverbot sehen sie diese zumindest in der Schule nicht mit einer Zigarette. Das Rauchen könnte für jüngere Schüler so uninteressant bleiben.
Und welcher Schüler kann überdies seinen Lehrer ernst nehmen, wenn er in der Pause zum Rauchen verschwindet und im nächsten Schulprojekt über die Gefährlichkeit des Rauchens referiert? Sehr häufig sind Schüler irritiert und enttäuscht, wenn sie ihre sonst geschätzten Lehrer beim Frönen ihrer Laster erblicken. Das Rauchverbot kann dazu beitragen, dass sich auch mancher Lehrer seiner Vorbildwirkung während der Arbeitszeit bewusst wird.
Auch das Argument, dass das neue Gesetz illegales Verhalten begünstigen würde, erscheint bei näherem Hinsehen übertrieben. Es wird den Schülern durch das Rauchverbot um einiges erschwert, eben mal „eine rauchen zu gehen“. Die meisten werden es nicht riskieren, durch häufiges Verstoßen gegen das Schulgesetz vielleicht sogar aus der Schule ausgeschlossen zu werden. Selbst wenn sie das Rauchen sicher nicht gleich ganz aufgeben werden, müssen sie es doch zumindest reduzieren und können z. B. nicht mehr zu jedem Stundenwechsel zur Zigarette greifen.

Schluss

Ein Rauchverbot allein kann den Tabakkonsum an Schulen sicher nicht vermeiden. Trotzdem ist diese Vorschrift eine wichtige Voraussetzung, um junge Menschen vor dem Rauchen und den daraus resultierenden Gefahren zu schützen. Meiner Meinung nach ist der Schutz der Gesundheit um ein Vielfaches wichtiger als die Nachteile, die sich möglicherweise aus einem Rauchverbot ergeben. Ich denke, dass die Schulen mit dem gesetzlichen Rauchverbot aber nicht aus der Pflicht genommen sind, auch im Unterricht auf die Wirkungen des Rauchens aufmerksam zu machen. Es bleibt wichtig, dass jeder Mensch frühzeitig und nachhaltig über die Wirkungen des Rauchens aufgeklärt wird, um dem unüberlegten Konsumieren Einhalt zu gebieten. Schulprojekte, Gespräche mit Wissenschaftlern oder auch mit erkrankten Menschen könnten viel in den Köpfen bewegen. Natürlich bleibt es vorrangig Aufgabe der Eltern, für die Gesundheit ihrer Kinder Sorge zu tragen. Insgesamt sollte es aber ein gesamtgesellschaftliches Anliegen bleiben, dem Rauchen vorzubeugen.

Realschulabschluss Deutsch in Thüringen: Prüfungsaufgaben 2008
Aufgabe 2

Aufgabe:
Interpretieren Sie die Kurzgeschichte!

Cili Wethekam: Neid ist grau mit gelben Punkten

Wenn sie sehr ehrlich ist, muss Anita vor sich selbst zugeben, dass sie neidisch auf die jüngere Schwester ist, der alles so viel leichterfällt: das Lernen, das Gutsein, das Liebhaben und das Sichfreuen. Mareike sieht nett aus, sie hat herrlich-verrückte Einfälle, über die alle Erwachsenen sich amüsieren. Anita ist nicht so. Mühsam muss sie sich das Wissen und die Sympathie ihrer Umwelt erobern. Dabei wäre sie so gern einmal der fröhliche Mittelpunkt. Nun zählt sie die Tage bis zu ihrem Geburtstag. Da wird sie Glückwünsche und Geschenke in Empfang nehmen, es werden Freundinnen kommen, Briefe wird sie auch erhalten, sie allein.

Aber kurz vor dem großen Tag sagt Mutter nachdenklich zu Anita: „Eigentlich sollte Mareike an deinem Geburtstag nicht leer ausgehen. Ich hab eine Idee …“

Ah – zersprungen die Vorfreude, lautlos, wie eine schillernde Seifenblase! Natürlich, der alte Zopf: Man muss teilen, sonst blutet dem anderen das Herz … Hat Anita gedacht, sie käme einmal um Mutters Lieblingsspruch herum?

„Vielleicht einen netten Stoff?“, hört sie Mutter sagen. „Du suchst ihn aus, ja?“

„Wie du willst, Mutter.“

In ihrem Zimmer weint Anita ein bisschen. Wie unehrlich!, denkt sie wütend. Nur um Mareike verwöhnen zu können, ist Mutter jeder Vorwand recht …

Mürrisch begleitet sie am nächsten Tag die Mutter in den Laden. So viele Stoffe: farbige Karos, lustige Streifen, kleine Blumen, große Blüten. Da: ein Margeritenmuster auf himmelblauem Grund. Der ist wirklich hübsch. „Na?“, fragt die Mutter und prüft die Qualität. Anita schweigt. Es ist, als hielte etwas Gutes, aber Kraftloses in ihrem Innern die Antwort noch zurück.

„Nein“, sagt sie schließlich. Ihr Blick irrt zu den Regalen. Dort liegt, stiefmütterlich versteckt auf einem letzten Stapel, ein mausgrauer Stoff mit kargen gelben Punkten – ein Nebeltag in einer düsteren Stadt mit sehr wenig Laternen.

„Den!“, sagt Anita entschieden und bemüht sich, nicht rot zu werden.

„Also schön“, sagt die Mutter ohne Begeisterung. Ist sie enttäuscht? Anita will es nicht wissen. Der Stoff wird abgeschnitten, bezahlt und heimgetragen.

Abends, unmittelbar vor dem Einschlafen, denkt Anita: Neid ist grau mit gelben Punkten. Das kommt ihr vor wie eine Zeile aus einem Gedicht. Wenn Mareike nicht just vor einigen Tagen noch gesagt hätte, so nebenbei, wie Mareike etwas heraussprudeln kann, was ihr eben in den Sinn kommt: „Findest du nicht auch, dass Grau eine schlimme Farbe ist, Anita? Ich glaube, Kummer ist auch grau …“

Nun bekommt Mareike also ein graues Kleid. Immerfort muss Anita daran denken. Es überschattet alle Vorfreude.

Schließlich ist der Geburtstag da: Küsse, Blumen, Geschenke – eine feierliche Ansprache vom Vater vor dem Frühstück, dreizehn brennende Kerzen; das Lebenslicht in der Mitte. Doch, doch, man hat Anita lieb, das kann ein Blinder sehen … Aber Anita sieht nur eins: einen grauen Stoff mit kargen gelben Punkten – auf ihrem Geburtstagstisch. „Mutter!“, ruft sie entsetzt. „Das war doch der Stoff für Mareike …!“

Die Mutter lacht ahnungslos. „Nicht wahr, da habe ich dich überrascht? Man kennt sich als Mutter heutzutage wirklich nicht mehr im Geschmack der eigenen Kinder aus! Das habe ich an diesem Stoff doch wieder gesehen, auf den wäre ich niemals gekommen … Anita, du weinst?"

Anita schluchzt über das verhasste Geschenk, das sie einzig und allein ihrem schäbigen Neid zuzuschreiben hat. Hätte sie doch den himmelblauen gewählt, den mit den Margeriten …

„Es war aber doch ein Geschenk für Mareike! Damit sie an meinem Geburtstag nicht leer ausgeht, hast du gesagt!"

„Ich geh ja gar nicht leer aus", ruft die jüngere Schwester vergnügt. „Schau doch, Anita! Mir hat Mutter auch vorgeschwindelt, der Stoff sei nicht für mich! Ich habe ihn für dich ausgesucht!"

Der Margeritenstoff – es ist der Margeritenstoff, den Mareike in ihren Händen hält.

„Er ist ja noch schöner als damals, Mutter! Und ich hatte ja keine Ahnung, dass er mein Katzentisch sein sollte … Anita! Hör auf zu weinen – willst du – willst du vielleicht lieber diesen haben? Komm, wir tauschen."

Anita ist beschämt, als Mareike sie spielerisch in den blauen Stoff einwickelt, die Hände der kleinen Schwester liegen so lieb auf ihren Schultern. „Nett siehst du darin aus, Anita!"

„Aber – der andere Stoff ist grau, Mareike", sagte sie unglücklich.

„Es sind ja gelbe Sonnenpunkte darin", antwortete Mareike.

Es klingt kläglich und tapfer zugleich. Die Mutter sieht jetzt aus, als hätte sie in einen Abgrund geschaut.

Da gibt sich Anita einen Ruck, wickelt sich aus dem blauen Margeritenstoff heraus, faltet ihn ordentlich wieder zusammen. „Danke, Mareike", sagte sie. „Aber das kommt nicht infrage. Mutter wird mir aus dem grauen Stoff sehr bald ein Kleid nähen. Nicht wahr, Mutter? Es soll mich manchmal an etwas erinnern."

(Aus: Bei uns zu Haus und anderswo. Hrsg. v. Michael Ende und Irmela Brender. K. Thienemanns Verlag: Stuttgart 1976)

Lösung

Hinweis: Die Aufgabe verlangt von dir die Interpretation der Kurzgeschichte „Neid ist grau mit gelben Punkten" (vgl. Kapitel B). Zur Autorin Cili Wethekam gibt das Material der Aufgabe keine Informationen.

Zunächst solltest du die Kurzgeschichte Satz für Satz gründlich lesen, um den Inhalt der Handlung vollständig zu erfassen. Erste inhaltliche Auffälligkeiten oder auch Unklarheiten, die du entdeckst, kannst du sofort markieren und mit Randnotizen versehen. Für die sich anschließende Analysearbeit ist es sinnvoll, den Text beim nochmaligen Lesen in Sinneinheiten zu gliedern und den Inhalt jeweils knapp zusammenzufassen. Erste Form- und Sprachauffälligkeiten solltest du eventuell andersfarbig markieren.

Eine gründliche Textanalyse ist eine wichtige Voraussetzung für das genaue und umfassende Interpretieren. Deine Beobachtungen kannst du tabellarisch ordnen und gegenüberstellen. Inhalt, Form und Sprache können so in ihrer Wechselwirkung wahrgenommen werden. Welche Wirkung dieses Zusammenspiel auf dich als Leser hat, kannst du in der vierten Spalte (Wirkung/Deutung) festhalten. Diese tabellarische Stoffsammlung bildet die Grundlage für das Verfassen des Hauptteiles deiner Interpretation.

Anmerkung zur Autorin Cili Wethekam

Die Schriftstellerin Cili Wethekam gehört zu den bekannten Kinder- und Jugendbuchautoren der 60er- und 70er-Jahre. Sie wurde in Belgien 1921 geboren und verbrachte ihre Kindheit in Holland, Frankreich und Deutschland. Seit 1946 lebte sie in Bremen und verstarb dort am 8. April 1975. Sie schrieb für Kinder, da sie ihr wichtiger waren als Erwachsene. Diesbezüglich vertrat sie die Auffassung: Wenn man zu Kindern spricht oder für sie schreibt, hat man noch die Hoffnung, die Welt zu verändern. So sind Güte, Toleranz und Menschlichkeit zentrale Themen in ihren Werken. Noch heute faszinieren ihr lebendiger Erzählstil und die Zeitlosigkeit der aufgegriffenen Probleme ihre Leser. 1972 erhielt sie den Literaturpreis „Buxtehuder Bulle“ für das Werk „Tignasse, Kind der Revolution“. Weitere Werke sind u. a. „Gebt acht auf Fräulein Wurzelwein“ (1965) oder „Vollpension für 17 Wilde“ (1969).

Tabellarische Stoffsammlung

Inhalt	Form	Sprache	Wirkung/Deutung
1. Sinneinheit: (Z. 1–8) **Neid auf die jüngere Schwester Mareike** Anitas Hoffnung, an ihrem Geburtstag endlich „der „fröhliche Mittelpunkt“ (Z. 5 f.) zu sein	Merkmale der Kurzgeschichte: – unvermittelter Einstieg – wenig handelnde Figuren Erzähler = auktorial (allwissend)	– viele Adjektive, Substantive und Substantivierungen („das Lernen, das Gutsein, […]“, Z. 2 f.) – überschaubarer Satzbau (viele Hauptsätze) – im Präsens verfasst	– detaillierte Vorstellung der Hauptfigur und ihrer Schwester – Informationen zunächst sachlich dargeboten → Sachlichkeit steht im Kontrast zum Kummer Anitas – die Eindringlichkeit des Wunsches, beachtet zu werden, wird deutlich → Spannungsaufbau – Leser nimmt am Ablauf unmittelbar teil
2. Sinneinheit: (Z. 9–17) **Zerplatzte Geburtstagsvorfreude** Die Mutter bittet Anita, für Mareike ein Beigeschenk mit auszusuchen. Anita ist wütend, zeigt es aber nicht.	Merkmale der Kurzgeschichte: – straffer Handlungsverlauf – Gestaltung durch Dialoge – Kommentare des Erzählers („Ah – zersprungen die Vorfreude […]“, Z. 11 f.) – auktorialer Erzähler erhält personale Züge	– „Aber“ (Z. 9) leitet Wahrwerden von Anitas Befürchtungen ein – wörtliche Rede gestaltet Handlungsverlauf – Fragesätze – überschaubare Sätze	– weiterer Spannungsaufbau – Figuren werden lebendig – Leser nimmt an Verzweiflung Anitas unmittelbar teil und kann Wut verstehen – Bild von Mutter noch ungenau; ist von Anitas Wahrnehmung geprägt

3. Sinneinheit: (Z. 18–28) **Kauf des grauen Stoffes** Anita besucht widerwillig mit der Mutter am nächsten Tag ein Stoffgeschäft. Anita gibt ihrer Eifersucht nach und sucht ihrer Schwester trotz der vielen schönen Stoffe bewusst einen hässlichen grauen Stoff mit gelben Punkten aus.	Kurzgeschichtenmerkmale wie bei 2. Sinneinheit Kommentar des Erzählers: „Es ist, als hielte etwas Gutes, aber Kraftloses […]" (Z. 21 f.)	– Aufzählung von Wortgruppen (Adjektiv + Nomen) – Ellipse: „Da: ein Margeritenmuster auf himmelblauem Grund." (Z. 19 f.) – wörtliche Reden sehr knapp: „Na?" (Z. 20) oder „Nein" (Z. 23) – kurze Sätze – Metapher / Bild: „ein Nebeltag in einer düsteren Stadt mit sehr wenig Laternen." (Z. 24 f.)	– viele schöne Stoffe im Widerspruch zu Anitas Gemütszustand – schönster Stoff scheint ihr Sprache zu verschlagen – Leser erkennt Anitas inneren Konflikt: guter Kern, von Eifersucht überlagert – Kommunikation scheint zwischen Mutter und Tochter gestört – Farbe / Muster des Stoffes spiegeln getrübtes Verhältnis Anitas zur Schwester wider → gelbe Lichtpunkte stehen für Hoffnung
4. Sinneinheit: (Z. 29–35) **Schlechtes Gewissen** Abends kommen Anita Zweifel, da sie weiß, dass für Mareike die Farbe Grau für Kummer steht.	auktorialer Erzähler gibt Erinnerung Anitas an eine Begebenheit mit Mareike wieder	– kurzer Wechsel der Zeitform (Plusquamperfekt) – Farbmetaphern: „Neid ist grau mit gelben Punkten." (Z. 29) – Kummer ist auch grau …" (Z. 33) – Vergleich: „wie eine Zeile aus einem Gedicht" (Z. 30)	– Anitas Gewissensqualen wachsen → weiß selbst, dass sie vom Neid zerfressen wird – Bezug zur Überschrift deutlich – Stoff als Bild für Anitas inneren Konflikt: Neid, der durch Gewissensbisse gemildert ist → Leser hofft erneut auf Wandel Anitas – Anita weiß, dass Mareike Grau mit Kummer gleichsetzt – Anita kann wie ein Dichter ihren Gefühlen Ausdruck verleihen

5. Sinneinheit: (Z. 36–47) **Das verhasste Geschenk** Anita erhält selbst den hässlichen grauen Stoff zum Geburtstag und ist bestürzt und wütend auf ihre Eifersucht gegenüber der Schwester.	– auktorialer Erzähler wechselt zwischen sachlicher Beschreibung („Küsse, Blumen, Geschenke – eine feierliche Ansprache […]“, Z. 36 f.) und wertendem Kommentar („Doch, doch, man hat […]“, Z. 38) – Handlung schlägt um → Anita erblickt grauen Stoff: „… Aber Anita“ (Z. 38)	– Aufzählungen von Nomen und Wortgruppen – Satzanfänge mit entgegensetzenden Konjunktionen: „Schließlich“ (Z. 36), „Aber“ (Z. 38) – wörtliche Rede mit Zäsur: „[…] auf den wäre ich niemals gekommen … Anita, du weinst?“ (Z. 43 f.)	– Geburtstag verläuft anfangs nach Anitas Vorstellung – grauer Stoff auf Geburtstagstisch: Stimmung schlägt um – Plan der Mutter wird deutlich – Mutter erkennt plötzlich, dass mit Anita etwas nicht stimmt – Spannung nähert sich dem Höhepunkt
6. Sinneinheit: (Z. 48–66) **Der Wandel** Mareike erhält als Beigeschenk einen Stoff, der Anita auch sehr gefallen hat, und erfährt, dass ihre Schwester diesen für sie ausgesucht hat. Mareike bietet den Tausch der Stoffe an, aber Anita entscheidet, dass die Mutter ihr ein Kleid aus dem grauen Stoff nähen soll, das sie an etwas erinnern soll.	– Höhepunkt der Kurzgeschichte – auktorialer Erzähler erklärt und wertet Anitas Situation: „Anita ist beschämt, […]“ (Z. 57 f.); „Es klingt kläglich […]“ (Z. 61) – dann stellenweise im Hintergrund → Dialoge bestimmen das Geschehen – pointiertes Ende → Hauptfigur vollzieht einen Wandel innerhalb kurzer Zeit – letzte Aussage Anitas bleibt unkommentiert → offenes Ende	– meist überschaubare Sätze – wörtliche Rede	– Anita versteht: Jeder hat das bekommen, was er für den anderen ausgewählt hat. Ihre Schwester liebt sie, sie würde sogar die Stoffe tauschen, da sie Anitas Enttäuschung erkennt. – Mutter nimmt bestürzt Anitas Problem wahr – Anita ist beschämt und versöhnt sich in Gedanken mit ihrer Schwester. – Ein graues Kleid soll Anita an ihren schrecklichen Neid erinnern. – Leser muss eigene Vermutungen anstellen, wie Familie mit Anitas Bekenntnis weiter umgeht

Gliederung

Einleitung:
- Übersichtssatz (Titel, Genre, Autor, Thema: Worum geht es?)
- evtl. Lesewirkung

Hauptteil:

a) Inhaltsangabe (vgl. Kapitel B)
b) Textanalyse (Inhalts-, Form- und Sprachuntersuchung und die daraus abgeleiteten Deutungen → Grundlage: tabellarische Stoffsammlung)
c) Intention des Autors; Lesewirkung

Schluss:
- persönliche Sichtweise bzw. Standpunkt
- Aktualität des Textes bzw. der zentralen Aussage

Aufsatzbeispiel

Einleitung

Die Kurzgeschichte „Neid ist grau mit gelben Punkten" von Cili Wethekam veranschaulicht am Beispiel eines Mädchens, das auf seine beliebtere und begabtere kleine Schwester eifersüchtig ist, den inneren Konflikt, den ein Mensch durchleben muss, wenn er von Neid und Eifersucht beherrscht wird.

Hauptteil

Die Hauptfigur der Geschichte, Anita, wünscht sich, dass sie wenigstens zu ihrem Geburtstag alle Aufmerksamkeit erhält, die sie so sehr vermisst. Doch auch ihre jüngere Schwester Mareike soll an diesem Tag ein Geschenk erhalten, welches Anita auf Bitten der Mutter aussuchen muss. Zornig, aber mit gemischten Gefühlen wählt sie einen hässlichen grauen Stoff mit gelben Punkten aus. Überrascht muss sie am Geburtstag feststellen, dass sie sich mit dem Kauf des Stoffes ihr eigenes Geschenk ausgesucht hat.
Die Kurzgeschichte lässt sich in sechs Sinneinheiten einteilen. In der ersten Sinneinheit (Z. 1–8) lernt der Leser durch eine Reihe von charakterisierenden Substantiven, Substantivierungen und Adjektiven die Hauptfigur Anita und ihre jüngere Schwester Mareike kennen und erfährt, warum Anita neidisch auf ihre Schwester ist. Mareike scheint alles besser zu gelingen, sodass ihr die Mitmenschen mehr Sympathien und Beachtung schenken. Anita hofft auf ihren Geburtstag, an dem sie endlich „einmal der fröhliche Mittelpunkt" (Z. 5 f.) sein kann. Unvermittelt, was typisch für die Form der Kurzgeschichte ist, wird durch einen allwissenden (auktorialen) Erzähler ins Geschehen eingeführt. Kurze, überschaubare Sätze ermöglichen einen problemlosen Einstieg ins Handlungsgeschehen, und durch die Zeitform des Präsens glaubt man direkt am Ablauf beteiligt zu sein. Von den Sorgen Anitas erfährt der Leser durch eine recht sachliche, fast nüchterne Darstellung. Diese sachliche Erkenntnis steht aber im Kontrast zu ihrem Kummer und der Eindringlichkeit des Wunsches, beachtet zu werden. Insgesamt wird in dieser Sinneinheit klar, der Geburtstag Anitas muss ein Höhepunkt für sie werden.
Doch diese Hoffnung wird in der folgenden Sinneinheit (Z. 9–17) rasch zerschlagen, als die Mutter Anita bittet, für die kleine Schwester ein Geschenk auszusuchen, damit sie zu Anitas Geburtstag „nicht leer ausgehen" (Z. 10) muss. Anitas Vermutungen scheinen damit bestätigt, Mareike wird bevorzugt. Der allwissende Erzähler verweist auf den Lieblingsspruch der Mutter: „Man muss teilen, sonst blutet dem anderen das Herz …" (Z. 12). Einen „netten Stoff" (Z. 14) soll Anita mit aussuchen. Sie glaubt, die Mutter überführt zu haben: „Nur um Mareike verwöhnen zu können, ist Mutter jeder Vorwand recht …" (Z. 16 f.). Der Erzähler

nimmt an dieser Stelle personale Züge an, sodass es schwerfällt, genau zu erkennen, wer diese Gedanken formuliert. Die Nutzung der wörtlichen Rede für die Gestaltung des Dialoges zwischen der Mutter und Anita ist ein weiteres typisches Merkmal einer Kurzgeschichte.

Zorn und Enttäuschung bestimmen am nächsten Tag den Einkauf mit der Mutter. Die „farbige[n] Karos, lustige[n] Streifen, kleine[n] Blumen, große[n] Blüten" (Z. 18 f.) und die Vielfalt der Stoffe stimmen Anita nicht um. Ein besonders schöner Stoff mit „Margaritenmuster auf himmelblauem Grund" (Z. 19 f.) fasziniert sie. Durch die elliptische Satzform scheint es, als ob es ihr die Sprache verschlägt. Ratlosigkeit wird spürbar. Die Mutter bemerkt Anitas Begeisterung und ein kurzes „Na?" (Z. 20) soll die Tochter zur Entscheidung animieren. Aber es kommt kein Gespräch zustande. Ein „Nein" (Z. 23) Anitas unterdrückt schließlich „etwas Gutes, aber Kraftloses in ihrem Innern" (Z. 21). Die Kommunikation zwischen Mutter und Tochter scheint gänzlich gestört, Anita ist ihrem eigenen inneren Konflikt ausgeliefert. Rasch findet sie in einer entlegenen Ecke einen „mausgraue[n] Stoff mit kargen gelben Punkten" (Z. 24), der ihr angeblich gefällt. Ohne Begeisterung kauft die Mutter diesen Stoff. Der straffe Handlungsverlauf, der auch diese dritte Sinneinheit (Z. 18–28) prägt und typisch für eine Kurzgeschichte ist, veranschaulicht das Verbergen der Gefühle der Hauptfigur und auch den Zwang, mit dem sich der Stoffkauf vollzieht. Dass sich im „mausgraue[n] Stoff mit kargen gelben Punkten" Anitas getrübtes Verhältnis zu ihrer Schwester widerspiegelt, wird dem Leser vor allem dadurch bewusst, dass der Stoff metaphorisch mit einem „Nebeltag in einer düsteren Stadt mit sehr wenig Laternen" (Z. 24 f.) gleichgesetzt wird. Dieses Bild macht deutlich, dass die gelben Punkte wie Lichtpunkte wirken und damit auch für Hoffnung stehen können – Hoffnung auf ein sich Annähern und Verstehen der beiden Schwestern.

Gewissensbisse, die Anita bereits beim Auswählen des Stoffes befallen haben, überkommen sie auch am Abend in ihrem Zimmer. In dieser Sinneinheit (Z. 29–35) erkennt sie selbst, dass der ausgewählte Stoff Ausdruck ihres inneren Konflikts ist: „Neid ist grau mit gelben Punkten." (Z. 29) Der Bezug zur Überschrift wird eindeutig. Anitas Neid ist grau und düster, wird aber durch ihre Gewissensbisse gemildert, ebenso wie der Stoff durch die gelben Punkte aufgehellt wird. Sie verweisen erneut darauf, dass Hoffnung auf einen Wandel Anitas besteht. Anita kann ihren eigenen Kummer wie ein Dichter in Worte fassen, und so klingt dieser Gedanke „wie eine Zeile aus einem Gedicht" (Z. 30). Dieser Vergleich gestattet Anita, kurz in eine fiktive Welt abzutauchen, aber sofort erinnert sie sich an ein Gespräch mit ihrer Schwester, in dem Mareike die Wirkung der Farbe Grau mit Kummer gleichsetzte. Dem Leser wird bewusst, dass Anita absichtlich einen Stoff mit der Farbe ausgesucht hat, von der sie weiß, dass Mareike sie nicht leiden kann. Das lässt ihr Handeln noch schwerwiegender erscheinen und macht deutlich, warum sie so große Gewissensbisse hat. Anita scheint der Erinnerung an das Gespräch mit der Schwester noch eine ganze Zeit nachzugehen, was durch fortführende Punkte im Text angedeutet wird. Dieses Verfahren findet im Text mehrfach Anwendung, um zu verdeutlichen, dass Gedanken noch nicht zu Ende geführt sind. Mit gemischten Gefühlen erwartet Anita ihren Geburtstag.

Die fünfte Sinneinheit (Z. 36–47) führt in den Geburtstag ein. Dieser Tag beginnt, wie erhofft, mit vielen schönen Überraschungen. In der Darstellung der Situation wechselt der Erzähler zwischen sachlicher Beschreibung („Küsse, Blumen Geschenke – eine feierliche Ansprache […]", Z. 36 f.) und wertendem Kommentar („Doch, doch, man hat Anita lieb […]", Z. 38). Anita spürt die Zuwendung ihrer Familie. Die Konjunktion „Aber" (Z. 38) lässt die Stimmung umschlagen, Anita entdeckt auf ihrem Geburtstagstisch den schrecklichen, grauen Stoff. Für die Mutter scheint die Überraschung gelungen, jedoch stellt sie verwundert fest: „… Anita, du weinst?" (Z. 44) Die Spannung nähert sich dem Höhepunkt. Nur der Leser erfährt vom Erzähler, was Anita durchlebt. Ein Gemisch aus Zorn, Trauer und Einsicht beherrscht sie: „[…] über das verhasste Geschenk, das sie einzig und allein ihrem schäbigen Neid zuzuschreiben hat. Hätte sie doch […]" (Z. 45–47).

Der Spannungsverlauf erreicht in der letzten Sinneinheit (Z. 48–66) seinen Höhepunkt, was ebenfalls typisch für die Form der Kurzgeschichte ist. Zu Anitas Entsetzen wird Mareike „der

Margeritenstoff“ (Z. 53) geschenkt, der ihr beim Einkaufen so gefallen hat. Erst jetzt versteht sie das Anliegen der Mutter: Jedes Mädchen sollte einen Stoff auswählen, der der anderen gefallen würde und ihrem eigenen Geschmack entspricht. Denn auch Mareike hat ihren Stoff in der Annahme ausgewählt, dass dieser für die Schwester sei. Anita kann ihre Bestürzung nicht mehr verbergen. Mareike bietet Anita an, die Stoffe zu tauschen, damit sie nicht mehr traurig ist. Anita spürt die Sorge und Aufrichtigkeit ihrer jüngeren Schwester: „[…] die Hände der kleinen Schwester liegen so lieb auf ihren Schultern“ (Z. 57 f.). Dieser Teil der Kurzgeschichte wird vorrangig vom Dialog der beiden Mädchen geprägt, der Erzähler tritt in den Hintergrund. Mareike entdeckt in ihrer Arglosigkeit sogar gewisse Schönheiten im mausgrauen Stoff: „Es sind ja gelbe Sonnenpunkte darin […]“ (Z. 60). Trotzdem verweist der Erzähler auf eine wahrzunehmende Enttäuschung in dieser Äußerung: „Es klingt kläglich und tapfer zugleich.“ (Z. 61) Auch die Mutter hat verstanden, was in Anita vor sich geht. Endlich begreift Anita die Sinnlosigkeit ihrer Eifersucht. Sie braucht keinen Tausch, sie braucht den grauen Stoff, aus dem ihr die Mutter ein Kleid nähen soll. „Es soll mich manchmal an etwas erinnern.“ (Z. 66) Mit dieser Feststellung hat die Hauptfigur das letzte Wort in der Kurzgeschichte. Der Erzähler muss nichts mehr kommentieren. Es ist klar, Anita hat einen Wandel durchlaufen, sie ist zu wichtigen Einsichten gelangt. Eifersucht macht blind, ungerecht und führt den Betroffenen ins Unglück. Durch die Liebe und Zuwendung der Mitmenschen ist Eifersucht aber heilbar. Das könnten die Intentionen der Autorin sein.
Cili Wethekam hat diese Thematik sehr anschaulich und spannungsreich verarbeitet. Durch die Nähe des Erzählers zur Hauptfigur durchleidet der Leser den Kummer Anitas mit und hofft auf eine gerechte Lösung des Problems. Die zahlreichen Dialoge gestalten den Handlungsverlauf entscheidend mit und lassen diesen lebendig werden. Insgesamt weist der Text sehr viele Merkmale einer Kurzgeschichte auf.

Schluss

Ich denke, dass die Thematik Eifersucht fast jeden Menschen anspricht, da es schnell passieren kann, dass man sich unverstanden und zu wenig beachtet fühlt. Erschreckend ist, was Eifersucht anrichten kann und wie stark sie zwischenmenschliche Beziehungen beeinträchtigt. Mit der Kurzgeschichte „Neid ist grau mit gelben Punkten“ hat der Leser die Chance, in sich zu gehen und eventuell mit eigenen Problemen Frieden zu schließen. Der Text klagt nicht an, sondern verweist auf Ursachen und bietet Lösungen an.

Realschulabschluss Deutsch in Thüringen: Prüfungsaufgaben 2008
Aufgabe 3

Aufgabe:

Soziales Verhalten ist notwendig für unser Zusammenleben. Höflichkeit, Benehmen und Fairness sind nicht nur eine Frage des Wissens, sondern auch eine Frage der inneren Haltung.

Eltern, Lehrer und Medien diskutieren über die Einführung eines speziellen Unterrichtsfaches, um angemessenes soziales Verhalten zu erlernen.

Ist das der richtige Weg?

Setzen Sie sich erörternd mit dieser Problematik auseinander!

Lösung

Hinweis: Die Aufgabe setzt Verfahrenskenntnisse des freien Erörterns voraus. Die dafür notwendigen Arbeitsschritte sind im Kapitel A erläutert.
Bevor du mit dem Schreiben beginnst, solltest du das in der Aufgabenstellung vorgegebene Thema genau analysieren und eingrenzen. Überlege im Anschluss, welcher Darstellungstypus (linear oder Pro/Kontra) verlangt ist. Denke auch daran, die zentralen Begriffe der Aufgabenstellung zu klären. Erstelle eine stichpunktartige Stoffsammlung und bringe sie in eine, dem entsprechenden Darstellungstypus angemessene, geordnete Reihenfolge: Das ist die Gliederung für deinen Aufsatz.

Analyse und Eingrenzen des Themas

soziales Verhalten = notwendig für das Zusammenleben
↓
Einführung eines neuen Unterrichtsfaches
Inhalt: Erlernen angemessenen sozialen Verhaltens
↓
Ist das der richtige Weg?
↓
Zu erörternde Frage:
Ist es der richtige Weg, ein spezielles Unterrichtsfach zum Erlernen sozialen Verhaltens einzuführen?
↙ ↘
Ja — Nein
kontroverse Darstellung nach dem Schema Pro – Kontra

Klärung des Schlüsselbegriffes

Hinweis: Zur Klärung des Begriffes „soziales Verhalten“ kannst du die Anhaltspunkte aus der Aufgabenstellung aufgreifen oder den Duden zurate ziehen.

soziales Verhalten: garantiert ein respektvolles menschliches Miteinander;
dazu gehören: Höflichkeit, Benehmen, Fairness

→ Tugenden, die nicht nur Frage des Wissens, sondern auch der inneren Haltung sind; d. h. aus dem eigenen Bedürfnis heraus entstehen

Duden: sozial (die Gesellschaft, die Gemeinschaft betreffend, gesellschaftlich; gemeinnützig, wohltätig)

Stichpunktartige Stoffsammlung und Gliederung

Einleitung: persönliches Beispiel oder Verweis auf Aktualität des Themas durch ein Beispiel aus der Tagespresse

Hauptteil: Ist es der richtige Weg, ein spezielles Unterrichtsfach zum Erlernen sozialen Verhaltens einzuführen?

Hinweis: Beginne deinen Hauptteil mit der Themenanalyse. Diese schriftliche Untersuchung hilft dir, das Problem noch einmal genau zu beleuchten. Du wirst erkennen, ob du es wirklich verstanden hast. Außerdem läufst du nicht so schnell Gefahr, vom Thema abzukommen. Lass die Klärung des Schlüsselbegriffes mit einfließen.
Zum Sammeln von Pro- und Kontra-Argumenten bietet sich besonders die Form der Tabelle an. Die nachfolgenden Argumente stellen eine Auswahl dar. Um in der Argumentation auch vom Umfang her zu überzeugen, solltest du in der Regel nicht mehr als jeweils drei Pro- und drei Kontra-Argumente anführen. Damit du selbst nicht zu einer voreiligen Schlussfolgerung kommst, ist es wichtig, dass eine Ausgewogenheit zwischen den beiden Seiten Pro und Kontra herrscht. Ordne die Argumente ihrer Wichtigkeit nach an. Beginne mit dem schwächsten und schließe mit dem stärksten Argument ab. Berücksichtige beim Ausformulieren zudem den Aufbau eines Arguments (Behauptung → Begründung → Beispiel; Hinweise dazu im Kapitel A).

Pro	Kontra
– mit dem Unterrichtsfach wird allen Schülern die Möglichkeit gegeben, über sich und das eigene Auftreten nachzudenken	– Erlernen angemessenen sozialen Verhaltens beginnt nicht erst mit der Schulzeit
– Vermittlung angemessenen sozialen Verhaltens durch die Schule besonders dann notwendig, wenn Elternhaus diese erzieherische Funktion nicht übernimmt	– Schüler bringen unterschiedliche Kompetenz in Bezug auf soziales Verhalten mit; Versäumnisse des Elternhauses kann die Schule nicht vollständig ausgleichen
– Einsatz kompetenter Fachlehrer mit entsprechender Vorbildfunktion kann angemessenes soziales Verhalten fördern	– spezielle Ausbildung der Lehrer notwendig; Vorbildfunktion der Lehrer nicht immer gegeben

– Unterrichtsfach bietet Zeit und Raum für die Diskussion von sozialen Konflikten und Problemen im Umfeld der Schüler	– keine Regelung von Stundenumfang und Anzahl der Schuljahre; zusätzliches Unterrichtsfach verlängert den bereits sehr langen Schultag
– Fehlverhalten der Schüler bis hin zu Abgleiten in die Kriminalität könnte so verhindert werden	– noch keine festgelegten Unterrichtsinhalte → wer bestimmt über Angemessenheit und Unangemessenheit?
– Bedeutsamkeit angemessenen sozialen Verhaltens wird durch ein spezielles Unterrichtsfach unterstrichen: es gehört zur Allgemeinbildung, fördert zwischenmenschliche Beziehungen	– theoretisches Erlernen im Unterricht garantiert kein Gelingen bei der praktischen Umsetzung, besonders außerhalb der Schule
	– Akzeptanz des Faches durch Schüler fraglich → soziales Verhalten ist eine Frage der Einstellung und nicht des Wissens (siehe Zitat in der Aufgabenstellung)

Schluss: persönliche Stellungnahme: Abwägen von Vor- und Nachteilen
→ Bilden des eigenen Standpunktes

Aufsatzbeispiel

Einleitung

Nach einem langen und anstrengenden Schultag möchte man nur noch schnell nach Hause gelangen, um abzuschalten und sich auszuruhen. Glücklicherweise hat man in der überfüllten Straßenbahn noch einen freien Platz bekommen und ist froh, mit seinem schweren Schulranzen sitzen zu können. Doch an der nächsten Station steigt ein älterer Herr zu, dem es offensichtlich schwerfällt, länger zu stehen. Die Fahrgäste um einen herum schauen stur aus dem Fenster und scheinen ihn nicht zu bemerken. Steht man nun auf und bereitet dem alten Mann eine große Freude oder macht man es allen anderen nach und sieht weg?
Seit Kurzem wird von Eltern und Lehrern, aber auch in den Medien eine Diskussion darüber geführt, ob die Einführung eines speziellen Unterrichtsfaches zum Erlernen angemessenen sozialen Verhaltens dazu beitragen kann, diese Frage zu beantworten. Mit dieser Problematik möchte ich mich im folgenden Aufsatz auseinandersetzen.

Hauptteil

Den Begriff „sozial" definiert der Duden als „die Gesellschaft, die Gemeinschaft betreffend, gesellschaftlich; gemeinnützig, wohltätig". Soziales Verhalten bedeutet, so in der Gesellschaft aufzutreten, dass ein respektvolles Zusammenleben möglich ist. Dazu gehören auch Tugenden wie Höflichkeit, Benehmen und Fairness, die aus einem inneren Bedürfnis heraus entstehen und nicht nur auf dem Weg des Wissens erlernt werden sollten. Gewisse Normen und Regeln werden durch die Gesellschaft festgelegt. Diesbezüglich gibt es jedoch eine bestimmte Toleranz, und gerade jungen Menschen fällt es oft schwer, zu entscheiden, welches Verhalten „angemessen" ist und welches nicht.
Für die Einführung des Unterrichtsfaches würden daher verschiedene Aspekte sprechen. Schreckensmeldungen aus den Nachrichten oder verschiedene Studien machen deutlich, dass nicht in jedem Elternhaus soziale Kompetenzen vermittelt werden. Dementsprechend verschieden verhalten sich die Kinder dann auch in solchen Situationen, wie sie in der Einleitung geschildert wurden. In einem speziellen Unterrichtsfach könnten grundlegende „Benimm-

regeln" geklärt werden, mit dem Ziel, die Unterschiede im Verhalten von Kindern und Jugendlichen zu verringern. Eine von Beginn der Schulzeit an im Stundenplan fest verankerte Unterrichtsstunde könnte den Schülern von Anfang an beibringen, wie sie sich in die Gesellschaft eingliedern und verhalten sollten. Außerdem würde gewährleistet werden, dass alle Kinder eine solche Erziehung genießen könnten. Die allgemeine Schulpflicht würde verhindern, dass Kinder, die zu Hause kein angemessenes soziales Verhalten vermittelt bekommen, ganz ohne Orientierung in diesem Bereich aufwachsen.
Mit einem solchen Unterrichtsfach wird den Schülern zudem die Möglichkeit eingeräumt, in der Schule über Konflikte oder Unsicherheiten im angemessenen Verhalten in bestimmten Situationen zu sprechen, sodass sie über ihr eigenes Auftreten in verstärktem Maße nachdenken würden. Ein Erfahrungsaustausch untereinander, wenn möglich noch mit einem kompetenten Fach- und Vertrauenslehrer, könnte bewirken, dass die Notwendigkeit angemessenen sozialen Verhaltens anerkannt wird. Dies kann letztendlich auch zu einer Verringerung der Jugendkriminalität beitragen, z. B. wenn die Schüler Möglichkeiten kennenlernen, Konflikte anders zu lösen als mit aggressivem Verhalten.
Jedoch ist der Nutzen eines solchen Unterrichtsfaches fraglich, wenn man nachfolgende Aspekte betrachtet. Der Erfolg hängt in entscheidendem Maße davon ab, ob es von den Schülern ernst genommen wird oder nicht. Eng damit verbunden ist auch die Person des Lehrers. Was ist, wenn der Lehrer seiner Vorbildrolle selbst nicht gerecht wird? Zu bedenken ist, dass Lehrer auch nur Menschen sind, und damit nicht unfehlbar. Wenn sie sich nun vor den Augen der Kinder nicht angemessen verhalten, dann werden sie das auch nicht von ihren Schülern verlangen können. Die Lehrer müssten folglich speziell für das neue Unterrichtsfach ausgebildet werden, was mit einem zusätzlichen Zeit- und Geldaufwand verbunden ist und trotzdem noch keine Garantie dafür gibt, dass der Lehrer seine Vorbildrolle erfüllt.
Besonders schwierig gestaltet sich auch der Aspekt, dass Schüler ganz unterschiedliche Voraussetzungen und Kenntnisse aus dem Elternhaus mitbringen. Wenn Kinder bereits wissen, wie sie sich benehmen müssen, dann werden sie dieses Fach nur als Verlängerung des Schultages sehen oder sich an dessen Stelle eine Unterrichtsstunde wünschen, in der sie z. B. Unterrichtsstoff wiederholen können oder Zeit für das Üben von Vokabeln erhalten.
Des Weiteren stellt der Begriff „angemessen" an sich ein Problem dar. Wer entscheidet über die Angemessenheit des Verhaltens? Kann diese nicht von Situation zu Situation verschieden sein und sich im Laufe der menschlichen Entwicklung ändern? Es ist schwer vorstellbar, dass die Unterrichtsinhalte, die bis zum jetzigen Zeitpunkt noch gar nicht vorliegen, auf diese Umstände stets aktuell reagieren könnten.
Anzuzweifeln ist zuletzt vor allem die theoretische Wissensvermittlung während einer Unterrichtsstunde. Sicherlich kann man Höflichkeit, Benehmen und Fairness anhand von Texten oder Fallbeispielen „erlernen", aber was nützt eine Eins im Test oder als mündliche Mitarbeitsnote, wenn das theoretisch erworbene Wissen im praktischen Leben nicht angewendet wird. Besteht nicht die Gefahr, dass Kinder im Unterricht angemessenes soziales Verhalten nur aufweisen, weil sie es müssen, nicht weil sie es wollen? Der Erwerb sozialer Kompetenzen ist auch eine Frage der inneren Einstellung, nicht nur des Wissens.

Schluss

Nachdem ich verschiedene Argumente, die für oder gegen die Einführung eines Unterrichtsfaches zum Erlernen angemessenen sozialen Verhaltens sprechen, gegenübergestellt habe, bin ich zu der Überzeugung gelangt, dass die Nachteile eindeutig überwiegen. Meiner Meinung nach kann korrektes Benehmen nicht im Rahmen eines vorgegebenen, speziellen Unterrichtsfaches erlernt werden. Vielmehr sollte die Bedeutsamkeit von Tugenden wie Höflichkeit, Benehmen und Fairness allgemein im Unterricht und im Zusammenleben in der Schule herausgestellt werden. Darüber hinaus gäbe es sicher noch weitere Maßnahmen, wie z. B. pädagogische Freizeitangebote, bei denen Kinder und Jugendliche spielerisch lernen, sich angemessen und sozial zu verhalten.

Realschulabschluss Deutsch in Thüringen: Prüfungsaufgaben 2008
Aufgabe 4

Aufgabe:

GLÜCKSGEFÜHLE

Die schönste Zeit im Leben sind die kleinen Momente, in denen Du spürst: Du bist zur richtigen Zeit am richtigen Ort. *(Quelle: Jochen Mariss, www.jochenmariss.de)*

Schildern Sie ausführlich einen solchen Glücksmoment!

Lösung

Hinweis: Die Aufgabenstellung verlangt, dass du einen Glücksmoment schilderst.
Bei der Lösung der Aufgabe ist einerseits Kreativität, andererseits eine genaue Sachkenntnis zur Erlebnisschilderung gefragt. Hinweise zu dieser Aufsatzform findest du auch im Kapitel C. Bevor du mit dem Schreiben beginnst, solltest du das Thema genau analysieren, um die Anforderungen zu erfassen. Das vorgegebene Zitat von Jochen Mariss führt dich in die Thematik ein und gibt dir genauere Auskunft darüber, welche Art von Glücksmoment du beschreiben sollst. Du musst das Zitat in deinem Aufsatz aber weder analysieren noch direkt darauf Bezug nehmen.
Es ist ratsam, die Ideen für den Schreibanlass in einer Stoffsammlung (z. B. Ideenstern) festzuhalten. Für den Aufsatz bietet es sich an, dass du ein persönliches Erlebnis aus der Ich-Perspektive schilderst und dabei deine Gedanken und Gefühle in den Vordergrund stellst. Wichtig ist, dass du das Thema zielgerichtet verfolgst und einen Spannungsbogen aufbaust. Verwende sprachliche Mittel wie Vergleiche, Sprachbilder, Fragen, aussagekräftige Adjektive, Verben und Substantive, aber achte darauf, dich nicht in langatmigen Beschreibungen zu verlieren. Auf diese Weise kannst du dein Erlebnis sowie deine persönlichen Eindrücke für den Leser nachvollziehbar und spannend darstellen. Mögliche Zeitformen sind das Präsens oder das Präteritum. Formuliere eine ansprechende Überschrift und achte auf die Gliederung deines Aufsatzes in Einleitung – Hauptteil – Schluss.

Analyse der Aufgabenstellung

1. Thema: Glücksmomente
2. Eingrenzung durch das Zitat: Glücksmomente
   = schönste Zeit im Leben
   = kleine Momente
   = zur richtigen Zeit am richtigen Ort sein

Beispiele für einen geeigneten Schreibanlass

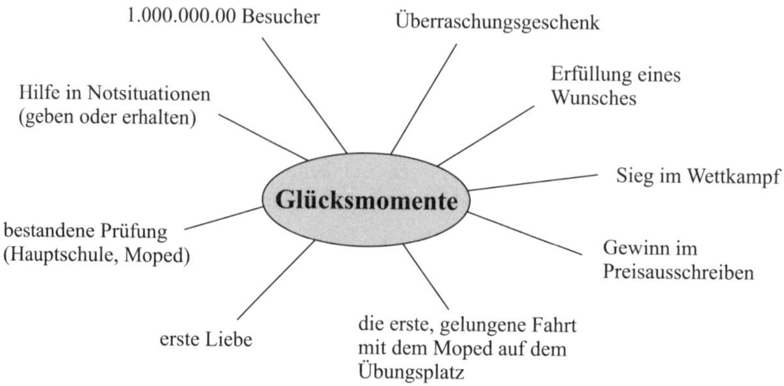

Stichpunktartige Stoffsammlung und Gliederung

Hinweis: Da die Darstellungsart auf persönlich Erlebtem beruht, ist nachfolgendes Beispiel als Vorschlag zu betrachten.

Schreibanlass: Überraschende Erfüllung eines Wunsches

Überschrift: Das Glück dieser Erde liegt auf dem Rücken der Pferde

Einleitung:

- Ort und Zeit: Sommerferien in Ostfriesland bei einer Freundin
- Ereignis: Ausritt mit dem Pferd

Hauptteil:

1. Vorbereitung des Höhepunkts: Schwimmen im See auf dem Rücken des Pferdes
2. Höhepunkt/Glücksmoment: Überwinden des Hindernisses auf dem Parcours

Schluss:

- Bezug zur Aufgabenstellung: Glücksmoment: zur richtigen Zeit am richtigen Ort
- Bezug zum Schreibanlass: überraschende Erfüllung eines Wunsches

Aufsatzbeispiel

Das Glück dieser Erde liegt auf dem Rücken der Pferde

Einleitung

Es war Sommer und noch dazu verbrachte ich meine Ferien bei meiner Freundin Beate in Ostfriesland. Bei ihr fühlte ich mich immer pudelwohl. Auch an diesem Tag war ich rundherum glücklich, denn wir hatten einen langen Ausritt geplant.

Hauptteil

Die Landschaft grünte und blühte, das Gezwitscher der Vögel begleitete unseren Spazierritt, und vereinzelt kämpften sich Sonnenstrahlen durch das Blätterdickicht. Die angenehme Kühle im Wald hatte die staubige Hitze des Feldweges abgelöst. Die Schritte meines Pferdes Gordon wurden durch den weichen Waldboden gedämpft. Ich saß entspannt im Sattel und spürte jede seiner Bewegungen. Je länger der Ritt jedoch dauerte, desto aufgeregter wurde ich. Hatte Beate nicht von einer Überraschung gesprochen? Ich konnte mir nicht vorstellen, was sie damit meinte. Vielleicht diesen Reitweg, den ich in all den Jahren noch nie bemerkt hatte?

Plötzlich wurde ich aus meinen Gedanken gerissen – vor uns erstreckte sich ein großer See, daneben war ein Parcours mit Hindernissen aufgebaut. Ich riss die Augen auf, denn beides hätte ich inmitten des Waldes nie vermutet. Das war also die Überraschung! Aber hatte Beate vergessen, welche Angst ich vor dem Springreiten hatte? Schmerzhafte Erinnerungen kamen in mir hoch, die ich jedoch schnell verdrängte.

Vorsichtig lenkte ich mein Pferd zum Seeufer. Dort neigte es seinen Kopf und trank in vollen Zügen. Ein Teil seiner langen Mähne glitt ins Wasser und sog sich voll. Es machte mir Spaß, das Pferd zu beobachten und die Wellen, die es mit seinem Maul verursachte. Ich hatte es nicht zu wagen gehofft, aber Gordon setzte sich langsam in Bewegung und ging vorsichtig immer tiefer in den See hinein. Ich ließ die Zügel locker und setzte mein ganzes Vertrauen in dieses Pferd. Den Atem anhaltend bemerkte ich auf einmal, wie es schwamm. Ich bekam eine Gänsehaut, und vor lauter Wonne hätte ich laut jubeln können, aber ich verhielt mich ganz still und versuchte, mich so leicht wie möglich zu machen, um das Pferd nicht zu erschrecken. Jedoch musste ich mir deswegen gar keine Sorgen machen, denn Gordon strahlte eine Ruhe aus, die sich auf mich übertrug. Ich genoss diesen Augenblick in vollen Zügen und hätte ihn am liebsten angehalten.

Die andere Seite des Sees näherte sich dennoch unaufhaltsam. Am anderen Ufer angekommen, waren meine Beine und die des Pferdes klitschnass. Allerdings störte mich das nicht, denn die Sonne beschien die Waldlichtung, sodass ich keine Kälte verspürte. Außerdem hätte ich einen völlig durchweichten Körper hingenommen, um einmal mit einem Pferd durch den See zu schwimmen. Meine Augen richteten sich auf den Parcours, und die Angst, die ich vor nicht einmal einer halben Stunde noch gehabt hatte, war wie weggeflogen. Woher waren auf einmal dieser Mut und diese Zuversicht gekommen? Das Schwimmen auf Gordon schien mich beflügelt zu haben. Ich spürte Beates fragenden Blick, wandte mich um und erwiderte ihn mit einem selbstbewussten Lächeln. Ihr aufmunterndes Nicken verlieh mir zusätzliche Stärke. Zwar klopfte mein Herz bis zum Hals, aber ich nahm allen meinen Mut zusammen. Ich galoppierte auf den ersten Sprung zu. Der Moment des Schwebens fühlte sich für mich wunderbar und unglaublich lang an. Ich überwand das Hindernis ohne Probleme. Ein unbeschreibliches Glücksgefühl breitete sich in mir aus. Beate hatte mich die ganze Zeit über ruhig beobachtet. Nun lachte sie mir zu. Ich winkte zurück und strahlte über das ganze Gesicht. Was hatte sie für ein Vertrauen in mich gesetzt, und welches Vertrauen zu mir selbst hatte ich gewonnen.

Gemeinsam trabten wir zurück zum Hof. Obwohl wir nebeneinander ritten, sprachen wir nur wenig. Beate fühlte, dass ich mit meinen Gedanken die letzten beiden Stunden noch einmal Revue passieren ließ. Ich war einfach glücklich!

Schluss

Ich hätte nie gedacht, dass während dieses Spazierrittes mein sehnlichster Wunsch, einmal ein Hindernis in einem Parcours zu überwinden, in Erfüllung gehen würde. Noch nie zuvor hatte ich so sehr das Gefühl, zur richtigen Zeit am richtigen Ort zu sein. Dieser Moment würde mir immer in Erinnerung bleiben, denn er zählte zu den schönsten und glücklichsten in meinem bisherigen Leben.

Realschulabschluss Deutsch in Thüringen: Prüfungsaufgaben 2009
Aufgabe 1

Aufgabe:

1.1 Belegen Sie 11 der vorgegebenen 13 Begriffe mit einem treffenden Zitat aus dem Liedtext!
(z. B.: Käuflichkeit: „Ich biete jedem meine Freundschaft an, der Geld dafür hinlegt.“ oder „Ja, ich bin käuflich, …“)
Die Darstellungsform ist frei wählbar.

1. Besitzdenken	6. Kaufzwang	10. Schnelllebigkeit
2. Bezahlbarkeit	7. Kreditangebot	11. Sonderangebot
3. Freiheitsgefühl	8. Langlebigkeit	12. Verfügbarkeit
4. Glücksbringer	9. Lebensgefühl	13. Zugehörigkeitsgefühl
5. Kaufverführung		

1.2 Werbung „trifft“ Käufer
Die Werbung vermittelt häufig den Eindruck, dass sich in der Wirtschaft alles um das Wohl des Verbrauchers dreht.
Erörtern Sie diese Problematik umfassend!
Sie können dabei eigene Erfahrungen einbeziehen.

Hinweis: Beide Teilaufgaben 1.1 und 1.2 sind zu bearbeiten und gehen in die Bewertung ein: 1.1 (25 %) und 1.2 (75 %)

Die Toten Hosen: Kauf MICH!

Wenn du mich wirklich haben willst,
greif doch einfach zu!
Ich weiß genau, du denkst an mich,
ich lass dir keine Ruh.
Ich bin die Lottozahl,
die dir fehlt zu deinem Glück.
Ich gehör zu dir und du zu mir,
warum nimmst du mich nicht mit?

Mich kann man kaufen
und es gibt mich im Sonderangebot,
ja, ich bin käuflich, und zwar täglich,
rund um die Uhr.
Also kauf MICH!

Ich bin dein neues Auto,
dein sexy Körperspray.
Deine Alltags-Happy-Pille,
wenn du mich hast, bist du OK.
Ich bin dein frischer Atem,
bin 100 Prozent Geschmack.
Ich bin die große Freiheit im
Spar-Fix-Power-Pack.

Mich kann man kaufen
und es gibt mich im Sonderangebot,
ja, ich bin käuflich, und zwar täglich,
rund um die Uhr.
Also kauf MICH! Bitte kauf MICH!

Ich bin's, der im Schlussverkauf
auf dem Wühltisch liegt,
ohne Haltbarkeitsdatum,
lebenslänglich frisch.
Wenn du mich benutzt hast,
schmeiß mich einfach weg,
geh nicht an mir vorüber,
vielleicht kommen wir ins Geschäft.
Ich biete jedem meine Freundschaft an,
der Geld dafür hinlegt.

Mich kann man kaufen
und es gibt mich im Sonderangebot.
Ja, ich bin käuflich, und zwar täglich,
rund um die Uhr.
Kauf mich jetzt, bezahle später,
im Ratenangebot.
Du bist das Opfer, ich bin Täter,
rund um die Uhr.
Denn du kaufst MICH!
Ich weiß, du kaufst MICH,
also kauf MICH! Bitte kauf MICH!

Lösung

Teilaufgabe 1.1

Hinweis: Zunächst solltest du dir die 13 vorgegebenen Begriffe genau anschauen und deren Bedeutung durchdenken. Wenn du dich nun dem Liedtext zuwendest, weißt du bereits, nach welchen Inhalten du Ausschau halten sollst. Schon beim ersten Lesen kannst du an den entsprechenden Versenden die jeweiligen Nummern der Begriffe notieren. Durch mehrfaches gründliches Lesen wird es dir nicht schwerfallen, Schritt für Schritt die geforderten 11 Begriffe mit Zitaten zu belegen.
Beginne nun mit deinen Aufzeichnungen. Die Darstellungsform kannst du frei wählen, jedoch erscheinen Zeitstrahl und Flussdiagramm wenig geeignet, da die Begriffe untereinander nicht in einen Zusammenhang zu bringen sind. Möglich ist hier eine übersichtliche tabellarische Auflistung mit den vorgegebenen Begriffen auf der einen und den gefundenen Zitaten auf der anderen Seite. Einerseits kannst du während der Textuntersuchung durchaus für einen Begriff mehrere Zitate finden. Andererseits sind auch mehrere Begriffe einem Zitat zuzuordnen. Die nachfolgende Auflistung macht dies deutlich.
Achte beim Zitieren darauf,
- *dass alle Zitate in Anführungszeichen gesetzt werden,*
- *dass der Text wortwörtlich übernommen wird,*
- *dass das Zitat mit drei Punkten beginnt, wenn der Satzanfang nicht übernommen wird,*
- *dass das Zitat mit drei Punkten endet, wenn nur der Satzanfang übernommen wird,*
- *dass nach jedem Zitat die Verszeile in Klammern angegeben wird.*

Besitzdenken:	„Wenn du mich wirklich haben willst, / greif doch einfach zu!“ (V. 1 f.)
Bezahlbarkeit:	„Mich kann man kaufen / und es gibt mich im Sonderangebot, […]“ (V. 9 f., 22 f., 37 f.)
Freiheitsgefühl:	„Ich bin die große Freiheit im / Spar-Fix-Power-Pack.“ (V. 20 f.)
Glücksbringer:	„Ich bin die Lottozahl, / die dir fehlt zu deinem Glück.“ (V. 5 f.)
Kaufverführung:	„Ich bin dein neues Auto, / dein sexy Körperspray.“ (V. 14 f.) „Ich bin die Lottozahl, / die dir fehlt zu deinem Glück.“ (V. 5 f.) „Ich gehör zu dir und du zu mir, / warum nimmst du mich nicht mit?“ (V. 7 f.)
Kaufzwang:	„Deine Alltags-Happy-Pille, / wenn du mich hast, bist du OK.“ (V. 16 f.)
Kreditangebot:	„Kauf mich jetzt, bezahle später, / im Ratenangebot.“ (V. 41 f.)
Langlebigkeit:	„[…] ohne Haltbarkeitsdatum, / lebenslänglich frisch.“ (V. 29 f.)
Lebensgefühl:	„Ich bin die große Freiheit im / Spar-Fix-Power-Pack.“ (V. 20 f.)
Schnelllebigkeit:	„Wenn du mich benutzt hast, / schmeiß mich einfach weg, […]“ (V. 31 f.)
Sonderangebot:	„Mich kann man kaufen / und es gibt mich im Sonderangebot, […]“ (V. 9 f., 22 f., 37 f.)
Verfügbarkeit:	„[…] ja, ich bin käuflich, und zwar täglich, / rund um die Uhr.“ (V. 11 f., 24 f., 39 f.)
Zugehörigkeitsgefühl:	„Ich gehör zu dir und du zu mir, / warum nimmst du mich nicht mit?“ (V. 7 f.)

Teilaufgabe 1.2

Hinweis: Die Erörterungsaufgabe bietet dir zwei Thesen an. Die Aussage „Werbung ‚trifft' Käufer" *wird präzisiert durch die Behauptung* „Die Werbung vermittelt häufig den Eindruck, dass sich in der Wirtschaft alles um das Wohl des Verbrauchers dreht".
Was du beim Erörtern zu beachten hast, darüber kannst du dich in Kapitel A informieren. Führe zunächst eine gründliche Thesenanalyse durch. Untersuche die Schlüsselbegriffe und setze sie untereinander in Beziehung, um der Thesenaussage auf den Grund zu kommen.

Thesenanalyse

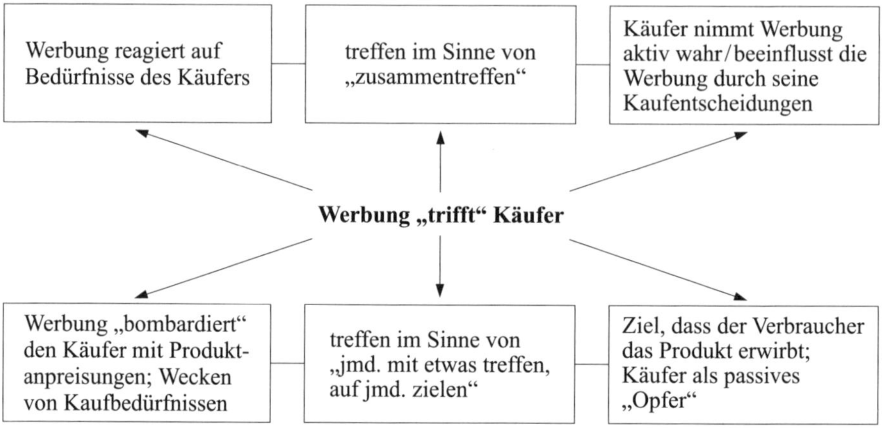

Konkretisierung der These

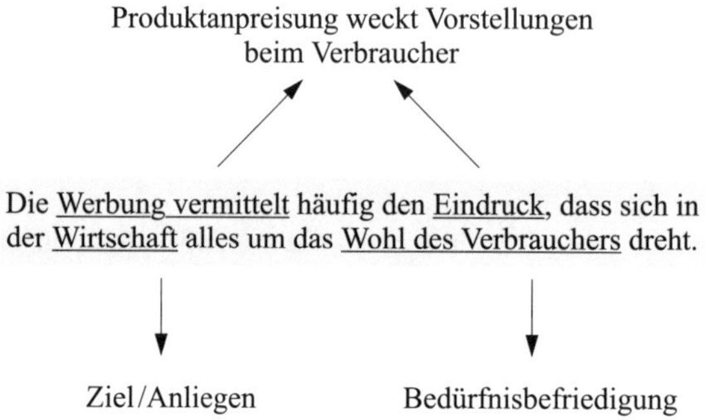

- Produkte auf den Markt bringen, die benötigt werden
- optimale Gewinne bei kostengünstiger Produktion
- konkurrenzfähig bleiben

Alle 13 Begriffe der Aufgabe 1.1 wären hier einzuordnen.

Hinweis: Überlege dir genau, was die eigentliche Fragestellung ist, die sich aus den Thesen ableiten lässt und die du erörtern sollst. Grundsätzlich sind zwei Erörterungsfragen möglich. Die erste lautet: Vermittelt die Werbung wirklich den Eindruck, dass sich in der Wirtschaft alles um das Wohl des Verbrauchers dreht? Diese Frage scheint auf den ersten Blick klar beantwortbar zu sein: Die Rolle der Werbung ist für uns recht eindeutig, geht es doch um möglichst geschickte Produktanpreisung und das Wecken von Kauflust. Die Auseinandersetzung mit der Thematik könnte somit linear erfolgen: Ja, die Werbung vermittelt den Eindruck, dass sich in der Wirtschaft alles um das Wohl des Verbrauchers dreht.
Die zweite mögliche Erörterungsfrage richtet den Fokus auf die Ziele und tatsächlichen Absichten der Wirtschaft. Sie lautet: Stimmt der Eindruck, den die Werbung erweckt? Dreht sich in der Wirtschaft wirklich alles um das Wohl des Verbrauchers? Diese Fragestellung erfordert eine kontroverse Erörterung. Bedenke, dass dir die zweite Erörterungsfrage den größeren Spielraum für Argumente und Beispiele lässt. Vergiss hier allerdings nicht, immer auch mitzudiskutieren, wie die Werbung die Ziele der Wirtschaft unterstützt.

Möglichkeit einer linearen Diskussion

Ja, die Werbung vermittelt den Eindruck, dass sich in der Wirtschaft alles um das Wohl des Verbrauchers dreht.

- jedes Produkt wird unkritisch angepriesen
- das Produkt wird stets als unverzichtbar für das Lebensglück dargestellt
- vermittelt den Eindruck, dass alles für jeden erschwinglich ist

Möglichkeit einer Pro-Kontra-Diskussion

Ja, der Eindruck, den die Werbung vermittelt, ist richtig: Der Wirtschaft geht es in erster Linie um das Wohl des Verbrauchers.	**Die Werbung vermittelt zwar den Eindruck, dass sich in der Wirtschaft alles um das Wohl des Verbrauchers dreht, aber ich weiß, worauf es der Wirtschaft wirklich ankommt:**
– Wirtschaft richtet ihre Produkte an Bedürfnissen der Kunden aus – Verbraucher bestimmt mit seinen Kaufentscheidungen den Erfolg eines Produkts → Wirtschaft muss sich an Interessen der Kunden orientieren – es gibt Firmen, für die der Gewinn nicht im Vordergrund steht	– Wirtschaft ist bemüht, kostengünstig zu produzieren → Produkte somit oft in Qualität gemindert – Wirtschaft geht es nur um Umsatzzahlen (Profitstreben) – Konkurrenzkampf in der Wirtschaft bestimmt alle Branchen → es geht um das Überleben und Marktbeherrschung

Stichpunktartige Stoffsammlung und Gliederung

Einleitung:

- Hinführen zum Thema durch persönliche Erfahrung mit Werbung im Alltag
  oder:
- Beschreiben herkömmlicher Meinungen zu Werbung
  oder:
- Beschreiben eines aktuellen Beispiels einer speziellen Werbekampagne

Hauptteil:

Hinweis: Die oben schematisch dargestellte Thesenanalyse solltest du zu Beginn des Hauptteils in Textform wiedergeben. Du musst klären, womit du dich konkret im Aufsatz auseinandersetzt. Somit garantierst du, dass du dem Problem der Aufgabenstellung gerecht wirst.

kontroverse Argumentation

- Situation der Wirtschaft als Ausgangspunkt der Betrachtung
- Kontra-Argument
  1. Beispiel – wirtschaftliche Interessen beeinträchtigen Produktqualität, und Werbung überspielt dies
- Kontra-Argument
  2. Beispiel – unzulängliche bzw. unwahre Produktbeschreibungen in der Werbung steigern wirtschaftlichen Profit
- Pro-Argument
  3. Beispiel – Ausnahmen in der Wirtschaft, die doch zum Wohl des Verbrauchers Produkte herstellen

Schluss:

- Fazit – eigenen Standpunkt präzisieren bzw. Ausführungen zusammenfassen
- Wertung der Thematik

Aufsatzbeispiel

Einleitung

Werbung. Überall sieht man Werbung. Ob ich gerade fernsehe, im Internet surfe, im Klassenraum sitze oder einfach nur durch die Stadt laufe, permanent strahlt einem ein neues Produkt auf einem Werbeplakat oder ein Markenlogo von einem T-Shirt entgegen. Heute erreicht die Werbung jeden Menschen, da sie in allen Arten von Medien stark vertreten ist. Sie vermittelt häufig den Eindruck, dass sich in der Wirtschaft alles um das Wohl des Konsumenten dreht. Doch ich frage mich – stimmt das? Oder dreht sich in der Wirtschaft vielleicht doch alles nur ums Geldverdienen? Mit dieser Problematik möchte ich mich im Folgenden erörternd auseinandersetzen.

Hauptteil

Bevor ich jedoch mit meiner eigentlichen Argumentation beginne, möchte ich zwei Begriffe eindeutig erklären, um Missverständnisse zu vermeiden.
Was ist Werbung? Werbung ist, wenn eine Firma, ein Privatunternehmen oder irgendein anderer Produzent ein Produkt anpreist und dem Konsumenten schmackhaft machen will. Durch das Hervorheben der Vorteile sollen Käufer angelockt werden. Im engeren Sinne meine ich mit Werbung Werbespots aus dem Fernsehen, Internet oder dem Radio. Das führt mich zum Begriff Verbraucher bzw. Konsument. Ein Verbraucher ist, wie der Begriff schon sagt, ein Mensch, der täglich Produkte verbraucht, welche er zum Leben benötigt. Das sind z. B. Lebensmittel oder Konsumartikel, also Waren des täglichen Bedarfs. Da jeder diese Dinge zum Leben braucht, ist jeder Mensch ein Konsument.
Heute ist auch in der Wirtschaft alles mit Leistungsdruck verbunden. Man muss möglichst effektiv produzieren, um entsprechend billig verkaufen zu können. Nur so kann ein Unternehmen auf dem Markt erfolgreich sein. Jedoch wird ein Produkt häufig qualitativ minderwertig, wenn man es billig produziert. Ich habe mir zum Beispiel vor zwei Jahren ein Paar Sportschuhe von Victory gekauft, eine Firma, welche ihre Produktideen teilweise von anderen Firmen übernimmt und ihre Artikel sehr günstig anbietet. Die gleichen Schuhe gab es von

Puma für den dreifachen Preis. Ich kaufte das Produkt von Victory, da es in der Werbung als „Gute Qualität zum niedrigen Preis" gelobt wurde, doch schon nach weniger als drei Monaten löste sich die Sohle des einen Schuhs, und die Nähte des anderen Schuhs rissen. Das zeigt, dass Victory durch das minderwertige Produkt auf Kosten des Verbrauchers, welcher in dem Fall ich war, profitiert hat.

Ein anderes Argument dafür, dass sich in der Wirtschaft nicht alles um das Wohl des Verbrauchers dreht, ist die unzulängliche bzw. unwahre Produktbeschreibung in der Werbung. Ein gutes Beispiel hierfür sind einige Genussmittel, wie zum Beispiel Chips. Viele Chips werden, da es mehr und mehr in Mode kommt, sich gesund zu ernähren und fit zu halten, mit bis zu 60 % weniger Fettsäuren produziert. In der Werbung wird natürlich vermittelt, wie gesund diese sogenannten „Light-Chips" sind. Jedoch wird dabei gern vergessen zu sagen, dass durch die fehlenden gesättigten Fettsäuren ein viel geringeres Sättigungsgefühl entsteht, welches man automatisch durch einen höheren Verzehr ausgleicht. Außerdem werden diese fehlenden Fettsäuren häufig durch Zuckerzusatz ersetzt, um den intensiven Geschmack beizubehalten. Durch diese zwei Tatsachen, welche vielen Menschen nicht bekannt sind, ist es fraglich, ob die „Light-Chips" wirklich gesünder sind als herkömmliche Knabbereien. Klar ist jedoch, dass die Firmen, welche diese Produkte herstellen, einen Riesengewinn erzielen, indem sie oben genannte Informationen in ihrer Werbung nicht erwähnen.

Nun könnte man denken, dass in der Wirtschaft, was den Verbraucher betrifft, nur gelogen und betrogen wird, was wiederum auch nicht stimmt. Dadurch, dass die Wirtschaft heute sehr viel globaler strukturiert ist, lösen sich manche Probleme zugunsten des Konsumenten. Zum Beispiel konnten die Benzinpreise trotz der derzeitigen Wirtschaftskrise wieder gesenkt werden, was ja für den Normalverbraucher sehr angenehm ist.

Außerdem gibt es auch Firmen, welche offensichtlich für das Wohl des Konsumenten wirtschaften. Ein Paradebeispiel hierfür ist eine Sportartikelfirma in Mexiko, die sich „Sports national" nennt. Diese Firma produziert qualitativ genauso hochwertige Schuhe wie die Sportgiganten Puma, Nike und Adidas und verkauft diese zu einem Mindestpreis, welcher die Produktionskosten gerade noch deckt. Das Ziel dieser Firma ist es, armen Kindern in Mittel- und Südamerika die Möglichkeit einzuräumen, auch ein paar coole Michael-Jordan-Schuhe beim Basketballspielen zu tragen. Doch wie schafft es diese Firma, gute Qualität zu einem Preis anzubieten, der sich kaum rentiert? Ganz einfach – sie verzichtet auf teure Werbung und kann dadurch viele Millionen Dollar sparen, die sie verwendet, um ihren guten Zweck zu erfüllen.

Schluss

Meine Meinung zu diesem Thema ist zweigeteilt. Natürlich muss jede Firma und jeder Produzent sehen, wie sie auf dem derzeit hart konkurrierenden Wirtschaftsmarkt ihre notwendigen Gewinne garantieren, aber leider hat mir meine Erfahrung gezeigt, dass viele Produkte in der Werbung zu häufig besser dargestellt werden, als sie tatsächlich sind. Daraus schlussfolgere ich, dass es sich in der Wirtschaft meist mehr ums große Geldverdienen dreht als um das wirkliche Wohl des Kunden, obwohl es zum Glück Ausnahmen gibt.

Realschulabschluss Deutsch in Thüringen: Prüfungsaufgaben 2009
Aufgabe 2

Aufgabe:

Interpretieren Sie die Kurzgeschichte!

Paul Watzlawick (1921–2007): Die Geschichte mit dem Hammer

Ein Mann will ein Bild aufhängen. Den Nagel hat er, nicht aber den Hammer. Der Nachbar hat einen. Also beschließt unser Mann hinüberzugehen und ihn auszuborgen. Doch da kommt ihm ein Zweifel: Was, wenn der Nachbar mir den Hammer nicht leihen will? Gestern schon grüßte er mich nur so flüchtig. Vielleicht war er in Eile. Aber vielleicht war die Eile nur vorgeschützt und er hat etwas gegen mich. Und was? Ich habe ihm nichts angetan; der bildet sich da etwas ein. Wenn jemand von mir ein Werkzeug borgen wollte, *ich* gäbe es ihm sofort. Und warum er nicht? Wie kann man einem Mitmenschen einen so einfachen Gefallen abschlagen? Leute wie dieser Kerl vergiften einem das Leben. Und dann bildet er sich noch ein, ich sei auf ihn angewiesen. Bloß weil er einen Hammer hat. Jetzt reicht's mir wirklich. – Und so stürmt er hinüber, läutet, der Nachbar öffnet, doch noch bevor er „guten Tag“ sagen kann, schreit ihn unser Mann an: „Behalten Sie sich Ihren Hammer, Sie Rüpel!“

(Aus: Paul Watzlawick, Anleitung zum Unglücklichsein, Piper Verlag GmbH, München 2005)

Lösung

Hinweis: Eine Interpretation basiert auf einer sehr gründlichen Textuntersuchung, d. h. einer Textanalyse. Du solltest beim Lesen den Text in Sinneinheiten unterteilen, um den Überblick beim Betrachten nicht zu verlieren. Da es gilt, Inhalt, Form und Sprache in ihrer Wechselwirkung zu erfassen, ist das Anlegen einer tabellarischen Stoffsammlung empfehlenswert. Eine solche Tabelle ermöglicht dir ein strukturiertes Vorgehen, und die Deutungsmöglichkeiten des Textes können sich stärker herauskristallisieren. Die tabellarische Stoffsammlung wird somit die wesentliche Voraussetzung für das Verfassen des Hauptteils. Allgemeine Hinweise zum Interpretieren findest du im Kapitel B.
Leider ist die Aufgabenstellung nicht ganz korrekt, da es sich bei dem zu interpretierenden Text nicht um eine Kurzgeschichte handelt, sondern um eine Parabel. Als Schüler stellt man die Richtigkeit der Aufgabenstellung eher nicht infrage. Deshalb verzichtet der folgende Lösungsvorschlag auf die Untersuchung der Textsortenmerkmale.

Anmerkung zum Autor Paul Watzlawick

Am 25. Juli 1921 wurde Paul Watzlawick in Villach/Kärnten (Österreich) geboren. Er studierte Philosophie und Sprachen in Venedig und promovierte 1949 im Fach Philosophie. Watzlawick schloss mit einem Analytikerdiplom eine Ausbildung für Psychotherapie in der Schweiz ab und erhielt 1957 eine Professur für Psychotherapie in San Salvador. Mit seiner revolutionären Kommunikationstheorie erlangte er Weltruhm. „Man kann nicht nicht kommunizieren“ lautet einer seiner Leitsätze. Sein Buch „Anleitung zum Unglücklichsein“, das 1983

erschien, wurde ein Bestseller und wahres Kultbuch. Der Titel des Buches nimmt ironisch Bezug auf die damals hoch populären Ratgeberbücher.
Paul Watzlawick selbst wird als ein bedeutender Vertreter des Konstruktivismus gesehen. Das heißt, er vertrat die Meinung, dass es keine objektiv erkennbare Wirklichkeit gibt, sondern dass sich jeder Mensch seine eigene Realität „konstruiert".
In seiner Wahlheimat Kalifornien, in der er seit 1960 lebte und arbeitete, verstarb er 2007 im Alter von 85 Jahren. Heute wird in Österreich für herausragende Leistungen auf dem Gebiet der Kommunikation der Paul-Watzlawick-Preis verliehen.

Merkmale einer Parabel

Eine Parabel ist ein kurzer Prosatext (Erzählung). Die Ursprünge liegen in der antiken Dichtung und im Neuen Testament (Gleichnisse Jesu). Der Inhalt der Parabel wird dem Leser als Bild (Metapher) dargeboten, welches es zu entschlüsseln gilt. Dem Leser muss es gelingen, den Inhalt von der Bildebene auf die Sachebene zu übertragen. Dabei können die Deutungsmöglichkeiten sehr vielfältig sein. Im Mittelpunkt stehen Moral- und Wertauffassungen der menschlichen Gesellschaft. Parabeln können auch Beispiele aufzeigen, die gegenläufige Denkweisen vermitteln. Somit wird der Leser zum kritischen Hinterfragen aufgefordert. Die Parabel hat wie die Fabel Lehrstückcharakter.

Tabellarische Stoffsammlung

Inhalt	Form	Sprache	Wirkung/Deutung
1. Sinneinheit: (Z. 1–2) **Situations-beschreibung** Vorhaben eines Mannes → Bild aufhängen, aber Hammer fehlt Nachbar hat Hammer Ort: bei dem Mann zu Hause Zeit: unbekannt Personen: Mann, Nachbar	– unvermittelter Einstieg – wenig handelnde Figuren – Situation aus dem Alltag – auktorialer (allwissender) Erzähler – Bezug zur Überschrift geklärt	– kurze Sätze – keine Adjektive – Präsens – Satzstellung im 2. Satz ungewöhnlich	sachliche Darstellung der Situation → nüchterne Außensicht auf den Mann Betonung auf „nicht" (Z. 1) → Fehlen des Hammers erhält besondere Bedeutung → Spannungsaufbau
2. Sinneinheit: (Z. 2–10) **Aufbau von Vorurteilen** Hauptfigur baut Zweifel und Vorurteile gegenüber dem Nachbarn auf	– innerer Monolog – auktorialer Erzähler tritt in den Hintergrund	– Sätze werden länger	Sicht auf Hauptfigur verändert sich → distanzierte Lesehaltung zur Hauptfigur Konstruktion eines realitätsfernen Bildes vom Nachbarn

stetige Steigerung → bringt sich selbst in Rage		– Fragen – Nebensätze stehen allein: „Bloß weil er einen Hammer hat.“ (Z. 9 f.) – umgangssprachliche Wendungen „Leute“, „Kerl“ (Z. 8)	Selbstüberschätzung Hineinsteigern in ein Feindbild → Wut → Spannungsaufbau
3. Sinneinheit: (Z. 10–12) **Die Beleidigung** Mann rennt zum ahnungslosen Nachbarn und beschimpft diesen → soll Hammer behalten	– auktorialer Erzähler beschreibt Geschehen – unerwartetes, abruptes Ende	– lange Aufzählung kurzer Hauptsätze – wörtliche Rede – Aufforderungssatz mit ungewöhnlicher Platzierung des Wortes „sich“ (Z. 12) → zugleich Schlusssatz	Bewegung kommt in äußere Handlung → große Erregtheit deutlich → unterstreicht Unsachlichkeit, wirkt absurd offenes Ende: Leser fragt sich: Wie wird wohl der Nachbar reagieren? Was hat der Mann mit seiner Aktion erreicht?

Gliederung

Einleitung:
Übersichtssatz (Titel, Genre, Autor, evtl. historische Einordnung, Thema)

Hauptteil:

a) Inhaltsangabe (vgl. Kapitel B)
b) Textanalyse (auf der Grundlage der tabellarischen Stoffsammlung)
c) Lesewirkung, Autorintention

Schluss:

- persönliche Wertung
- Aktualität des Themas bzw. der zentralen Aussage

Aufsatzbeispiel

Einleitung

„Die Geschichte mit dem Hammer“ ist eine von Paul Watzlawick geschriebene kurze Geschichte, die 2005 in dem Buch „Anleitung zum Unglücklichsein“ erschienen ist. Paul Watzlawick lebte von 1921 bis 2007. In der Geschichte geht es um menschliche Verhaltensweisen, die Vorurteile entstehen lassen.

Hauptteil

Die Geschichte handelt im Wesentlichen davon, dass ein Mann ein Bild aufhängen will, ihm aber der Hammer dazu fehlt. Er überlegt also, ob er sich den Hammer des Nachbarn leiht. Jedoch entstehen in ihm ernsthafte Zweifel, ob ihm der Nachbar den Hammer leihen würde. Realitätsfern entwickelt der Mann Vorurteile gegenüber seinem Nachbarn, indem er gleichzeitig ein sehr positives Selbstbild entwirft.

Nach dem ersten Lesen war ich sehr beeindruckt und verwirrt, da ich mich gefragt habe, wie ein Mensch so negativ über einen anderen Menschen denken kann. Außerdem fällt mir auf, dass ein Großteil der Handlung nur fiktiv abläuft, nämlich in den Gedanken des Mannes.

„Die Geschichte mit dem Hammer" weist einige besondere formale Merkmale auf. Das sind vor allem der unvermittelte Einstieg, ohne genaue Beschreibung von Ort, Zeit und handelnden Personen, das überwiegende Schreiben im Präsens und die drastische Wendung zum Ende der Geschichte. Weiterhin fällt auf, dass die Geschichte sehr zeitlos geschrieben ist, sich also auf ähnliche Situationen übertragen lassen kann. Auch der Ort wird nicht festgelegt. Gegeben sind lediglich ein Haus, in dem ein Mann wohnt und in dessen Nähe auch ein Nachbar zu finden ist. Hauptfiguren der Geschichte sind somit der Mann und der Nachbar.

Ich habe die Geschichte für mich in drei Sinneinheiten unterteilt, um eine strukturierte Interpretation des Inhalts durchführen zu können. Die erste Sinneinheit (Z. 1–2) beschreibt die Situation, in der sich der Mann befindet, und nennt das Problem, dass dem Mann der Hammer zum Aufhängen des Bildes fehlt und er sich den des Nachbarn borgen möchte. Es spricht ein allwissender Erzähler. Die Überschrift wird bereits im zweiten Satz wieder aufgegriffen, in dem zum ersten Mal der Hammer eine Rolle spielt. In diesem ersten Abschnitt beschreibt der Erzähler in sehr kurzen Sätzen das Geschehen. Auf die Verwendung von Adjektiven verzichtet er ganz. Dadurch bekommt der Text einen sehr sachlichen Charakter, und der Leser entwickelt noch keine Emotionen für das Geschehen. Allerdings ermöglichen es Verben wie „hinüberzugehen" oder „auszuborgen" (Z. 2) dem Leser, sich ein Bild von der Situation zu erstellen. Auch ein weiterer Satz ist besonders auffällig: „Den Nagel hat er, nicht aber den Hammer." (Z. 2) Hier verzichtet der Erzähler auf den normalen Satzbau, indem er das „nicht" voranstellt. Ich denke, dass er damit besonders auf das Fehlen des Hammers hinweisen möchte, da dieser Fakt sehr relevant für den restlichen Verlauf der Handlung ist.

Die zweite Sinneinheit (Z. 2–10) umfasst den wichtigsten Teil der Geschichte, nämlich die Gedankengänge des Mannes. Der Mann bekommt plötzlich Zweifel, ob ihm der Nachbar seinen Hammer überhaupt leihen würde: „Doch da kommt ihm ein Zweifel […]" (Z. 2 f.). Ab diesem Punkt werden die Gedanken des Mannes in Form eines inneren Monologes wiedergegeben, und der Erzähler tritt dabei selbst in den Hintergrund. Der Monolog beginnt damit, dass sich der Mann an eine vergangene Situation erinnert: „Gestern schon grüßte er mich nur so flüchtig." (Z. 4) Diese Situation erscheint ziemlich harmlos, doch der Mann denkt sofort weiter und entwickelt ein eigenes Bild von seinem Nachbarn, das sehr negativ ist. Er sieht nämlich das flüchtige Grüßen als Unfreundlichkeit an und meint, dass der Nachbar absichtlich so unhöflich war. Der Mann schlussfolgert, dass der Nachbar nur vorgetäuscht hatte, dass er in Eile wäre, damit er den Mann nicht freundlich grüßen müsse. Dies verdeutlichen die Zeilen 4 f.: „Aber vielleicht war die Eile nur vorgeschützt und er hat etwas gegen mich." Bereits durch diesen kurzen Abschnitt verändert sich die Sicht des Lesers auf die Hauptfigur. Man bekommt direkte Einsicht in die Gedanken des Mannes, sodass man ihn nun besser einschätzen kann. Dadurch kommt es schon hier zu einer gewissen Wende in der Geschichte. Der eingangs wertfreien Darstellung schließt sich nun eine emotions- und spannungsgeladene Innensicht an. Ab hier gestalten erstmals längere Sätze den inneren Monolog. Durch die aufgeworfenen Fragen wird der Leser direkt angesprochen und kann sich eine eigene Meinung zu den Gedanken des Mannes bilden. Ich hatte zu diesem Zeitpunkt bereits ein sehr schlechtes Bild von dem Mann, da es mir unklar war, wie man so negativ denken kann. Der Mann steigert sich nun mehr und mehr in seiner Wut auf den Nachbarn. „Wenn jemand von mir ein Werkzeug borgen wollte, *ich* gäbe es ihm sofort." (Z. 6 f.) Dieser Satz verdeutlicht besonders

gut, wie er die Entwicklung seiner Vorurteile gleichzeitig nutzt, um sein Selbstbild als herausragend darzustellen. Das macht ihn überheblich und unglaubwürdig. Das „ich“ ist in diesem Fall kursiv geschrieben und hebt somit hervor, wie toll sich der Mann selbst einschätzt. Die Frage, „Und warum er nicht?“ (Z. 7), die direkt darauf folgt, bestätigt, dass der Mann davon ausgeht, dass sein Nachbar auf keinen Fall seine Werkzeuge verborgen würde. Abschließend behauptet der Mann auch noch, dass der Nachbar eingebildet ist und angeblich denkt, dass alle auf ihn angewiesen sind, nur weil er einen Hammer hat (vgl. Z. 9 f.). So bringt der Mann das Fass zum Überlaufen, was er sich auch selbst bestätigt: „Jetzt reicht's mir wirklich.“ (Z. 10) Damit enden die Gedankengänge des Mannes. In diesem Abschnitt der Geschichte gibt es weitere auffällige Besonderheiten. Zum einen ist das der weiter fortschreitende Spannungsaufbau. Eigentlich könnte man durch die absurden Gedanken des Mannes jetzt schon denken, dass der Höhepunkt erreicht ist. Zum anderen fällt bei der Sprache auf, dass für den inneren Monolog auch umgangssprachliche Wendungen gewählt wurden, wie z. B. „Leute“ (Z. 8) und „reicht's“ (Z. 10). Ich denke, dass dadurch die Ekstase des Mannes besonders gut zum Tragen kommt. Jeder weiß, dass man nicht mehr so sehr auf die sprachliche Korrektheit achtet, wenn man zum Beispiel wütend ist. Wieder scheint der Mann mit seinen Fragen direkt den Leser anzusprechen, z. B.: „Wie kann man einem Mitmenschen einen so einfachen Gefallen abschlagen?“ (Z. 7 f.) Der letzte Satz dieser Sinneinheit, „Jetzt reicht's mir wirklich.“ (Z. 10), weist jedoch eindeutig darauf hin, dass dieser ganze Gedankenvorgang eher einem Selbstgespräch ähnelt und die Frage nicht bewusst an den Leser gerichtet ist.
In der letzten Sinneinheit (Z. 10–12) merkt der Leser schnell, dass der Höhepunkt der Geschichte doch erst in diesem Abschnitt erreicht wird. Der auktoriale Erzähler übernimmt wieder die Darstellung des Geschehens. Durch die Aneinanderreihung vieler sehr kurzer Hauptsätze werden Hektik und Aufgeregtheit spürbar. Alles steht im extremen Gegensatz zur sachlich gestalteten Einleitung. Bewegung kommt ins Geschehen, indem der Erzähler Verben wie „stürmt“ (Z. 10) oder „schreit“ (Z. 11) benutzt. Der Mann rennt zum Nachbarn hinüber und schreit ihm die Wörter ins Gesicht: „Behalten Sie sich Ihren Hammer, Sie Rüpel!“ (Z. 11 f.) Mit diesem Aufforderungssatz ist der Höhepunkt endgültig erreicht. Der Mann hat also seine Gedanken in die Realität umgesetzt; die Situation erscheint absurd. Innerhalb der wörtlichen Rede sagt der Mann: „Behalten Sie sich […]“. Das an ungewöhnlicher Stelle eingeschobene „sich“ (Z. 12) unterstreicht die Unsachlichkeit und Unangemessenheit der Situation. Der Mann hat die Situation nicht mehr unter Kontrolle. Wut und Aufgebrachtheit scheinen ihm den Verstand zu rauben. In dieser prekären Situation bricht die Geschichte abrupt ab. Sie schließt durch dieses unerwartete Ende mit einer Pointe. Völlig offen bleibt, wie der ahnungslose Nachbar mit dieser Konfrontation zurechtkommt. Fest steht, der Mann wird sein eigentliches Vorhaben, sein Bild aufzuhängen, nur schwerlich umsetzen können. Auf Hilfe kann er wohl kaum hoffen.
Insgesamt lässt sich über die Geschichte sagen, dass sie in einer extremen Weise zeigt, wie schnell ein Mensch doch von Vorurteilen befallen sein kann. Dabei scheut sich Watzlawick nicht vor Übertreibungen. Ihm gelingt es durch seine verdichtete Sprache und knappe, präzise Darstellung, den Leser zu fesseln. Andererseits schockiert das selbstgefällige Denken und Handeln des Mannes und regt zur kritischen Auseinandersetzung mit dem Textinhalt an.

Schluss

Am Ende meiner Untersuchung stelle ich fest, dass sich mein erster Leseeindruck nicht wesentlich verändert hat. Ich bin irritiert bezüglich des Verhaltens der Hauptfigur, und es macht mir Angst, wie rasch sich Feindbilder aufbauen lassen. Die kurze Geschichte ist ein abschreckendes Beispiel dafür, was passieren kann, wenn wir unsere Beziehungen zu unseren Mitmenschen durch Vorurteile belasten. Auch die Einsamkeit des modernen Menschen wird durch diese Verhaltensweisen weiter zunehmen. Ich denke, dass vor allem die Menschen in Deutschland aufgrund ihrer Geschichte besonders sensibel mit dem Thema „Entwicklung von Feindbildern“ umgehen sollten. Somit besitzt die Thematik große Bedeutung und Aktualität.

Realschulabschluss Deutsch in Thüringen: Prüfungsaufgaben 2009
Aufgabe 3

Lebensweisheit

„Manche Menschen glauben an das Schicksal, andere nicht.
Ich glaube daran und auch wieder nicht.
Manchmal hat man das Gefühl, wie Marionetten von unsichtbaren Händen bewegt zu werden. Dazu sind wir aber sicherlich nicht geboren. Wir können die Fäden selbst in die Hand nehmen und die Richtung unseres Weges an jedem Scheideweg selbst bestimmen oder wenigstens jede Spur, einem unbekannten Ziel entgegen, verfolgen."

Thor Heyerdahl (1914–2002) (norwegischer Anthropologe, Zoologe, Geologe, Ethnologe, Botaniker und Abenteurer)

Vielleicht haben Sie ähnliche Erfahrungen in Ihrem Leben gemacht.

Schildern Sie ausführlich eine solche Situation!

oder

Schreiben Sie einen inneren Monolog zu Heyerdahls „Lebensweisheit", der Ihre persönliche Lebenseinstellung zum Ausdruck bringt!

Lösung

Hinweis: Bei dieser Aufgabe sollst du über Erfahrungen in deinem Leben schreiben, die du mit dem Begriff „Schicksal" in Verbindung bringst. Das vorgegebene Zitat von Thor Heyerdahl führt dich in die Thematik ein und macht gleichzeitig die Schwierigkeit im Umgang mit dem Begriff deutlich. Es ist deshalb besonders wichtig, dass du dich mit Heyerdahls Lebensweisheit gründlich auseinandersetzt. Du musst sowohl die Vielschichtigkeit des Begriffes erkennen und die Autorenansicht herausarbeiten als auch deinen eigenen Standpunkt finden.
Du hast die Wahl, die gewonnenen Erkenntnisse sowie deine persönlichen Gedanken dazu entweder in eine Schilderung oder in einen inneren Monolog münden zu lassen. Denke daran, dass laut Aufgabenstellung bei der Schilderung das Beschreiben und das Ausschmücken einer bestimmten Situation im Vordergrund stehen sollen, beim inneren Monolog hingegen soll vor allem deine allgemeine Lebenseinstellung zum Thema Schicksal zum Ausdruck kommen.
Für beide Aufsatzformen sind neben Kreativität Sachkenntnisse unerlässlich. Beachte, dass der innere Monolog die gedachten, in Wirklichkeit unausgesprochenen Gedanken einer Person in direkter Rede, in der Ich-Form und im Präsens wiedergibt. Es werden aber keine Anführungszeichen gesetzt. Auch die Darstellung der Schilderung erfolgt in Anlehnung an die Aufgabenstellung in der Ich-Form, mögliche Zeitformen sind Präsens und Präteritum.
Da beide Aufsatzformen subjektiv orientiert sind, stehen deine Gedanken und Gefühle im Vordergrund. Damit dein Text persönlich und ausdrucksstark wirkt, musst du entsprechende sprachliche Mittel wie Metaphern, Vergleiche, Fragen, aussagekräftige Verben, Adjektive und Substantive wirkungsvoll einsetzen. Formuliere eine ansprechende Überschrift. Der Aufbau muss nicht streng in Einleitung, Hauptteil und Schluss gegliedert sein, denn sowohl Schilderung als auch innerer Monolog führen den Leser oft unvermittelt in eine Situation hinein und brechen meist auch plötzlich ab. Trotzdem darfst du deine Ideen nicht wahllos aneinanderreihen. Es ist ratsam, die Vorüberlegungen in einer gegliederten Stoffsammlung festzuhalten.

Analyse und Eingrenzen des Themas

Heyerdahls Lebensweisheit = Beschäftigung mit dem Schicksalsbegriff

1. Glaube an das Schicksal

↙ ↘

berechtigt? unberechtigt?

2. Abhängigkeit vom Schicksal oder Selbstbestimmung?

3. Beeinflussbarkeit des Schicksals?

↓

eigene Positionierung
persönliche Lebenseinstellung

Klärung des Schlüsselbegriffes

Schicksal:
- nicht das eigene Tun hat den entscheidenden Einfluss auf das Leben eines Menschen, sondern eine höhere Macht
- gilt in vielen Kulturen als unausweichliche Bestimmung
- unterschiedliche **Einstellungen** gegenüber dem Schicksal

↙ ↓ ↘

Ergebenheit Beeinflussbarkeit Überwindbarkeit

Stichpunktartige Stoffsammlung und Gliederung

Hinweis: Die nachfolgenden Beispiele für die Schilderung und den inneren Monolog sind aufgrund der subjektiven Darstellungsformen als Vorschläge zu betrachten.

Schilderung

Thema: Beginn einer Liebe

1. Schilderung des Moments des Verliebens

   ↙ ↘

   Zufall oder Schicksal

   ↘ ↙

   Umstände, die dazu führen; Gedanken und Gefühle, die dabei entstehen

   ↙ ↘

   beeinflussbar oder nicht beeinflussbar?
2. Lasse ich das Schicksal hier gern zu oder greife ich bewusst in den Prozess ein?
3. Aufgreifen des Marionetten-Bildes aus dem Zitat von Thor Heyerdahl
4. Verbinden des äußeren Bildes (Entfalten eines Sommertages) mit dem inneren Bild (Entfalten einer Liebesbeziehung)

Innerer Monolog

1. Schaffen einer Situation, die die Auseinandersetzung mit dem Schicksal zulässt

   ↓

   Absage für einen Ausbildungsplatz

   ↙ ↘

   sich dem „Schicksal“ ergeben — weiterkämpfen
2. Glaube an das Schicksal oder selbstbestimmtes Leben

   ↓
3. persönliche Lebenseinstellung

   ↓
4. Bezug zur Ausgangssituation (Ausbildungsplatz)

Aufsatzbeispiel (Schilderung)

Puppenspiel der Liebe

Meine Augen sind geschlossen. Ruhig, ganz ruhig liege ich da. Mein Herz puckert leise und sanft. Ich fühle seinen seichten Schlag gegen meine Brust, höre das undeutliche Pochen. Der Wind umweht mich, streicht mir über die Wange und rauft, zerzaust, zerwühlt mein Haar. Der Duft von frischem Gras und Morgentau zieht mir in die Nase. Ich sauge ihn tief ein, koste ihn einen Moment aus und entlasse ihn schließlich mit einem Seufzer wieder in die warme Luft. Eine Weile noch umschwebt er mich, dann, allmählich, ganz langsam wird der Geruch schwächer. Sonnenstrahlen kitzeln mein Gesicht und meine Arme. Zart und jung, so früh am Morgen, tippen sie meine Nasenspitze. Ein Guten-Morgen-Kuss der Sonne? Ich öffne leicht die Augen und blinzele sie an. Mein Blick schweift von der glänzenden Sonne weiter zu den Blumen, die sich gen Himmel recken und langsam ihre Blütenblätter entfalten. In leuchtenden Farben stehen sie da, wiegen in unhörbarer Musik sanft hin und her und räkeln sich in ihrer Schönheit. Die Wiese, auf der die Blumen stehen, verwandelt sich im Zug des Windes mehr und mehr in einen grünen See. Wellen aus Gras schwappen umher, bewegen sich unruhig, türmen sich auf und scheinen den Wegrand überschwemmen zu wollen. Von einem magischen Band geführt, zieht es meine Augen weiter – über hohe Baumriesen zu freudig jauchzenden Kindern und besorgt rufenden Müttern, bis sie bei ihm stehen bleiben. War es Zufall oder Schicksal, dass er ausgerechnet heute hier auftauchen würde? Sein Blick trifft meinen, und

unsicher, wie ein kleiner Schuljunge, hebt er die Hand und winkt mir zu. Ohne mich dagegen wehren zu können, formen meine Lippen sich zu einem verzagten Lächeln. Arme und Beine wollen mir nicht länger gehorchen. Wie von unsichtbaren Fäden geführt, erhebe ich mich, und von ebenso unsichtbaren Händen werde ich auch zu ihm bewegt. In dem Augenblick, da er zu mir kam, ich ihn erblickte, setzte mein Herz aus. Verfangen in seinem Blick stehe ich da. Eine kleine Unendlichkeit vergeht oder doch nur ein paar endlos lange Sekunden? Ich vermag es nicht zu sagen. Meine Welt steht still, alles um mich her verblasst. Was nun? Wie weiter? Selbst handeln, die Fäden zerreißen und die weiteren Schritte in die eigene Hand nehmen? Oder es doch dem Puppenspieler und somit dem Schicksal überlassen?
Er blickt mir weiterhin entgegen, seine Augen verlegen lächelnd. Die Fäden ziehen mich zu ihm hin, reißen an meinen Armen, während der Wind mir von hinten in den Rücken bläst. Langsam, als wäre auch die seine an einem nicht zu sehenden Band befestigt, streckt er die Hand aus und greift nach der meinen. Ich fühle die Rauheit seiner Haut und den kreisenden Daumen, welcher liebevoll meine Finger streichelt. Die Luft um uns rauscht und bauscht die Wolken am Himmel zu unwirklichen Gebilden auf.
Wer ist es, der meinen und seinen Körper an Bändern wie Marionetten führt? Sind wir es am Ende doch selbst? Haben wir den Weg der Liebe in unserer eigenen Hand?
Er zieht mich zu sich, drückt mich, bis mir die Luft wegbleibt. Von der Unendlichkeit umschlungen, scheinen wir vereint zu fliegen und zu fallen. Die Sonne greift nach meinem Haar und verfängt sich darin. Die Bäume ringsum beginnen sich zu drehen und das grüne Wiesenmeer scheint uns verschlucken zu wollen.
Ich lausche auf den Rhythmus seines Herzens, bis dieser sich meinem anpasst und beide Klänge zu einer Melodie werden. Sein Atem vermischt sich mit dem des Windes und umspielt mein Gesicht, streicht und liebkost es immer und immer wieder.
Er hält mich, hält meine Seele und mein Herz, umschließt sie mit seinen langen Armen und seinen rauen, aber behutsamen Händen. Ich atme und verschließe seinen Geruch mit meinen Lungen, lasse ihn nicht mehr los, halte ihn fest, bis er alles in mir ausfüllt, jeden noch so verborgenen Winkel. Sein und mein Herz hämmern laut in meinen Ohren, verstopfen sie und machen sie unzugänglich für jedes andere Geräusch.
Was hat der, der dieses Puppenspiel der Liebe leitet, wohl als Nächstes vor? Wird er weiter unsere Fäden führen, oder müssen wir das allein schaffen?
Während die Sonne weiter auf unsere Köpfe brennt, schießen meine Gedanken von einem Punkt zum nächsten – verbinden sich miteinander, verhaken, verkeilen und umschlingen sich. Lassen voneinander ab, um sich im nächsten Augenblick zu einem gesamten Gedankenwirrwarr zusammenzutun. Mein Blick sucht den seinen, findet und hält ihn. An seinem Ausdruck lese ich, dass auch sein Kopf voll von verwirrenden Empfindungen ist. Er legt seine Wange wieder an meine, und ich spüre das Kitzeln seiner Wärme. Noch einmal holt uns die Ewigkeit des Momentes ein, während die laue Luft zwischen unsere Umarmung fährt und uns doch in der gleichen Zeit wieder aneinanderdrückt.
Jener, der uns mit seinen Händen in eine Richtung schubste, hat ganz offensichtlich die Bänder gekappt. Mit meinem eigenen Willen hebe ich meine Arme und lege sie um ihn.
Die Blüten zeigen ihre Blätter nun in voller Pracht und glitzern im Schein der vollen Sonnenstrahlen. Auch die glücklichen Kinderstimmen dringen leise wieder an mein Ohr.
Vielleicht war es doch nicht alles nur Schicksal? Vielleicht gehen bei der Liebe Puppe und Puppenspieler Hand in Hand? Ein Lächeln umspielt meine Lippen, wandelt sich zu einem Glucksen und steigt schließlich perlend in den unendlich blauen Himmel hinauf.

Aufsatzbeispiel (Innerer Monolog)

Schicksal?!

Auf dem Bett in meinem Zimmer liegend höre ich das Wort „Schicksal“ aus seinem Mund noch jetzt ganz deutlich und sehe ihn mit den Achseln zucken, als er die zwanzigste Absage auf meine Bewerbungsschreiben gelesen hatte. Schicksal? Wie kommt mein Bruder nur darauf? Nein, daran kann und will ich nicht glauben! Obwohl vieles dadurch einfacher wäre, vor allem für mich im Moment. Ich müsste mich nicht schuldig fühlen oder als Versager, weil keine meiner Bewerbungen für einen Ausbildungsplatz geklappt hat. Es liegt doch nun aber wirklich nicht an mir, oder? Die Bewerbungsunterlagen sind tadellos, na gut, die Noten auf dem Zeugnis könnten etwas besser sein, aber ... War es nicht wirklich Schicksal, dass ausgerechnet unsere Klasse in der 10. den strengen Mathematiklehrer bekam? Schicksal hin oder her, die Ausrede nützt mir jetzt auch nichts mehr, das interessiert keinen der Ausbildungsbetriebe. Es hilft mir ebenso wenig, mich nun meinem Schicksal zu ergeben. Dazu bin ich auch nicht der Typ. Ich bin eine Kämpferin und weiß, dass ich meinen Weg selbst bestimmen, zumindest beeinflussen kann. Komisch, warum fällt mir gerade meine Ethiklehrerin ein, die ich nie sonderlich mochte? Ach ja, ich erinnere mich, wir führten über den Schicksalsbegriff eine hitzige Debatte. Sie hatte eine Marionette mit, und wir suchten Beispiele, bei denen wir das Gefühl gehabt hatten, von unsichtbarer Hand bewegt zu werden. Damals fiel mir nichts ein, aber im Moment fühle ich mich genau so – ohnmächtig und hilflos. Ich merke, wie die Hilflosigkeit in mir hinaufkriecht, mein Herz verkrampfen lässt und einen dicken Kloß in meinem Hals bildet. Mensch, Tini, was ist los mit dir? Wo ist die Kämpferin? Du wirst dich doch wohl nicht deinem sogenannten Schicksal ergeben?

Schicksal – S-C-H-I-C-K-S-A-L – wie ich diesen Begriff hasse, weil er für mich so schwer zu greifen ist. Schicksal ist ein so großes Wort. Ob es wirklich eine höhere Macht gibt, die unser Leben, mein Leben beeinflusst? Sind wir die Marionetten im großen Welttheater? Wer hält die Fäden in der Hand, wer bewegt uns? Aber führen nicht auch manchmal Marionetten andere Bewegungen aus, als sie der Puppenspieler will? Wie war das mit Pinocchio? Er wollte ein Mensch werden, denken, lernen und menschlich fühlen. Er hat seine Fäden selbst in die Hand genommen. Dieser Weg ist nicht leicht, ich weiß das im Moment sehr genau, denn ich muss gerade jetzt Verantwortung für mein eigenes Handeln übernehmen. Es geht um meine Zukunft, die ich mitbestimmen möchte, auch wenn äußere Umstände Hindernisse in meinen Weg legen. Ich will mein Leben nicht dem Schicksal überlassen. Würde mich denn das zufrieden machen? Nein, sicher nicht. Ich will keine Marionette sein und mir meine Freiheit zu denken und zu handeln und zu entscheiden nehmen lassen! Auch für meine Fehler kann ich nicht das Schicksal verantwortlich machen, obwohl das sehr bequem wäre. Ich hätte praktisch eine Entschuldigung für alles. Ich müsste einfach nur immer sagen: „Oh, das ist Schicksal!“ Dieser Gedanke lässt mich nicht los. Ich gerate in Versuchung, dem Schicksal in dieser Beziehung zu erliegen. Eine schlechte Note – „Schicksal“, ich beginne Streit mit einem Freund – „Schicksal“, ich vergesse wichtige Termine – „Schicksal“ ... Stopp, Tini, bist du verrückt? Hast du einmal daran gedacht, wenn jeder Mensch so leben würde? Ich überlege, was wäre, wenn mir jemand meinen Freund ausspannt und sagt: „Es ist Schicksal.“ Nein, weiter möchte ich nicht denken.

Wenn es das Schicksal gäbe, würde ich von etwas Höherem bestimmt. Ich hätte keine Macht über mich selbst. Wenn das Leben so wäre, dann müsste ich mir keine Gedanken darüber machen, weil alles vorbestimmt ist. Ich mache mir aber Gedanken über mich und mein Leben! Ich glaube nicht, dass ich bestimmt werde, ich bin keine Marionette. Ich kann eigene Entscheidungen treffen. Ich kann mir aussuchen, welchen Partner, welchen Wohnort und welchen Beruf ich wähle. Mein Leben wird nicht von einer unsichtbaren Hand gelenkt.

Auf meinem Schreibtisch liegen noch einige unbearbeitete Zeitungsannoncen, der Termin beim Arbeitsamt leuchtet mir rot von meinem Kalender entgegen. Ich weiß, was zu tun ist.

Aufgabe:
Interpretieren Sie das Gedicht!

Hans Wallhof: Brücke

Freundschaft ist eine Brücke.
Zwei getrennte Ufer
schließen Brücken zusammen.
Sie verbinden.
Sie überspannen
Schluchten und Tiefen
und machen den Lauf des Weges
einfach und unbeschwerlich.
Von Brücken lässt es sich leicht
auf das fließende Wasser
herabschauen.
Die Liebe zweier Freunde
ist eine Brücke.
Alles, was verbinden
und einen kann,
ist eine Brücke:
Das Verstehen. Das Dienen.
Der Humor. Das Lachen.
Die Gastfreundschaft. Der Gruß.
Das freundliche Wort.
Die Anerkennung. Das Verzeihen.
Das Opfer. Das Gebet.
Die Treue. Das Spiel.
Die Zärtlichkeit. Die Ekstase.
Mit dir, zwei Worte
schlagen
den Brückenbogen
vom Ich zum Du,
vom Du zum Ich,
und tragen
die lebendige Kraft
der Herzen.

(Aus: Hans Wallhof: Bei dir Zuhause. Lob der Freundschaft. 1976.
© Walter Duesseldorf)

Lösung

Hinweis: Allgemeine Hinweise zum Interpretieren eines Gedichtes findest du in Kapitel B. Da dir keine Lebensdaten des Autors vorliegen, kannst du das Werk zeitlich nur grob einordnen: Die offene Form, d. h. das Fehlen eines einheitlichen Strophenbaus, Reimschemas, Metrums etc., weist darauf hin, dass es sich um ein modernes Gedicht handelt. Die nachfolgenden Anmerkungen zum Autor sollen dir lediglich einen kurzen Einblick in sein Leben und Schaffen geben.
Hilfreich für die Analysearbeit ist es, wenn du Auffälligkeiten und Eigenheiten des Gedichtes während des Lesens sofort markierst sowie Fragen an das Gedicht oder persönliche Kommentare unmittelbar am Textrand notierst. Formuliere im Anschluss das Thema, z. B.: Das Gedicht thematisiert das im Leben der Menschen Verbindende – wie Freundschaft oder Liebe – mithilfe des Bildes einer Brücke. Unterteile das Gedicht beim nochmaligen Lesen in Sinneinheiten und fasse den jeweiligen Inhalt knapp zusammen. Markiere Form- und Sprachauffälligkeiten andersfarbig. Es ist ratsam, die Beobachtungen in eine tabellarische Stoffsammlung fließen zu lassen. Diese strukturierte Übersicht bietet dir die Möglichkeit, dass du Inhalt, Form und Sprache in ihrer Wechselwirkung wahrnimmst, das Gesagte deuten kannst und dir der Wirkung bewusst wirst. Die Tabelle bildet die Grundlage für das Ausformulieren des Hauptteils deiner Interpretation.

Anmerkungen zum Autor Hans Wallhof

Pater Hans Wallhof wurde 1930 in Schlesien geboren. Nachdem er den Beruf eines Gärtners in Vallendar erlernt hatte, wechselte er an das Bischof-Kolleg, um ein Theologiestudium aufzunehmen. Seine Freude an der Dichtung veranlasste ihn, sich zum Redakteur ausbilden zu lassen. Er war Mitarbeiter und Redakteur verschiedener Zeitschriften und publizierte zahlreiche, vor allem lyrische Werke. Seine Themen gewann er auch aus seinem zeitweisen Wirken als Schiffsgeistlicher, da Wallhof bei dieser Tätigkeit viele Länder und verschiedene Menschen kennenlernte. Mit seiner lyrischen Sprache und der Vermittlung seines Glaubens wollte er die Herzen der Menschen erreichen und ihnen helfen, das Leben zu lieben und zu gestalten. Hans Wallhof verstarb 2004.

Begriffsklärung

Ekstase (V. 24): Begeisterung, Rausch; keine Kontrolle durch das Bewusstsein

Stichpunktartige Stoffsammlung und Gliederung

Einleitung:

Hinweis: Für den Einleitungsteil stehen dir nach dem Formulieren des Übersichtssatzes (Nennung des Titels, des Autors, des Erscheinungsortes und -jahres sowie des Themas, Einordnung in die Ideen- und Gedankenlyrik) verschiedene Möglichkeiten zur Verfügung:

- Formulieren des ersten Leseeindruckes
- Anführen eines persönlichen Beispiels zum Thema des Gedichtes
- Erschließen des Titels „Brücke“ in Bezug auf das Thema des Gedichtes

Hauptteil:

1. Sinneinheit (V. 1–11)

Inhalt	**Funktionen der Brücke:** Veranschaulichen des Wesens und der Einzigartigkeit der Freundschaft; Brücken vereinen, überwinden Hindernisse, schützen vor Gefahren	
Form	– keine Strophen, kein Reim, kein Metrum, freier Rhythmus – Enjambement (Zeilensprung): setzt sich im gesamten Gedicht fort – fünf Aussagesätze über elf Verse hinweg – lyrisches Subjekt	
Sprache und ihre Wirkung	– Präsens (im gesamten Gedicht)	→ verdeutlicht Gegenwärtigkeit und Zeitlosigkeit der Thematik
	– V. 1: Behauptung in Form eines Hauptsatzes: „Freundschaft ist eine Brücke."	→ sachlicher Stil, Unmissverständlichkeit wird dargestellt
	– „Brücke" als Symbol	→ Funktionen der Brücke auf Freundschaft übertragbar: wahre Freundschaft verbindet
	V. 5/6: „[…] überspannen Schluchten und Tiefen" = sprachliches Bild	→ Schwierigkeiten und Probleme, Höhen und Tiefen im menschlichen Leben werden überwunden
	V. 7/8: „[…] machen den Lauf des Weges einfach und unbeschwerlich."	→ Gefühl der Freiheit und Sicherheit wird vermittelt
	– ausdrucksstarke Verben „verbinden" (V. 4) oder „überspannen" (V. 5) und positive Adjektive „einfach […] unbeschwerlich" (V. 8) oder „leicht" (V. 9)	→ Bedeutsamkeit der Freundschaft wird erhöht, die ihr zustehende Wertschätzung dadurch hervorgehoben
	– „fließende[s] Wasser" (V. 10) als Metapher für das vorbeiziehende Leben und die Zukunft, auch für Veränderung	→ das „[H]erabschauen" (V. 11) ermöglicht eine neue Sicht/andere Perspektive auf das Leben

2. Sinneinheit (V. 12–24)

Inhalt	**Brücken für menschliches Tun:** Verdeutlichen des menschlichen Tuns, welches verbindet und eint	
Form	zweifache Wiederholung: „ist eine Brücke" (V. 13, 16)	
Sprache und ihre Wirkung	– V. 12/13: 2. Behauptung: Steigerung von Freundschaft zur Liebe	→ „Brücke" erhält einen erweiterten Sinn → betonend, einprägend, vertiefend
	– V. 14–16: 3. Behauptung: erneute Steigerung zum alles Verbindenden und Einenden	→ nochmalige Verstärkung

	– Belege in Form von Ellipsen: Aufzählungen, bestehend aus: 1. Artikel + Substantiv, z. B. V. 18: „Der Humor.“, V. 23: „Die Treue. Das Spiel.“ 2. Substantivierungen, z. B. V. 17: „Das Verstehen.“ V. 18: „Das Lachen.“, V. 21: „Das Verzeihen.“	→ verdeutlichen, was das Verbindende und Einende auszeichnet und ermöglicht → hohe Vielfalt hebt die Besonderheit hervor, obwohl es sich auf den ersten Blick „nur“ um einfache Dinge aus dem alltäglichen Leben handelt
	3. Substantiven/Substantivierungen aus dem religiösen Bereich, z. B. V. 17: „Das Dienen.“, V. 22: „Das Opfer. Das Gebet.“	→ der Aspekt der menschlichen Verbindung kann auf die Beziehung zu Gott übertragen werden
	– Satzzeichen (Punkt) nach jedem Begriff	→ jeder Begriff hat eine eigenständige Bedeutung; jedem Beispiel wird seine Wichtigkeit beigemessen

3. Sinneinheit (V. 25–32)

Inhalt	**Brücken schlagen:** Entstehen und Erhalten von Freundschaften durch eigenes Tun bzw. Handeln	
Form	lyrisches Subjekt wird zum lyrischen Ich, tritt in Dialog mit einem lyrischen Du	
Sprache und ihre Wirkung	– V. 25: „Mit dir, […]“	→ lyrisches Du wird direkt angesprochen, zum gemeinsamen Handeln aufgefordert
	– V. 28/29: „vom Ich zum Du,/vom Du zum Ich,“	→ Hervorhebung der Gemeinsamkeit durch Umkehrung der Wortstellung → unmissverständliche Botschaft: Perspektivenwechsel ist notwendig
	– V. 25–32: „[…] zwei Worte/ schlagen/den Brückenbogen/ […] und tragen die lebendige Kraft/der Herzen.“: Personifizierung	→ Leser wird an das Verbindende durch den Brückenbogen erinnert → Bindungen funktionieren nur, wenn sie von Herzen kommen
	– bewegte Verben/Adjektive: V. 26: „schlagen“, V. 30: „tragen“, V. 31: „lebendig“	→ ohne eigenes Tun (Bewegen) gibt es keine Freundschaft/Liebe

Schluss:

- Zusammenfassen der Analyseergebnisse
- Äußern der eigenen Wertschätzung oder persönlichen Sichtweise
- Darstellen der Aktualität der Thematik und/oder Zeitlosigkeit des Gedichtes

Aufsatzbeispiel

Einleitung

Das Gedicht „Brücke" von Hans Wallhof, entnommen aus „Bei dir Zuhause. Lob der Freundschaft" von 1976, thematisiert das im Leben der Menschen Verbindende – wie Freundschaft oder Liebe – mithilfe des Bildes der Brücke. Es ist der Gedanken- und Ideenlyrik zuzuordnen. Bereits während des ersten Lesens erinnerte ich mich an ein Kindheitserlebnis. Meine Freundin und ich liebten es, am Bach unseres Dorfes zu spielen. Wie oft bauten wir „Brücken" aus Holz oder Stein, jeder an seinem Ufer beginnend, um das Hindernis Wasser zu überwinden und zum Gegenüber zu gelangen.

Dass der Autor den Zauber und die Einzigartigkeit einer Freundschaft mit einem Bauwerk vergleicht, hat mich fasziniert und ermutigt, mich mit dem lyrischen Text genauer auseinanderzusetzen.

Hauptteil

Auch wenn das Gedicht „Brücke" nicht in Strophen unterteilt ist, kann man den Text in drei Sinneinheiten zu elf, dreizehn und acht Versen einteilen. In der ersten Sinneinheit (V. 1–11) werden anhand der Funktionen einer Brücke das Wesen und die Einzigartigkeit der Freundschaft dargestellt. Im zweiten Abschnitt (V. 12–24) wird das menschliche Tun, welches verbindet und eint, beschrieben. Die letzte Sinneinheit (V. 25–32) weist darauf hin, dass menschliche Verbindungen nur durch eigenes Handeln entstehen und erhalten bleiben können.

Bereits im ersten Vers wird der Leser mit einer Behauptung konfrontiert: „Freundschaft ist eine Brücke." Dieser knappe Hauptsatz wirkt sachlich und lässt an seiner Richtigkeit auch deshalb keine Zweifel aufkommen, weil in den nachfolgenden zehn Versen unmissverständlich formuliert ist, dass sich das Bild der Brücke auf die Freundschaft zweier Menschen übertragen lässt.

Ungereimt und in freiem Versmaß und Rhythmus fährt das lyrische Subjekt fort, das Wesen der Brücke „Freundschaft" zu beschreiben, die „getrennte Ufer" (V. 2), das heißt einzelne Individuen verbindet, auch wenn zwischen ihnen „Schluchten und Tiefen" (V. 6) bestehen. Dieses sprachliche Bild steht für die Probleme und Schwierigkeiten, die im menschlichen Leben durch gemeinsames Handeln leichter überwunden werden können.

Da Freundschaft nichts Materielles ist, wählt der Sprecher eine symbolkräftige und bildliche Sprache. Dadurch wird dem Leser das Thema direkt greifbar vor Augen gebracht und verständlicher gemacht. Die durchgängig vorhandene Zeitform des Präsens verdeutlicht zudem die Gegenwärtigkeit und Zeitlosigkeit der Thematik. Neben den oben genannten ist das Enjambement ein besonders auffälliges formales Merkmal, so erstrecken sich drei der fünf Aussagesätze der ersten Sinneinheit über neun Verse. Diese Zeilensprünge, die sich durch das gesamte Gedicht ziehen, machen das lyrische Werk aber nicht unübersichtlich, sondern helfen vielmehr, die sinntragenden, kurzen Verse miteinander zu verbinden. Diese wiederum lenken die Aufmerksamkeit auf die ausdrucksstarken Verben „verbinden" (V. 4) oder „überspannen" (V. 5) sowie auf die positiven Adjektive „einfach […] unbeschwerlich" (V. 8) oder „leicht" (V. 9). Der Sprecher im Gedicht möchte dem Leser zeigen, wie sehr eine tiefe Freundschaft den Lebensweg der beiden Freunde zum Positiven wenden kann. Vieles wird „einfach und unbeschwerlich" (V. 8), und gemeinsam hat man weniger Angst vor Schwierigkeiten im Jetzt oder in der Zukunft, was durch die Metapher „fließende[s] Wasser" (V. 10) verbildlicht wird. Das gemeinsame „[H]erabschauen" (V. 11) auf den „Lebensstrom" erleichtert das Beseitigen von Hindernissen. Darüber hinaus ermöglicht ein Partner eine veränderte Sicht auf Probleme und bietet eine andere Perspektive auf das Leben. So lässt sich aus der gemeinsamen Freundschaft Kraft schöpfen für alles Bevorstehende. Es ließe sich vermuten, dass der Autor hier aus eigener Lebenserfahrung spricht.

Die zweite Sinneinheit (V. 12–24) beginnt wie die erste mit einer Behauptung. Allerdings erhält diese eine Steigerung von der Freundschaft zur Liebe (vgl. V. 12/13). Die „Brücke der

Freundschaft“ bekommt somit einen erweiterten Sinn, ihre Wertschätzung wird betont, denn Liebe ist etwas Mächtiges. Tiefe Gefühle „zweier Freunde“ (V. 12) bilden nun die Brücke. Eine nochmalige Verstärkung des Brückenbildes wird durch die dritte Behauptung erreicht: „Alles, was verbinden/und einen kann,/ist eine Brücke“ (V. 14–16). Die nachfolgenden Aufzählungen (V. 17–24) verdeutlichen, was das Verbindende und Einende einerseits auszeichnet und andererseits ermöglicht. Es ist das menschliche Tun, welches das lyrische Subjekt auf besondere Art beschreibt. Die verwendeten Ellipsen, bestehend aus Artikel und Substantiv, z. B. „Der Humor.“ (V. 18) und „Die Treue. Das Spiel.“ (V. 23), oder Substantivierungen, z. B. „Das Verstehen.“ (V. 17), „Das Lachen.“ (V. 18) und „Das Verzeihen.“ (V. 21), umschreiben die Bausteine, die das Fundament der Brücke der Freundschaft und Liebe bilden. Indem der Sprecher im Gedicht hintereinander Dinge aus den verschiedensten Bereichen des Lebens aufzählt, merkt der Leser, wie vielfältig die Möglichkeiten der freundschaftlichen Handlungen sind und gleichzeitig, wie viele Sachen man mit einem guten Freund teilen kann. Substantive und Substantivierungen aus dem religiösen Bereich, z. B. „Das Dienen.“ (V. 17) und „Das Opfer. Das Gebet.“ (V. 22), verweisen zusätzlich auf den Aspekt, dass die menschliche Verbindung auch auf die Beziehung zu Gott übertragen werden kann. Die hohe Vielfalt der Taten der Liebe hebt deren Besonderheit hervor, obwohl es sich auf den ersten Blick „nur“ um einfache Dinge aus dem alltäglichen Leben handelt. Dass jeder Begriff eine eigenständige Bedeutung hat und ihm seine Wichtigkeit beigemessen wird, ist zusätzlich an der Zeichensetzung zu erkennen. Nach jedem Beispiel steht ein Punkt.
Die dritte Sinneinheit (V. 25–32) enthält die wichtigste Botschaft an den Leser: Es geht um das aktive Schlagen von Brückenbogen (vgl. V. 26/27) oder darum, dass Freundschaft nur durch eigenes Wirken entstehen und erhalten bleiben kann. Die Dringlichkeit der Aussage wird dadurch unterstützt, dass das lyrische Subjekt zum lyrischen Ich wird und mit einem lyrischen Du in den Dialog tritt. Mit den Worten „Mit dir […]“ (V. 25) wird das Gegenüber direkt angesprochen und zum gemeinsamen Handeln aufgefordert. Für eine tiefe Freundschaft ist eine neue Einstellung, ein Perspektivenwechsel nötig – und zwar „vom Ich zum Du,/vom Du zum Ich“ (V. 28/29). Gleichzeitig wird dabei durch die Umkehrung der Wortstellung in Vers 29 die Gemeinsamkeit deutlich hervorgehoben. Eine wahre Gemeinschaft setzt voraus, dass eine Gleichwertigkeit zwischen den Freunden herrscht. Letztlich geht der Sprecher im Gedicht noch einen Schritt weiter, denn Freundschaft ist nicht „nur noch“ Verbindung, sondern Austausch „d[er] lebendige[n] Kraft der Herzen“ (V. 31/32), der durch die personifizierten „zwei Worte“ (V. 25) gelingt, die den Brückenbogen „schlagen“ (V. 26) und die Kraft der Herzen „tragen“ (V. 30). Diese bewegten Verben und das Adjektiv „lebendig“ (V. 31) veranschaulichen die Bedeutung, die das eigene Handeln (Bewegen) für Freundschaft und Liebe hat. In diesem dritten Abschnitt wird der Leser durch das Bild des Brückenbogens noch einmal an das Verbindende im Leben erinnert und daran, dass Bindungen nur funktionieren, wenn sie echt sind und von Herzen kommen. Die Einzigartigkeit einer Freundschaftsverbindung tritt stark hervor und zeigt die Intention des Autors auf: Er möchte uns für den Wert der Freundschaft öffnen, ihre Besonderheit in unserem Leben verdeutlichen und darauf hinweisen, dass es ohne eigenes Tun keine Freundschaft und Liebe gibt.

Schluss

Ich finde, es tut gut, ein Gedicht zu lesen, in dem die wahre Freundschaft so gewürdigt wird. In unserer Gesellschaft sollte diese Wertschätzung viel mehr Beachtung finden, denn sie weist einen Weg aus der Ich-Bezogenheit, in der viele Menschen leben. Freundschaft ist eine nicht einfache Herausforderung, gilt es doch, den Egoismus zu überwinden. Nach der Betrachtung des Gedichtes scheint es jedoch, dass es sich lohnt, sich darauf einzulassen.

Realschulabschluss Deutsch in Thüringen: Prüfungsaufgaben 2010
Aufgabe 1

Aufgaben:

1.1 Stellen Sie mindestens 20 der im Text 1 enthaltenen Informationen zu Leben und Werk Bertolt Brechts in geeigneter Form dar!

1.2 Erörtern Sie diese Parabel (Text 2)!

Hinweis: Beide Teilaufgaben 1.1 und 1.2 sind zu bearbeiten und gehen in die Bewertung ein: 1.1 (25 %) und 1.2 (75 %)

Text 1: Bertolt Brecht

Bertolt Brecht wurde am 10. 02. 1898 in Augsburg geboren und zählt zu den bedeutendsten Schriftstellern und Regisseuren des 20. Jahrhunderts. Er studierte seit 1917 Naturwissenschaften und Medizin in München, doch in erster Linie arbeitete er literarisch. Ende des Ersten Weltkrieges (1918) wurde er als Sanitäter im Militärlazarett eingezogen. Sein Stück „Trommeln in der Nacht" wurde 1922 in München uraufgeführt. Die Buchausgabe seines ersten Dramas „Baal" erschien 1920, nachdem es bereits zwei Jahre im Verlag vorlag, doch wegen der Befürchtung eines Verbotes nicht gedruckt wurde.

1924 siedelte Brecht nach Berlin über, wo er zusammen mit Carl Zuckmayer als Dramaturg für Max Reinhardt am Deutschen Theater tätig wurde. In so genannten Lehrstücken erläuterte Brecht ab 1926 auf der Grundlage des Marxismus gesellschaftliche Missstände. 1928 wurde die „Dreigroschenoper" im Theater am Schiffbauerdamm in Berlin mit großem Erfolg uraufgeführt. Sie kann als erstes Stück des so genannten epischen Theaters angesehen werden. Brecht strebte nicht mehr die Identifikation der Zuschauer mit seinen Protagonisten an, sondern eine kritische Distanz, die er durch Verfremdung erzielte.

Ab 1926 bis 1932, vor Beginn der nationalsozialistischen Herrschaft, entstanden Brechts „Keuner-Geschichten", die er 1953, als er in der ehemaligen DDR lebte, fortsetzte. Am 28. Februar 1933, einen Tag nach dem Reichstagsbrand, verließ Brecht mit seiner Familie Deutschland und begab sich über Prag nach Wien, in die Schweiz und schließlich nach Dänemark. Während des Exils entstanden viele seiner Gedichte, die fast ausschließlich dem antifaschistischen Kampf gewidmet waren. 1935 wurde Brecht die deutsche Staatsbürgerschaft aberkannt. Er flüchtete schließlich wegen des Einmarsches der deutschen Truppen in Dänemark über Schweden nach Finnland und emigrierte 1941 in die USA.

Nach Abwurf der Atombombe über Hiroshima und Nagasaki 1945 änderte Brecht die Konzeption für „Galileo Galilei". In der ersten, dänischen Fassung stellte Galilei den unabhängigen Wissenschaftler dar. In der zweiten, amerikanischen Fassung wurde Galileis Forschertum durch politisches Versagen zu einem rücksichtslosen Laster, das nur den Machthabern diente. In der dritten, der Berliner Fassung (1956) beklagt Galilei seine Verantwortungslosigkeit. Nach der amerikanischen Uraufführung in Beverly Hills 1947 wurde Brecht vor das Komitee für unamerikanische Tätigkeit in Washington gerufen. Daraufhin reiste er sofort aus den USA in die Schweiz ab.

Am 11. Januar 1949 fand die Premiere einer überarbeiteten Version von „Mutter Courage und ihre Kinder" in Berlin statt, in der Hauptrolle Helene Weigel, mit der Brecht seit 1929 verheiratet war. Brecht engagierte Schauspieler für ein eigenes Ensemble und siedelte nach Ost-Berlin über. Das „Berliner Ensemble" trat mit „Herr Puntila und sein Knecht Matti" erstmals in die Öffentlichkeit.
Bertolt Brecht wurde für seine Arbeit öffentlich ausgezeichnet.
Infolge eines Herzinfarktes starb Brecht 1956 in Ost-Berlin.

(Aus: Praxis Schule 5–10, Heft 6/2007, Westermann Verlag, Braunschweig, S. 47; Autorin: Birgit Luick)

Präteritum

Text 2: Bertolt Brecht: Maßnahmen gegen die Gewalt

Als Herr Keuner, der Denkende, sich in einem Saale vor vielen gegen die Gewalt aussprach, merkte er, wie die Leute vor ihm zurückwichen und weggingen. Er blickte sich um und sah hinter sich stehen – die Gewalt. „Was sagtest du?" fragte ihn die Gewalt. „Ich sprach mich für die Gewalt aus", antwortete Herr Keuner.

Als Herr Keuner weggegangen war, fragten ihn seine Schüler nach seinem Rückgrat. Herr Keuner antwortete: „Ich habe kein Rückgrat zum Zerschlagen. Gerade ich muss länger leben als die Gewalt."

Und Herr Keuner erzählte folgende Geschichte:
In die Wohnung des Herrn Egge, der gelernt hatte, nein zu sagen, kam eines Tages in der Zeit der Illegalität ein Agent, der zeigte einen Schein vor, welcher ausgestellt war im Namen derer, die die Stadt beherrschten, und auf dem stand, dass ihm gehören solle jede Wohnung, in die er seinen Fuß setzte; ebenso sollte ihm auch jedes Essen gehören, das er verlange; ebenso sollte ihm auch jeder Mann dienen, den er sähe.

Der Agent setzte sich in einen Stuhl, verlangte Essen, wusch sich, legte sich nieder und fragte mit dem Gesicht zur Wand vor dem Einschlafen: „Wirst du mir dienen?"

Herr Egge deckte ihn mit einer Decke zu, vertrieb die Fliegen, bewachte seinen Schlaf, und wie an diesem Tage gehorchte er ihm sieben Jahre lang. Aber was immer er für ihn tat, eines zu tun hütete er sich wohl: das war, ein Wort zu sagen. Als nun die sieben Jahre herum waren und der Agent dick geworden war vom vielen Essen, Schlafen und Befehlen, starb der Agent. Da wickelte ihn Herr Egge in die verdorbene Decke, schleifte ihn aus dem Haus, wusch das Lager, tünchte die Wände, atmete auf und antwortete: „Nein."

(Aus: Bertolt Brecht, Werke. Große kommentierte Berliner und Frankfurter Ausgabe, Band 18, Prosa 3, Suhrkamp Verlag, Frankfurt am Main 1995)

Lösung

Teilaufgabe 1.1

Hinweis: Die Teilaufgabe verlangt von dir, dass du 20 Informationen aus dem Sachtext zu Bertolt Brechts Leben und Werk in geeigneter Form zusammenträgst. Über die Darstellungsform entscheidest du selbst. Um die Informationen des Textes exakt und vollständig zu erfassen, musst du den Text gründlich lesen. Hier eignet sich die Methode des totalen/gründlichen Lesens, die in Kapitel E dieses Buches beschrieben wird. Markiere beim Lesen jeden relevanten Fakt, damit du die benötigten 20 Informationen findest.
Als Darstellungsform eignet sich eine Mind-Map, welche dir helfen kann, die Sachverhalte der Textvorlage zum Lebens- und Schaffensprozess Brechts anschaulich zu strukturieren. Aber auch der Zeitstrahl wäre möglich, da er die chronologischen Abläufe des schriftstellerischen Schaffens anschaulich festhält. Achte jedoch darauf, dass die Zeitangaben als Hauptorientierungspunkte hervorgehoben und die Ereignisse diesen entsprechend zugeordnet werden. Im Text gibt es hin und wieder zeitliche Sprünge.
Zu den Darstellungsformen kannst du dich ebenfalls in Kapitel E informieren.
Achte beim Zusammentragen deiner Informationen auf das Formulieren von Stichpunkten, die du im Nominalstil verfassen solltest.

Leben und Werk Bertolt Brechts

<u>Mind-Map</u>

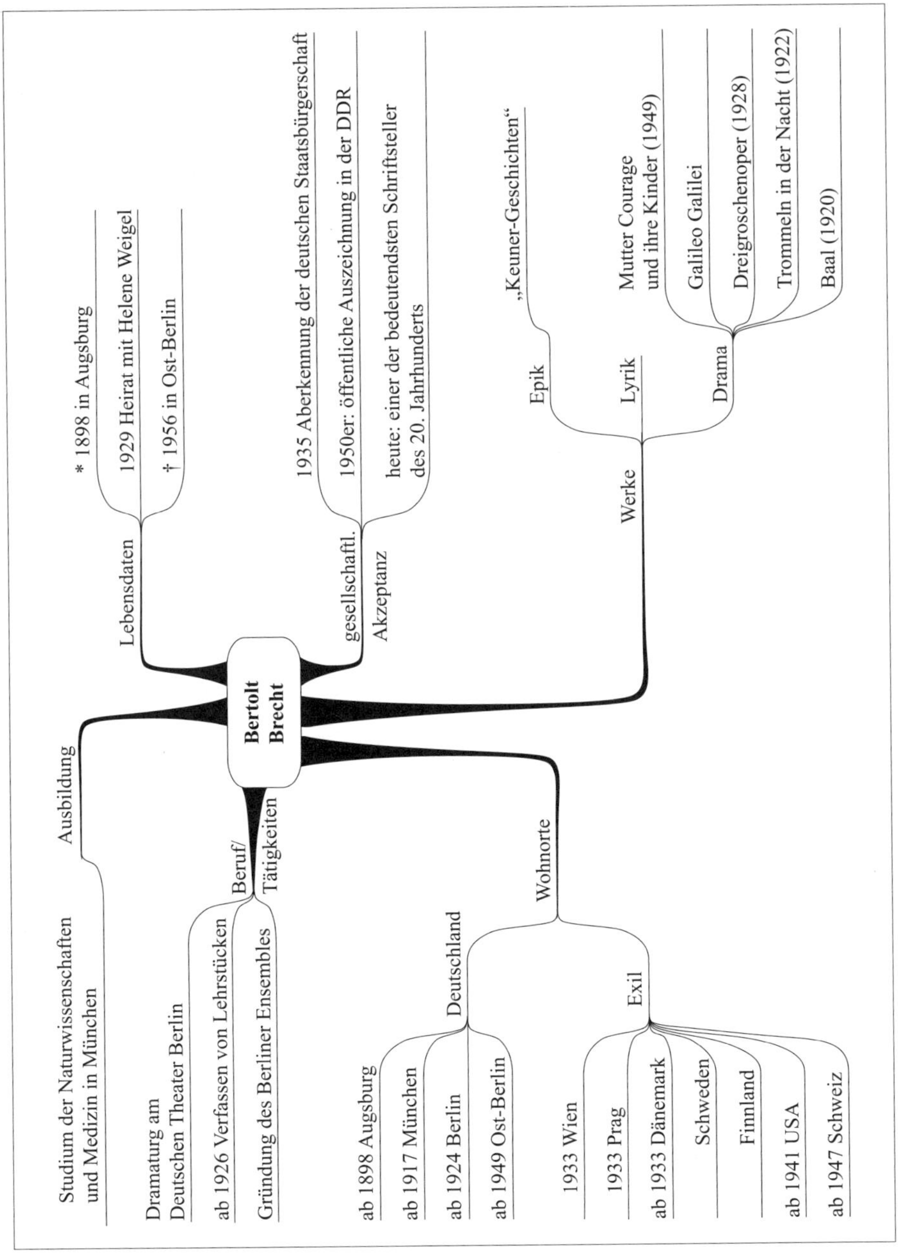

Zeitstrahl

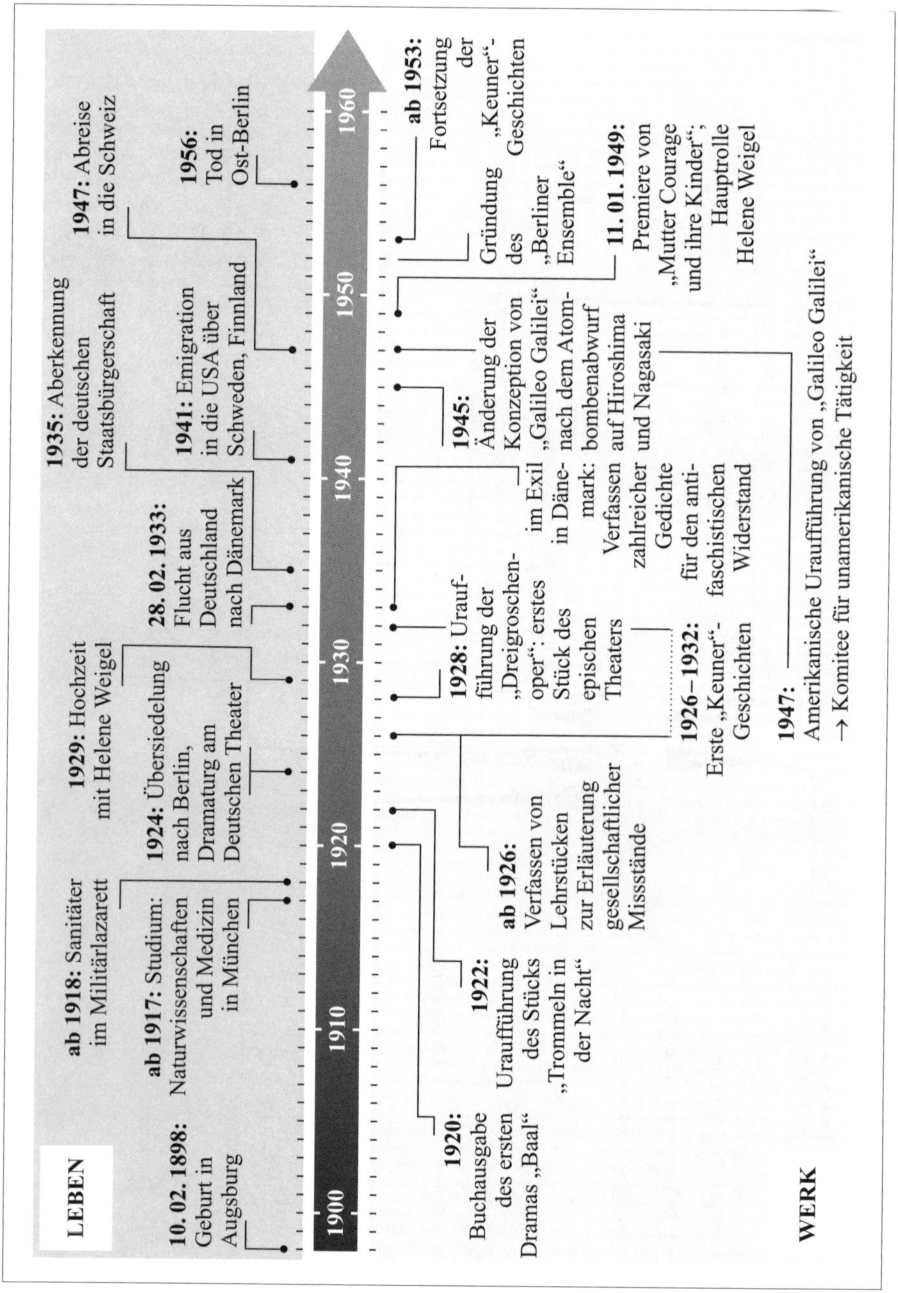
LEBEN
10. 02. 1898: Geburt in Augsburg
ab 1917: Studium: Naturwissenschaften und Medizin in München
ab 1918: Sanitäter im Militärlazarett
1924: Übersiedelung nach Berlin, Dramaturg am Deutschen Theater
1929: Hochzeit mit Helene Weigel
28. 02. 1933: Flucht aus Deutschland nach Dänemark
1935: Aberkennung der deutschen Staatsbürgerschaft
1941: Emigration in die USA über Schweden, Finnland
1947: Abreise in die Schweiz
1956: Tod in Ost-Berlin
1900
1910
1920
1930
1940
1950
1960
1920: Buchausgabe des ersten Dramas „Baal“
1922: Uraufführung des Stücks „Trommeln in der Nacht“
ab 1926: Verfassen von Lehrstücken zur Erläuterung gesellschaftlicher Missstände
1926–1932: Erste „Keuner“-Geschichten
1928: Uraufführung der „Dreigroschenoper“: erstes Stück des epischen Theaters
im Exil in Dänemark: Verfassen zahlreicher Gedichte für den antifaschistischen Widerstand
1945: Änderung der Konzeption von „Galileo Galilei“ nach dem Atombombenabwurf auf Hiroshima und Nagasaki
1947: Amerikanische Uraufführung von „Galileo Galilei“ → Komitee für unamerikanische Tätigkeit
11. 01. 1949: Premiere von „Mutter Courage und ihre Kinder“; Hauptrolle Helene Weigel
Gründung des „Berliner Ensemble“
ab 1953: Fortsetzung der „Keuner“-Geschichten
WERK

Teilaufgabe 1.2

Hinweis: Nun sollst du dich mit der Parabel „Maßnahmen gegen die Gewalt“ von Bertolt Brecht erörternd auseinandersetzen. Da die Aufgabe nicht festlegt, nach welchen Aspekten du deine Überlegungen ausrichten sollst, musst du dir selbst einen Untersuchungsschwerpunkt aus dem Text herausarbeiten. Untersuchungswürdig wären beispielweise die Erscheinungsformen der Gewalt, der Umgang mit der Gewalt, Formen des Widerstandes oder die gesellschaftliche Verantwortung des Menschen. Du könntest aber auch darüber nachdenken, inwieweit die Form der Parabel ein geeignetes Gestaltungsmittel ist, um die Botschaft des Textes anschaulich zu vermitteln. Um einen diskussionswürdigen Untersuchungsschwerpunkt zu finden, musst du dir zunächst die Parabel analytisch erschließen. Dafür ist es notwendig, den Text mehrmals gründlich zu lesen. Beim ersten Lesen machst du dich mit dem Inhalt der Parabel vertraut und markierst Textstellen, die dir wichtig erscheinen oder Irritationen hervorrufen. Halte deine Entdeckungen und Fragen als Randnotizen fest. Für eine gründliche Analysearbeit erweist es sich als sinnvoll, den Text in überschaubare Sinneinheiten zu gliedern und den Inhalt jeweils knapp zusammenzufassen. Form- und Sprachauffälligkeiten solltest du andersfarbig markieren.

Eine literarische Erörterung verlangt zwei Arbeitsschwerpunkte, zum einen die Textanalyse und zum anderen die Erörterung der Problemstellung. Die Beobachtungen deiner Textarbeit kannst du in einer Tabelle festhalten, die dir als Stoffsammlung für den Analyseteil dient.

Merkmale einer Parabel

Eine Parabel ist ein kurzer Prosatext (Erzählung). Die Ursprünge liegen in der antiken Dichtung und im Neuen Testament (Gleichnisse Jesu). Der Inhalt der Parabel wird dem Leser als Bild (Metapher) dargeboten, welches es zu entschlüsseln gilt. Dem Leser muss es gelingen, den Inhalt von der Bildebene auf die Sachebene zu übertragen. Dabei können die Deutungsmöglichkeiten sehr vielfältig sein. Im Mittelpunkt stehen Moral- und Wertauffassungen der menschlichen Gesellschaft. Parabeln können auch Beispiele aufzeigen, die gegenläufige Denkweisen vermitteln. Somit wird der Leser zum kritischen Hinterfragen aufgefordert. Die Parabel hat wie die Fabel Lehrstückcharakter.

Tabellarische Stoffsammlung für den Analyseteil

1. Parabelteil: (Z. 1–8)

	Herr Keuner, der Denkende	
Inhalt und Deutung	**Bildebene:** – Keuner hält Vortrag gegen Gewalt – Zuhörer weichen vor ihm zurück, als die Gewalt erscheint – beim Anblick der Gewalt leugnet Keuner seinen Standpunkt – rechtfertigt sein Verhalten vor seinen Schülern damit, dass er kein „Rückgrat zum Zerschlagen“ (Z. 6) habe →Keuner erzählt zur Begründung eine Geschichte	**Sachebene:** Möglichkeiten, sich mit der Gewalt auseinanderzusetzen: – offene Konfrontation – Flucht/Rückzug – Lüge und Anpassung – innere Emigration; er kann zum gegebenen Zeitpunkt nichts Wirksames gegen Gewalt tun

<table>
<tr><td>Form</td><td colspan="2">– unvermittelter Einstieg
– auktorialer (allwissender) Er-Erzähler
– Rahmenhandlung
– Bezug zur Überschrift vorhanden
– wenige handelnde Figuren
– Thema: Moral- und Wertauffassungen
(konkret: Frage nach dem eigenen Rückgrat)
→ Parabel</td></tr>
<tr><td>Sprache</td><td>– überschaubare, verständliche Satzkonstruktionen
– Präteritum
– Dialog (wörtliche Rede)</td><td>– knapp, die wesentliche Aussage wird in der Binnengeschichte veranschaulicht
– wirkt authentisch, nicht erfunden; Gewalt dadurch noch greifbarer</td></tr>
</table>

2. Parabelteil: (Z. 9–21)

<table>
<tr><td></td><td colspan="2">Herr Egge, der gelernt hat, nein zu sagen</td></tr>
<tr><td>Inhalt und Deutung</td><td>– Herr Egge muss einem Agenten im Auftrag der Herrschenden sieben Jahre dienen
– auf die Frage des Agenten, ob Egge ihm dienen will, antwortet Egge nach dem Tod des Agenten mit „Nein“ (Z. 21)</td><td>– veranschaulicht Form des Widerstandes → Egge dient körperlich, aber bewahrt seine innere Gesinnung
→ Leser vergleicht Egges Handeln mit dem von Keuner</td></tr>
<tr><td>Form</td><td colspan="2">– ähnlich eines biblischen Gleichnisses
– Erzähler = Keuner → Binnenhandlung (Geschichte in der Geschichte)</td></tr>
<tr><td>Sprache und ihre Wirkung</td><td>– Präteritum

– lange Satzkonstruktionen
– viele Verben, die Egges Tun beschreiben
– wenig wörtliche Rede:
„Wirst du mir dienen?“ (Z. 15)
„Nein“ (Z. 21) → ein Dialog von zwei Sätzen, der innerhalb von sieben Jahren geführt wird</td><td>– Distanz zum Geschehen, betont, dass es sich um eine erfundene Geschichte handelt
– anschaulich
– genaue Darstellung des Geschehens → wirkt erdrückend
– verdeutlicht die Beziehung bzw. das Verhältnis der Hauptfiguren zueinander</td></tr>
</table>

Gemeinsame Botschaften der Teilgeschichten:
beide (Keuner und Egge) schätzen die Situation genau ein → haben eigene Lösungen, mit Gewalt umzugehen → bekämpfen Gewalt jedoch nicht direkt → überleben und haben nach dem Untergang der Gewalt die Möglichkeit, gegen neu aufkommendes Unrecht vorzugehen → damit Verbindung zur Überschrift deutlich

Stoffsammlung für den Erörterungsteil
Nach der Textanalyse wird u. a. die Frage aufgeworfen, wie sich der Mensch in Zeiten der Bedrohung durch staatliche Gewalt, bzw. Gewalt überhaupt, verhalten soll. Dieser Frage könntest du dich nun erörternd zuwenden. Für das Sammeln deiner Vorüberlegungen wäre die Darstellungsform des Clusters geeignet:

Wie sollte sich der Mensch in Zeiten einer Gewaltherrschaft verhalten?

Mensch sollte sich der Gewalt stellen, d. h., sich mit ihr auseinandersetzen und sie aktiv beseitigen, wenn nötig auch mit radikalen Mitteln

Mensch soll sich vor Gewalt schützen, sich ihr scheinbar unterordnen, aber in seiner Gesinnung gewaltfrei bleiben

Mensch sollte jeglichen Kontakt mit der Gewalt vermeiden

Mensch sollte versuchen, mit der Gewalt in den Dialog zu treten und seinen gewaltfreien Standpunkt vertreten → kluge Argumente sollen entlarven und beseitigen helfen, wenn nötig, passiven Widerstand leisten.

Gliederung

Einleitung

Übersichtssatz (Titel, Genre, Autor, Thema)
Erstleseeindruck
evtl. Epocheneinordnung

Hauptteil

a) Inhaltsangabe (vgl. Kapitel B)
b) Textanalyse (Grundlage tabellarische Stoffsammlung)
c) Erörterung der selbst festgelegten Problemstellung (vgl. Cluster) mit Belegen aus der Textvorlage und über den Text hinausgehendem Wissen

Schluss

Zusammenfassung/Fazit
persönliche Wertung
Aktualität des Themas

Aufsatzbeispiel

Einleitung

Die Parabel „Maßnahmen gegen die Gewalt“ ist eine der zahlreichen „Keuner-Geschichten“ Bertolt Brechts. Diese Geschichten verfasste er während der Zeit der Weimarer Republik und ab 1953 als Autor der DDR. In der vorliegenden Parabel geht es um den Widerspruch zwischen der inneren Einstellung eines Menschen und seinem äußeren Verhalten, welcher besonders in Zeiten der Gewalt mit Unterdrückung und Menschenrechtsverletzungen zum Tragen kommt.

Hauptteil

a) Die Parabel enthält zwei Geschichten, die davon erzählen, wie die Hauptfiguren sich in der Konfrontation mit der Gewalt verhalten. Sowohl Herr Keuner als auch Herr Egge lassen ihre kritische Haltung gegenüber der Gewalt erkennen, liefern sich dieser aber nicht bedingungslos aus. Somit können sie die Gewalt überleben.

b) Analyseteil
Wie bereits erwähnt, lässt sich die Parabel in zwei Teilgeschichten gliedern. Durch einen auktorialen Erzähler wird der Leser unvermittelt in die Rahmenhandlung, die in der Vergangenheit liegt, versetzt. „Herr Keuner, der Denkende“ (Z. 1) hält vor einem Auditorium einen Vortrag gegen die Gewalt. Bald spürt er, dass die Zuhörer „zurückwichen und weggingen“ (Z. 2) und entdeckt hinter sich die personifizierte Gewalt. Diese stellt Keuner zur Rede. Durch die Verwendung der wörtlichen Rede wirkt die Gewalt besonders bedrohlich. Keuner leugnet seine Einstellung gegenüber der Gewalt mit den Worten: „Ich sprach mich für die Gewalt aus“ (Z. 3 f.). Somit macht er sich vor seinen Schülern, die seinen Vortrag verfolgt haben, unglaubwürdig. Sie fragen „nach seinem Rückgrat“ (Z. 5). Doch er antwortet, dass er „kein Rückgrat zum Zerschlagen“ (Z. 6) habe. In dieser kurzen Rahmenhandlung werden dem Leser unterschiedliche und zugleich widersprüchliche Verhaltensweisen im Umgang mit der Gewalt aufgezeigt. Zu Beginn scheint Keuner als mutiger Redner die Konfrontation mit ihr zu suchen, da er sich öffentlich gegen sie ausspricht. Die Zuhörer bringen sich durch Flucht und Rückzug selbst in Sicherheit. In der Begegnung Keuners mit der Gewalt wird deutlich, dass sich der Mensch aus Angst durch Lügen oder Anpassung oft unterordnet. Im Handlungsverlauf wird jedoch klar, dass diese Anpassung im Falle Keuners als Schutzmaßnahme zu deuten ist. Seine Gesinnung wird er nicht aufgeben. Seinen Schülern verdeutlicht er dies mit der Geschichte von Herrn Egge und begründet so zugleich sein scheinbar widersprüchliches Handeln. Diese Binnenerzählung ähnelt der Form eines Gleichnisses, wie es aus der Bibel bekannt ist: Auch Jesus erzählt Geschichten, um seine Botschaften zu veranschaulichen.
Es geht um „Herrn Egge, der gelernt hatte, nein zu sagen“ (Z. 9). Bei ihm nistet sich während der Zeit der Gesetzlosigkeit ein Agent ein, der mittels eines Schriftstückes der Herrschenden Herrn Egge zur bedingungslosen Unterwerfung zwingt. Auf die Frage des Agenten, ob Egge ihm dienen wolle, gibt er zunächst keine Antwort. Egge dient sieben Jahre wortlos, bis der Agent stirbt. Nachdem Egge alle Überreste des Verstorbenen beseitigt hat, antwortet er mit „Nein“ (Z. 21). Sein mechanisches Tun wird mit zahlreichen Verben für den Zuhörer anschaulich beschrieben, sodass die erdrückende Atmosphäre in Egges Wohnung gut nachvollziehbar wird. Auch die langen Satzkonstruktionen lassen die schwierige Situation der Hauptfigur spürbar werden. Am Ende wird klar, Egge dient dem Agenten nur körperlich, seine innere Gesinnung konnte er sich bewahren. An dieser Stelle werden die Parallelen zu Keuner sichtbar. Beide schätzen die Gefahren der Gewalt genau ein und bekämpfen sie deshalb nicht direkt. Ihr Ziel ist es, die Gewalt zu überleben und nicht zum Märtyrer zu werden: Auch wenn sie zur Notlüge greifen oder sich scheinbar anpassen, bleiben sie doch ihren Prinzipien treu. In gerechteren Zeiten können sie dann dafür sorgen, dass die Gewalt nicht mehr mächtig wird. Hier wird der Bezug zur Überschrift deutlich:

Die Handlungsweisen der Personen können als verschiedene Maßnahmen im Angesicht der und gegen die Gewalt betrachtet werden. Die Wirkungsweise bei Keuner und Egge ist nicht sofort erkennbar, aber sie überzeugt am Ende. Das Handeln der Figuren erscheint wohl überlegt und regt den Leser zum Nachdenken an.
Beide Geschichten sind Beispiele, um menschliches Handeln zu veranschaulichen. Moral- und Wertauffassungen prägen die Handlungsweisen der Hauptfiguren. Somit werden beide Textteile den Merkmalen einer Parabel gerecht.

c) Erörterungsteil
Tatsächlich ist es eine schwer zu beantwortende Frage, wie sich der Mensch in Zeiten einer Gewaltherrschaft oder überhaupt im Angesicht der Gewalt verhalten sollte. Brechts Antwort, die in der Parabel steckt, spricht sich klar für den Weg der inneren Emigration aus. Aus der Vergangenheit wissen wir, dass in Zeiten der Diktatur viele Menschen ihr Leben lassen mussten, die mutig gegen die Ungerechtigkeiten vorgegangen sind. Oft erscheint ihr Tod sinnlos, da sie kaum eine unmittelbare Veränderung herbeiführen konnten. Im Gegenteil, sehr häufig haben die Gewalttaten der Herrschenden zugenommen und die Freiheiten der Menschen wurden weiter beschränkt. Brechts Parabelfiguren lehnen daher eigene gewaltsame Maßnahmen ab. Gerade in der jüngeren Geschichte wird deutlich, wie wichtig es ist, dass nach dem Untergang einer Diktatur Menschen durch verantwortungsvolles Handeln menschenwürdige Verhältnisse schaffen und diese garantieren. Dies gelingt dann am erfolgreichsten, wenn man die Vergangenheit begreift und sich bewusst mit ihr auseinandersetzt. Menschen, die Unrecht am eigenen Leib erfahren haben, so wie Egge, und ihrer Menschlichkeit treu geblieben sind, werden die überzeugendsten Argumente dafür finden, warum Gewalt in der Gesellschaft keinen Platz finden darf. Somit wäre Brechts Botschaft zuzustimmen, dass wirkungsvolle Maßnahmen gegen die Gewalt erst nach deren Untergang zum Tragen kommen.
Ich kann mir gut vorstellen, dass mancher Leser der Parabel für das Handeln der Figuren kein Verständnis hat. Keuner und Egge sind auf den ersten Blick Feiglinge, die keinen Mut haben, sich mit den Unterdrückern auseinanderzusetzen. So wird es möglich, dass die Machthaber die Bevölkerung immer unmündiger machen. Diese Ungerechtigkeit kann man nicht einfach so hinnehmen und auf bessere Zeiten warten. Die Konsequenz wäre dann jedoch, selbst Gewalt anzuwenden. In der Geschichte gibt es zahlreiche Beispiele dafür, dass man damit erfolgreich sein kann. Zumindest für eine gewisse Zeit können Veränderungen herbeigeführt werden. So gelang es beispielsweise in der Französischen Revolution den Vertretern des dritten Standes mit der Erstürmung der Bastille am 14. Juli 1789, die Selbstverwaltung der französischen Hauptstadt und vieler weiterer Städte im Land zu übernehmen. Das Zeitalter einer bürgerlichen Ordnung brach an. Die Erklärung der Menschen- und Bürgerrechte wurde im gleichen Jahr verabschiedet. Doch verselbstständigte sich schließlich die Gewaltherrschaft: Die französischen Bürger, noch unerfahren in der Handhabung ihrer neuen Ideen, versuchten diese bereits vier Jahre später gewaltsam durchzusetzen. Während der sogenannten Schreckensherrschaft wütete der Terror und Andersdenkende starben durch die Guillotine.
Auch in der Zeit des Nationalsozialismus in Deutschland, die Brecht miterlebt hat, gab es aktiven Widerstand. Dieser war zwar erfolglos im Hinblick auf eine Beendigung der Nazi-Herrschaft, aber für die spätere Entwicklung des Landes dennoch sehr bedeutsam: Er zeigt, dass nicht alle Deutschen Mitläufer in dieser Diktatur waren. Diesen Aspekt kann man in der Parabel Brechts nicht wiederfinden, in der allein die innere Emigration als idealer Weg genannt wird. Allerdings ist es sehr wahrscheinlich, dass der Text von Brecht vor der „Machtergreifung" durch die Nationalsozialisten und dem Anbruch der Gewaltherrschaft in Deutschland verfasst wurde.
Das ganz andere Extrem zum gewaltsamen Wiederstand wäre die absolute Passivität. Menschen, die sich überhaupt nicht um die Belange ihres Landes kümmern, um ihr eigenes privates Glück nicht zu stören, sind den Machthabern sehr dienlich. Ignoranz und gesell-

schaftliches Desinteresse sichern Diktatoren den Thron. In Brechts Parabel gibt es solche Menschen nicht, jedoch zeigt die Zuhörerschaft Keuners gewisse Tendenzen in diese Richtung: Immerhin hüllt sie sich in Schweigen und lässt den Redner im Stich. Nur die Schüler, Menschen, die auf der Suche nach der Wahrheit sind und die Gerechtigkeit schätzen, stellen Keuner zur Rede. Ob sie der Wahrheit durch Keuners Geschichte näher gekommen sind, bleibt offen. Auch sie sind zum eigenen Abwägen aufgerufen.
Für mich gibt es eine weitere Alternative, der Gewalt zu begegnen. Ich glaube an die Macht des Dialogs, der vom Willen der gegenseitigen Akzeptanz geprägt ist. D. h., ich nehme meine Gesprächspartner ernst und gehe auf ihre Argumente ein. Auch wenn dies zunächst nur einseitig geschieht, ist mein Gegenüber genötigt, seinen Standpunkt zu begründen. Willkürliches Handeln wird eingeschränkt. Auch diktatorisches Vorgehen könnte auf diese Weise entlarvt und seine Anhängerschaft zum Umdenken angeregt werden. Es wird deutlich, dass das Wissen voneinander und über die Hintergründe der Geschehnisse von zentraler Bedeutung ist. Eine gewissenhafte Vorbereitung auf die Gespräche ist unumgänglich. Dieses Vorgehen prägt gegenwärtig sehr oft die Außenpolitik demokratischer Staaten oder die Maßnahmen der Vereinten Nationen. Wenn Widerstand geleistet werden muss, dann in passiver Form, z. B. durch Boykotte.

Schluss

Gewalt zerstört das Zusammenleben der Menschen. Gewalt löst stets Angst aus. Das macht es schwer, ihr wirksam entgegenzutreten. Deshalb ist es wichtig, das eigene Handeln genau abzuwägen und die Folgen des eigenen Tuns zu durchdenken. Diese Überlegungen schützen vor Übermut oder Gleichgültigkeit. Brechts Parabel-Figuren ist dies sehr bewusst.
Unser Wissen über die Vergangenheit und über das Funktionieren gesellschaftlicher Verhältnisse ermöglicht uns, Konfrontationen einzudämmen und Dialogbereitschaft herzustellen. Deshalb braucht die Welt gebildete und aufgeschlossene Menschen, die helfen, die noch verbreitete Gewalt auf dieser Erde einzudämmen. Das fängt im Kleinen in der Familie an und setzt sich in der Weltpolitik fort.

Aufgabe:
Interpretieren Sie das Gedicht!

Mascha Kaléko (1912–1975): Weil du nicht da bist

Weil du nicht da bist, sitze ich und schreibe
all meine Einsamkeit auf dies Papier.
Ein Fliederzweig schlägt an die Fensterscheibe.
Die Maiennacht ruft laut. Doch nicht nach mir.

Weil du nicht da bist, ist der Bäume Blühen,
der Rosen Duft vergebliches Bemühen,
der Nachtigallen Liebesmelodie
nur in Musik gesetzte Ironie.

Weil du nicht da bist, flücht ich mich ins Dunkel.
Aus fremden Augen starrt die Stadt mich an
mit grellem Licht und lärmendem Gefunkel,
dem ich nicht folgen, nicht entgehen kann.

Hier unterm Dach sitz ich beim Lampenschimmer,
den Herbst im Herzen, Winter im Gemüt.
November singt in mir sein graues Lied.
„Weil du nicht da bist" flüstert es im Zimmer.

„Weil du nicht da bist" rufen Wand und Schränke,
verstaubte Noten über dem Klavier.
Und wenn ich endlich nicht mehr an dich denke,
die Dinge um mich reden nur von dir.

Weil du nicht da bist, blättre ich in Briefen
und weck vergilbte Träume, die schon schliefen.
Mein Lachen, Liebster, ist dir nachgereist.
Weil du nicht da bist, ist mein Herz verwaist.

(Aus: Mascha Kaléko, Der Stern, auf dem wir leben, Reinbek 1984)

Lösung

Hinweis: Die Aufgabe verlangt, dass du dich mit dem Gedicht „Weil du nicht da bist" von Mascha Kaléko interpretierend auseinandersetzt. Die Entstehungszeit des Gedichtes wird nicht bekannt gegeben. Im Quellennachweis erfährst du, dass die Werke Mascha Kalékos auch nach ihrem Tod veröffentlicht wurden, was auf eine öffentliche Wertschätzung der Autorin schließen lässt.
Zur Vorgehensweise des Interpretierens kannst du dich im Kapitel B dieses Buches genau informieren. Zunächst ist es wichtig, dass du das Gedicht mehrmals gründlich liest und alle Auffälligkeiten am Text markierst und kommentierst. Wähle dafür verschiedene Farben, mit denen du inhaltliche, formale und Sprachauffälligkeiten unterscheidest. Halte auch Fragen an das Gedicht fest oder die Gedanken, die du beim ersten Lesen hattest. Darauf kannst du im Verlauf deiner Untersuchung Bezug nehmen.
In der Einleitung ist es möglich, deinen Erstleseeindruck darzulegen oder deine persönlichen Erfahrungen zur Thematik kurz zu beschreiben. Auch die noch ungeklärten Fragen, die für dich im Text auftauchen, könntest du auflisten, um darauf eine Antwort während der Interpretation zu finden. Du siehst, die Einstiegsmöglichkeiten sind vielfältig.
Den Hauptteil beginnst du mit einer kurzen Inhaltsangabe (vgl. Kapitel B). Daran schließt sich die Textanalyse an, die den größten Umfang deiner Betrachtungen einnehmen wird. Mit der nachfolgenden tabellarischen Stoffsammlung kannst du diesen Aufsatzteil sorgfältig vorbereiten. Wie der Text auf dich wirkt und welche Autorenintentionen du durch diese Textuntersuchung vermutest, legst du am Ende des Hauptteils dar. Denke daran, alle Deutungen, die du formulierst, müssen für den Leser nachvollziehbar sein und am Text belegt werden!
In deinem Schlussteil kannst du persönlich Stellung zur Gedichtthematik nehmen. Auch wäre es wichtig, sich Gedanken über die Aktualität der Textaussagen zu machen. Wertschätzende Überlegungen schließen die Interpretation ab.

Anmerkung zur Autorin Mascha Kaléko
Mascha Kaléko wurde am 7. Juni 1907 in Galizien als Golda Malka Aufen geboren. Sie war Tochter eines jüdisch-russischen Vaters und einer jüdisch-österreichischen Mutter. Nach dem Ausbruch des Ersten Weltkrieges musste die Familie nach Frankfurt/Main und Marburg fliehen, um den Pogromen zu entkommen. Da der Vater russischer Staatsbürger war, wurde er als feindlicher Ausländer in einem Lager interniert. Erst nach Kriegsende kam es zu seiner Freilassung und zur Übersiedelung der Familie nach Berlin. Mascha Kaléko schloss mit 17 Jahren ihre Schulbildung ab. Sie übernahm eine Büroarbeit beim Arbeiterfürsorgeamt der jüdischen Organisation in Deutschland. Nebenbei absolvierte sie einen Abendkurs für Psychologie und Philosophie an der Berliner Humboldt-Universität. Sie heiratete 1928 den Sprachwissenschaftler Saul Aron Kaléko, von dem sie sich zehn Jahre später scheiden ließ. Mit 22 Jahren veröffentlichte sie ihre ersten Gedichte. Ihr erster Lyrikband wurde 1933 von den Nazis öffentlich verbrannt. 1938 emigrierte sie nach Amerika, lebte ab 1966 in Israel. Sie verlor nach schweren Schicksalsschlägen ihren Sohn und ihren zweiten Mann. 1974 kehrte sie nach Berlin zurück. Die Autorin starb 1975 an einer schweren Krankheit in Zürich.

Stoffsammlung

Inhalt	Form	Sprache	Wirkung/Deutung
Gemeinsamkeiten aller Strophen	durchgehend: – 4 Verse (Quartett) – Sprecher = lyrisches Ich	durchgehend: – Präsens – Anaphorischer Strophenbeginn, Ausnahme: 4. Strophe	– Überschrift und Wiederholungen von „Weil du nicht da bist“ fungieren als Leitmotiv
1. Strophe (V. 1–4) Einsamkeit des lyrischen Ichs → hält diese auf Papier fest → der Frühling kann sie nicht erreichen	– Wechselreim (Kreuzreim) → Reimschema: abab	– sinntragende Substantive (Einsamkeit, Papier, Fliederzweig, …) – Enjambement (V. 1/2) – Personifikationen „Maiennacht ruft laut“ (V. 4) und „Fliederzweig schlägt an die Fensterscheibe“ (V. 3)	– lyrisches Ich wirkt verzweifelt; gibt d. Liebsten Schuld am gegenwärtigen Zustand – Leser fühlt sich in das Geschehen direkt hineinversetzt – fließende Traurigkeit erzeugt Melancholie – Trennung von der Außenwelt wird deutlich
2. Strophe (V. 5–8) vergebliches Aufblühen der Natur → lyrisches Ich kann sich daran nicht erfreuen	– Paarreim → Reimschema: ccdd	– viele sinntragende Substantive aus dem Motivfeld „Frühling“ – ganze Strophe ein Satz – Alliteration „Bäume Blühen“ (V. 5)	– veranschaulicht Frühlingszauber, der auf lyrisches Ich wie „Ironie“ (V. 8) wirkt – Sinne werden angesprochen: „Blühen“ (V. 5), „Duft“ (V. 6), „Liebesmelodie“ (V. 7) → ruft Irritation hervor – Trennungsschmerz weiter verstärkt
3. Strophe (V. 9–12) Einsamkeit lässt lyrisches Ich in Dunkelheit flüchten; ist Licht und Lärm der Stadt ausgeliefert	– Wechselreim	– präzisierende, negative Attribute: „fremden“ (V. 10), „grellem“, „lärmendem“ (V. 11) – Personifikation „starrt die Stadt mich an“ (V. 10) – Enjambement (V. 11/12)	– lyrisches Ich wirkt verfolgt, gehetzt – kann mit Zivilisation nichts anfangen → Ablenkung und Unterhaltung bedrängen es – Kontrast zur Naturdarstellung in den ersten beiden Strophen

4. Strophe (V. 13–16) lyrisches Ich sitzt mit schwerem Gemüt „unterm Dach“ (V. 13) bei schwachem Licht und fühlt die grauen Jahreszeiten	– umarmender Reim – Strophenbeginn von 1–3 jetzt in letzten Vers versetzt	– Substantive, die graue Jahreszeit veranschaulichen: „Herbst im Herzen, Winter im Gemüt“ (V. 14), „November [...] graues Lied“ (V. 15) – Leitmotiv „Weil du nicht da bist“ in der wörtlichen Rede – Personifikation „November singt“ (V. 15)	– Rückzug ins Private → schützt nicht vor Traurigkeit → spürt trotz Frühling die dunklen Monate in sich → wirkt sehr schwermütig und dem Schmerz ausgeliefert – Wiederholung der Strophenanfänge 1–3 → Einsamkeit scheint auch von außen einzudringen, spricht sie konkret an → beinahe bedrohlich
5. Strophe (V. 17–20) alle Wände und Gegenstände erinnern an den Liebsten und reden sogar von ihm	– Wechselreim	– wörtliche Rede – Personifikationen: „rufen Wand und Schränke“ (V. 17), „die Dinge [...] reden nur von dir“ (V. 20)	– Gefühl des Ausgeliefertseins steigert sich → keine Ablenkung → in jedem Gegenstand steckt die Sehnsucht – Wirkung der Musik hat Bedeutung verloren: „verstaubte Noten über dem Klavier“ (V. 18) → erinnert nur noch an vergangene Tage
6. Strophe (V. 21–24) lyrisches Ich sucht Erinnerungen in Briefen; hat mit der Abreise des Liebsten auch das Lachen verloren	– Paarreim	– Personifikation: „vergilbte Träume, die schon schliefen“ (V. 22) – überschaubare Satzkonstruktion → kurze Teilsätze – Anrede „Liebster“ (V. 23)	– Leitmotiv drängt sich immer stärker in den Vordergrund → lyrisches Ich sehr verzweifelt – vom Lachen/von der Fröhlichkeit verlassen – es wird deutlich, dass eine Frau spricht

Aufsatzbeispiel

Einleitung

Das Gedicht „Weil du nicht da bist“ von Mascha Kaléko wurde 1984 in dem Gedichtband „Der Stern, auf dem wir leben“ veröffentlicht und ist der Liebeslyrik zuzuordnen. Das lyrische Ich beschreibt darin seine Verzweiflung über die Abwesenheit des Liebsten. Beim genaueren Betrachten fällt die traurige und sehnsuchtsvolle Grundstimmung auf, die sich durch das gesamte Gedicht zieht.

Hauptteil

Jede der sechs Strophen enthält den Titel des Gedichts „Weil du nicht da bist“, was als Grund für den bedrückten Seelenzustand des lyrischen Ichs zu erkennen ist. Somit wird dieser Versanfang zum Leitmotiv, welches sich durch das gesamte Gedicht zieht. In der ersten Strophe beschreibt die Sprecherin, dass sie ihre Einsamkeit, die sie mit der Abwesenheit ihres Liebsten begründet, auf Papier festhält. Dabei ist sie abgeschottet von der Außenwelt, die nicht zu ihr vordringen kann. Das Aufblühen der Natur bezeichnet das lyrische Ich in der zweiten Strophe daher als vergeblich und ironisch. In der dritten Strophe erklärt die Sprecherin, dass sie sich aus Einsamkeit in die Dunkelheit flüchtet und sie sich im Lärm und Licht der Stadt nicht zurechtfindet. Die folgende Strophe enthält eine Beschreibung der Lage des lyrischen Ichs: Es sitzt mit schwerem Gemüt unterm Dach bei schwachem Licht. Alle Wände und Gegenstände im Haus erinnern die Alleingelassene an ihren Liebsten. In der 6. Strophe schildert die Verlassene, wie sie in Briefen blättert und sich an vergangene Träume erinnert. Sie erklärt, dass ihr Lachen dem Liebsten nachgereist und sie darum so einsam sei. Erst in der letzten Strophe wird eindeutig, dass es sich beim Sprecher um eine Frau handeln muss, da sie von ihrem Partner als „Liebster“ (V. 23) spricht.
Das Gedicht hat einen sehr gleichmäßigen Aufbau. Es besteht aus sechs Quartetten, wobei jede Strophe ein bestimmtes Reimschema aufweist. Die erste, dritte und fünfte Strophe enthält jeweils Wechselreime, die zweite und sechste Strophe bestehen aus zwei Paarreimen und die vierte Strophe beinhaltet einen umarmenden Reim. So entsteht in den einzelnen Strophen eine gewisse Geschlossenheit, die entworfenen Bilder erhalten klare Konturen. Viele Enjambements geben dem Gedicht einen fließenden Charakter und sind typisch für die Gedankenlyrik, wie beispielsweise: „Weil du nicht da bist, sitze ich und schreibe/all meine Einsamkeit auf dies Papier.“ (V. 1–2). Auffällig ist, dass alle Strophen, außer der vierten, mit der Anapher „Weil du nicht da bist“ beginnen. Wie bereits erwähnt, wird damit einerseits der Grund für die Traurigkeit des lyrischen Ichs deutlich, andererseits verleiht die Wiederholung der Stärke dieses Gefühls Ausdruck. Die Einsamkeit der Sprecherin macht es ihr unmöglich, die Schönheit der Natur wahrzunehmen. Das tritt beispielsweise durch die Personifikation „Die Maiennacht ruft laut. Doch nicht nach mir.“ (V. 4) in der ersten Strophe zutage. Die Natur erfüllt hier einen wichtigeren Zweck als nur Kulisse zu sein, sie versucht wie eine Person mit ihrer Schönheit das lyrische Ich geradezu wachzurütteln („Ein Fliederzweig schlägt an die Fensterscheibe“, V. 3). Aus dieser Umgebung flüchtet sich das lyrische Ich in der 3. Strophe in eine andere, doch auch diese urbane Welt wird als unerträglich empfunden, wie weitere Personifikationen zeigen: „Aus fremden Augen starrt die Stadt mich an/ mit grellem Licht und lärmendem Gefunkel“ (V. 10–11). Negativ besetzte Attribute (z. B. „fremden“, V. 10; „grellem“, V. 11) verstärken diese Darstellung. Die Stadt ist hierbei ein Symbol für die menschliche Zivilisation und damit auch für die Mitmenschen, von welchen sich das lyrische Ich abwendet. Selbst in dem Haus, in das sich die Sprecherin zurückgezogen hat, fühlt sie sich nicht wohl, denn es „rufen Wand und Schränke“ (V. 17) nach ihrem Liebsten. Alles im Haus erinnert sie an seinen Verlust, im Gegensatz zur Natur können die Einflüsse dieses unbelebten Umfelds zur Sprecherin vordringen, da es sich um Erinnerungen an den Geliebten handelt. Die Personifikation „Mein Lachen, Liebster, ist dir nachgereist“ (V. 23) bringt zum Ausdruck, dass die Sprecherin nur noch ein Schatten ihrer selbst ist und sich unvollständig fühlt. Dass sie ihre verflossene Liebe

in dieser Zeile mit „Liebster“ anspricht, zeigt, dass sie ihn einerseits für ihr Unglück direkt verantwortlich macht, ihn andererseits aber noch liebt und sein Gehen daher bedauert.
Es wird immer wieder deutlich, dass sich das Gedicht besonders durch den Einsatz vieler bedeutungstragender und oftmals personifizierter Substantive auszeichnet. Das lyrische Ich verwendet in den ersten zwei Strophen zahlreiche Begriffe, die in Verbindung mit der Natur und dem Frühling stehen, zum Beispiel „Maiennacht“ (V. 4) oder „Rosen Duft“ (V. 6), welche eine Assoziation mit unbeschwerter Liebe hervorrufen. Diese positive Darstellung steht im Kontrast zur vierten Strophe, in welcher die Sprecherin ihre emotionale Lage mit „Herbst im Herzen, Winter im Gemüt“ (V. 14) beschreibt. Während draußen der Frühling Einkehr hält, ist das lyrische Ich in einem seelischen Herbst angekommen und empfindet es, als ob der „November [...] sein graues Lied“ (V. 15) singe. Auch die Gegenstände der Umgebung sind nun nicht mehr die blühende und lebende Natur, sondern „totes“ Mobiliar (V. 17: Wand, Schränke; V. 18: Klavier, V. 21: Briefe), das allein dem Zweck dient, Erinnerung an den Geliebten zu transportieren. Auch diese Erinnerung ist unwirklich und längst vergangen („vergilbte Träume“, V. 22). Die Sprecherin scheint in ihrer Liebesbeziehung sehr glücklich gewesen zu sein und sehnt sich nach dieser Zeit zurück. Die Verwendung vieler Wörter aus dem musischen Bereich, wie zum Beispiel „Liebesmelodie“ (V. 7) oder „Noten“ und „Klavier“ (V. 18), die für das lyrische Ich ihre ursprüngliche Funktion verloren haben, zeigen, wie viel sich seit der Trennung für die Verlassene verändert hat. Musik, als Symbol für Lebhaftigkeit und Unterhaltung, ist ihr fremd geworden und erinnert nur noch an vergangene Tage.
Betrachtet man abschließend den Satzbau des Gedichts, so dominiert die Einfachheit. Die Strukturen sind durchgängig schlicht und weisen viele Parallelen auf. Hier werden keine komplizierten Zusammenhänge erläutert, sondern unmittelbar Gefühle und Empfindungen wiedergegeben. Es ist zu spüren, wie schwer es sich für die Sprecherin ohne ihren Geliebten leben lässt. Für die schönen Dinge kann sie keinen Blick mehr entwickeln.

Schluss

Die Themen Liebe und Sehnsucht sind so alt wie die Menschheit. Die damit verbundenen Gefühle haben sich ganz sicher nicht verändert. Jeder Mensch, der Trennung und Liebesverlust schon durchleiden musste, kann die beschriebene Ausweglosigkeit der Sprecherin leicht nachvollziehen. Auch in hundert Jahren werden die Menschen den Schmerz, den das Gedicht in sich trägt, nachempfinden können.

Es ist Fünf vor Zwölf

„Wir haben doch nur einen Planeten. Wir verhalten uns aber so, als hätten wir einen zweiten im Keller.“ (Gregor, 20 Jahre).

Setzen Sie sich mit dem globalen Problem „Klimawandel“ auseinander und erläutern Sie Ihren Standpunkt.
Beziehen Sie dabei die Materialsammlung ① und ② mit ein!

①

Treibhausgase Emissionen in Deutschland in Mio. t		Maßnahmenkatalog der Bundesregierung *Reduktion bis 2020 in Mio. t*		
1990	1 228	54,4	→	Ausbau **erneuerbarer Energien bei der Stromerzeugung**
2006	1 005	36,4	→	Emissionsreduktion **Methan**, $\mathbf{N_2O}$ und **F-Gase** (FCKW)
2020	angestrebte Reduktion um rund 36 % *gegenüber 1990*	33,6	→	Steigerung der **Effizienz im Verkehr**
		31	→	**Gebäudesanierung**, effizientere Heizungen
		25,5	→	Stromeinsparung
		15	→	Erneuerung fossiler **Kraftwerke**
		14,3	→	Ausbau **Kraft-Wärme-Kopplung**
		9,2	→	Ausbau **erneuerbarer Energien im Wärmesektor**

Quelle: www.umweltbundesamt.de/uba-info-presse/hintergrund/meseberg.pdf (Redaktion Umweltbundesamt)

②

Die größten Energiesünden im Haushalt

Sünde Nr. 1:
Viele Stromfresser sind im Einsatz – alte Kühl- und Gefriergeräte (mit defekten Dichtungen), betagte Waschmaschinen und Geschirrspüler mit Energieeffizienzklasse D oder geringer.

Sünde Nr. 2:
Der Kühlschrank steht neben dem Herd und arbeitet wegen der hohen Umgebungstemperatur stärker als eigentlich nötig.

Sünde Nr. 3:
Die Warmwassertemperatur ist zu hoch (über 55 °C) eingestellt.

Sünde Nr. 4:
Geschirrspüler und Waschmaschinen gehen in Betrieb, obwohl sie nicht voll ausgelastet sind.

Sünde Nr. 5:
Gekocht wird ohne passenden Deckel auf dem Topf (das verbraucht dreimal so viel Energie) oder mit einem für die Herdplatte zu kleinen Topf.

Sünde Nr. 6:
Die Raumtemperatur im Schlafzimmer beträgt über 20 °C.

Sünde Nr. 7:
Statt Energiesparlampen sind konventionelle Glühlampen in Betrieb. Oft brennt volle Beleuchtung, obwohl der Raum nicht genutzt wird.

Sünde Nr. 8:
Elektrogeräte wie Fernseher, Videorekorder, Hifi-Anlage und PC laufen ständig im Stand-by-Betrieb.

(Aus: Sächsische Zeitung vom 27./28. Oktober 2007)

Lösung

Hinweis: Die Aufgabe setzt Verfahrenskenntnisse des freien Erörterns voraus. Hinweise zu dieser Aufsatzform findest du im Kapitel A dieses Buches. Die Überschrift „Es ist Fünf vor Zwölf" und das Zitat „‚Wir haben doch nur einen Planeten. Wir verhalten uns aber so, als hätten wir einen zweiten im Keller.' (Gregor, 20 Jahre)" führen dich in die Thematik ein und unterstreichen deren Wichtigkeit. Sie müssen in deinem Aufsatz jedoch keine Berücksichtigung finden. Bevor du mit dem Schreiben beginnst, sind folgende Arbeitsschritte zu bewältigen: Analysiere das Thema und grenze es ein. Bestimme den Darstellungstypus (linear oder Pro/Kontra). Kläre im Anschluss die zentralen Begriffe der Aufgabenstellung. Erschließe dir die Materialsammlung. Nimm nun die Schwerpunktsetzung in der Erörterung vor, indem du gezielte Fragen an das Thema stellst. Anschließend kannst du mit der Planung deines Aufsatzes beginnen. Erstelle dazu eine stichpunktartige Stoffsammlung, die du in eine dir sinnvoll erscheinende, geordnete Reihenfolge bringst. Das ist die Gliederung für deinen Aufsatz.

Analyse und Eingrenzen des Themas

das globale Problem Klimawandel
↓
Auseinandersetzen mit der Problematik
und
Erläutern des eigenen Standpunktes
unter
Einbeziehung der Materialsammlung

= kritische Auseinandersetzung in Form einer linearen Erörterung

Klärung der Begriffe

global: weltweit

Klimawandel: steht erstens für die **Klimaveränderung** = die Veränderung des Klimas im Allgemeinen und zweitens für die **globale Erwärmung** = die gegenwärtige Veränderung des Klimas

Klimaveränderung	**globale Erwärmung**
• Veränderung des Klimas auf der Erde (Abkühlung oder Erwärmung) über einen längeren Zeitraum (z. B. auch Eiszeiten) • Ursachen: 1. natürliche Faktoren, u. a.: – Sonnenaktivität – Einfluss des Mondes auf die Gezeiten – Meeresströmungen – Bewegung der Landmassen 2. durch den Menschen beeinflusst: – Treibhauseffekt	• äußert sich durch Anstieg der Durchschnittstemperatur der Luft und Meere • Ursache: Verstärkung des **Treibhauseffektes** u. a. durch: – Verbrennen fossiler Brennstoffe – Entwaldung – Land- und Forstwirtschaft Folge: Anreicherung von Treibhausgasen in der Atmosphäre → weniger Wärmestrahlung von der Erdoberfläche in das Weltall

Da die Aufgabenstellung vom „Problem des Klimawandels" spricht, ist wohl schwerpunktmäßig die gegenwärtige Klimaveränderung gemeint.

Erschließen der Materialsammlung

Hinweis: Der Aufgabensammlung ist eine Materialsammlung angefügt. Die darin enthaltenen Beispiele sollen in deine Ausführungen einfließen. Deshalb ist es wichtig, dass du dir diese zusätzlichen Informationen zunächst genau erschließt, um herauszufinden, an welche Stelle des Aufsatzes sie sinnbringend eingearbeitet werden können. Lies dir Material 1 und 2 sorgfältig durch. Da beide Quellen ihre Aussagen verkürzt enthalten, ist es ratsam, eigene Anmerkungen und Erläuterungen in Form von Stichpunkten an den Rand zu notieren. Diese Randbemerkungen könnten wie folgt aussehen:

Material 1

Thema der Tabelle: Gegenüberstellung des Treibhausgas-Ausstoßes in Deutschland von 1990 bis 2020 und des Maßnahmenkataloges der Bundesregierung zur angestrebten Reduzierung desselbigen

Quelle: Umweltbundesamt (UBA)

Klärung der Begriffe:

Emission: (lt. Duden, Technik): Ablassen von Gasen, Ruß u. Ä. in die Luft

Reduktion: Verringerung

linke Tabellenspalte: Treibhausgase	**rechte Tabellenspalte: Maßnahmenkatalog**
– Zeitraum > 30 Jahre (1990–2020) – Reduktion des Treibhausgas- Ausstoßes um ca. 36 %, d. h. von 1 228 Mio. t auf 786 Mio. t innerhalb dieses Zeitraumes	– Maßnahmen, geordnet nach den höchstmöglichen Einsparungen – Beispiele können für den gesamtgesellschaftlichen Bereich (Privat- und Industriehaushalte) stehen

Auffälligkeiten, die berücksichtigt werden müssen:

- Relevanz der Zahlen und Wirksamkeit der Maßnahmen können nicht eingeschätzt werden, da Informationen zu allgemein gehalten und Vergleichswerte fehlen
- Schlagwörter in Fettdruck → wenig aussagekräftig; Konkretisierung im Aufsatz notwendig, z. B.

Steigerung der **Effizienz im Verkehr**

Wirtschaft:

- Verlegen des Transportes auf die Schiene

Privatbereich:

- Car-Sharing
- Nutzen öffentlicher Transportmittel

Ausbau **erneuerbarer Energien bei der Stromversorgung**

- Solarenergie
- Wärmepumpen
- Wasserkraft
- Windenergie

Material 2

Thema: Benennung in der Überschrift → größte Energiesünden im Haushalt = Verbrauch unnötiger Energie im privaten Bereich

Quelle: Sächsische Zeitung vom 27./28. Oktober 2007

Zielpublikum: breite Leserschaft, daher Informationen auch verständlich formuliert

Auffälligkeiten, die berücksichtigt werden müssen:

- Nummerierung der Sünden, aber nicht eindeutig, ob Anordnung der Priorität nach erfolgte
- Maßnahmen zur Beseitigung der Sünden indirekt zu erschließen

Schwerpunkte der Erörterung

- Wodurch wird der Klimawandel verursacht?
- Welche Auswirkungen hat er auf Mensch und Natur?
- Welche Bedrohung geht von ihm aus?
- Welche Verantwortung trägt der einzelne Mensch?
- Welche Verantwortung trägt die Gesellschaft?
- Wie kann man dem Klimawandel entgegenwirken?
- Wie ist mein Standpunkt zu diesem Thema?

Stichpunktartige Stoffsammlung und Gliederung

Einleitung: Hinführung zum Thema anhand eines Beispiels

Hauptteil: Das globale Problem Klimawandel

- Existenz des Klimawandels nicht mehr zu leugnen
  - Nachrichten in den Medien: Wetterextreme
  - Erläuterungen zum Phänomen „Globale Erwärmung“

– widersprüchlicher Umgang mit diesem Problem (Verdeutlichung anhand des Zitates aus der Aufgabenstellung und des Films von Al Gore „Eine unbequeme Wahrheit“)

Übernahme von Verantwortung durch das Individuum und die Gesellschaft	**Verantwortungslosigkeit des Menschen als Verursacher**
– Verringerung der Treibhausgase am Beispiel des Politikers Al Gore – Reduktion der THG-Emissionen am Beispiel des Maßnahmenkatalogs der Bundesregierung (Material 1) • Nutzung erneuerbarer Energien • Erneuerung fossiler Kraftwerke • Effizienz im Straßenverkehr	– Verschwendung von Energie – Einbeziehen des Materials 2: Die größten Energiesünden im Haushalt • „Stromfresser“ • „energieunfreundliche“ Verhaltensweisen

– Darstellen des persönlichen Standpunktes
  - persönlicher Bezug
  - Wertigkeit des Problems im eigenen Leben
  - eigener Kenntnisstand
  - eigener Umgang an konkreten Beispielen in der Familie und in der Schule (Einbeziehen des Materials 2)

Schluss:
Appell an den Leser

Aufsatzbeispiel

Einleitung

„Wer hat die beste Klimaschutz-Idee? Jetzt Klima-Held werden und tolle Preise gewinnen!“ Mit diesem Radiospot wirbt seit einiger Zeit ein Thüringer Getränkehersteller für den Klimaschutz. Natürlich ist es fragwürdig, auf diese Art und Weise auf die Problematik hinzuweisen, aber der Appell an den Hörer ist eindeutig: Jeder Bürger wird angesprochen, sich im Kampf gegen den Klimawandel zu engagieren. Auch ich möchte mich in meiner nachfolgenden Erörterung mit diesem weltweiten Problem kritisch auseinandersetzen und meinen eigenen Standpunkt erläutern.

Hauptteil

Dass die Existenz des Klimawandels nicht mehr zu leugnen ist, zeigen uns tagtäglich Meldungen von Wetterextremen in den Medien. Der Einfluss der Menschheit auf die globale Erwärmung und die gegenwärtige Veränderung des Klimas wird nicht mehr abgestritten.
Die weltweite Erwärmung zeigt sich durch den Anstieg der Durchschnittstemperatur der Luft und der Weltmeere. Die Ursache liegt in der Verstärkung des Treibhauseffektes, der u. a. durch das Verbrennen fossiler Brennstoffe, die Entwaldung und die Land- und Forstwirtschaft zunimmt. Infolgedessen kommt es zur Anreicherung der Treibhausgase in der Atmosphäre. Diese klimaschädigenden Treibhausgase wie Kohlendioxid machen die äußere Atmosphärenschicht immer undurchlässiger und verhindern eine ausreichende Wärmestrahlung von der Erdoberfläche in das Weltall.
Wenn Forschung und Wissenschaft Ursachen und Auswirkungen des Klimawandels so genau belegen können, dann stimmt das Verhalten der Menschheit nachdenklich. Viele lehnen die Verantwortung für die bereits sichtbaren Folgen ab oder verschließen gar die Augen davor. Offensichtlich wird das Ausmaß der Problematik von den meisten Menschen noch immer

unterschätzt und nicht erkannt, dass es „Fünf vor Zwölf" ist. Gregor, 20 Jahre, macht die Brisanz besonders deutlich: „Wir haben doch nur einen Planeten. Wir verhalten uns aber so, als hätten wir einen zweiten im Keller." Diese Botschaft vermittelte auch der 2006 ausgestrahlte Dokumentarfilm „Eine unbequeme Wahrheit" mit dem ehemaligen amerikanischen Vize-Präsidenten Al Gore. Auf der Grundlage verschiedenster wissenschaftlicher Studien stellt er den Einfluss der Menschheit auf den Klimawandel dar. Mit beeindruckenden Bildern aus dem Weltall weist er auf die sehr dünne Erdatmosphäre hin. Al Gores Befürchtung, dass die Menschheit trotz der Größe der Erde mit ihren Abgasen die Zusammensetzung der Atmosphäre mit verheerenden Folgen verändert, hat nicht nur ihn als Politiker in die Pflicht genommen. Er ist ein Beispiel dafür, wie sowohl das Individuum als auch die Gesellschaft, organisiert durch staatliche Strukturen, Verantwortung übernehmen kann.

Während seiner Amtszeit als Vize-Präsident setzte er z. B. die Einführung einer Kohlesteuer durch, um die Verbrennung fossiler Brennstoffe zu reduzieren, und half bei der Durchsetzung des Kyoto-Protokolls, einer internationalen Vereinbarung mit dem Ziel, den Ausstoß an Treibhausgasen zu verringern. In Deutschland stellte das Bundesministerium für Umwelt einen Maßnahmenkatalog zur Reduktion der Treibhausgas-Emission auf. In diesem wird deutlich, dass sowohl der einzelne Bundesbürger als auch die Industrie zur Umsetzung der ehrgeizigen Ziele beitragen soll: Bis zum Jahr 2020 ist eine Verringerung des Treibhausgas-Ausstoßes um 36 Prozent vorgesehen. An erster Stelle soll dies durch den Ausbau erneuerbarer Energien wie Wind-, Sonnen- oder Wasserkraftenergie bei der Stromerzeugung gelingen. Wärmepumpen und vor allem Solaranlagen haben in den letzten Jahren in die Haushalte Einzug gehalten. Der Staat fördert sowohl Unternehmen als auch Privathaushalte, die diese technischen Anlagen zur Förderung umweltfreundlichen Stroms nutzen. So werden zum Beispiel die Stromversorger verpflichtet, den eingespeisten Solarstrom zu festen Tarifen abzunehmen.

Da die Erzeugung von Strom ausschließlich durch erneuerbare Energien auf lange Zeit nicht realisierbar ist, ist es eine notwendige Zielsetzung, dass bestehende fossile Kraftwerke erneuert werden. Die Anlagen sollen so effizient umgestaltet werden, dass der Wirkungsgrad bei der Verbrennung fossiler Brennstoffe bei gleichzeitiger Verringerung der Treibhausgas-Emissionen erhöht wird.

Eine weitere Maßnahme der Bundesrepublik sieht vor, die Effizienz im Straßenverkehr zu erhöhen. Dies könnte zum einen umgesetzt werden, indem der einzelne Bürger sich bewusster im Umgang mit seinem Privatfahrzeug zeigt. Neben einer umweltfreundlichen Ausrüstung gehört dazu vor allem die Überlegung, den öffentlichen Personennahverkehr oder das Car-Sharing zu nutzen. Zum anderen sollte die Wirtschaft stärker angeregt werden, den Transport von Gütern auf die Schiene zu verlegen, um die hohe Abgasbelastung durch den Lastkraftwagen-Verkehr einzuschränken. Einen Schritt in die richtige Richtung stellt auch die Kommunikationskampagne des in der Einleitung genannten Getränkeherstellers dar. Er wirbt für den Kauf heimischer Produkte, um lange, umweltschädliche Transporte zu vermeiden.

All die vorgesehenen Maßnahmen dürfen aber nicht verdecken, dass der einzelne Mensch gerade im eigenen Haushalt sehr verschwenderisch mit der Energie umgeht und jeder für sich in der Pflicht ist, selbst mit dem Klimaschutz zu beginnen. Die Sächsische Zeitschrift vom 27./28. Oktober 2007 weist auf diesen Zustand in ihrem Artikel „Die größten Energiesünden im Haushalt" hin. Die einzelnen „Sünden" sind dem Leser mit Sicherheit nicht unbekannt. So ist von Stromfressern wie alten Kühl- und Gefrierschränken, Waschmaschinen und Geschirrspülern die Rede, aber es werden auch „energieunfreundliche" Verhaltensweisen benannt: Der Kühlschrank wird neben dem Herd platziert, die Warmwassertemperatur des Boilers zu hoch eingestellt oder es wird mit einem Topf ohne passenden Deckel auf zu großer Herdplatte gekocht. Die Folge ist, dass wesentlich mehr Energie verbraucht wird als notwendig.

Mich persönlich beschäftigt das Problem des globalen Klimawandels, ich kann nicht tatenlos zusehen, wie der Mensch seinen Lebensraum zerstört. Dokumentationen wie „Eine unbequeme Wahrheit", aber auch Nachrichten wie die Flutkatastrophe in Pakistan lassen mich aufhorchen und aktiv werden. Klimaschutz fängt zu Hause an. Es ist für meine Familie und mich selbstverständlich, Elektrogeräte nicht im Stand-by-Betrieb laufen zu lassen, sondern sie komplett

vom Netz zu trennen. Eine bewährte Variante dafür ist das Benutzen einer abschaltbaren Steckerleiste. Wir achten zudem darauf, beim Verlassen der Räume das Licht auszuschalten.
Ich sehe als Ursache für das Fehlverhalten der Menschen in erster Linie die Bequemlichkeit, aber auch, dass die Menschen vor der „unbequemen Wahrheit" die Augen verschließen. Sie sehen nicht, dass die Zerstörung vieler Ökosysteme schon weit fortgeschritten ist und der Lebensraum vieler Tiere zerstört wird. Aber wenn vielen das Schicksal der Tiere nicht am Herzen liegt, müssten sie dann nicht wenigstens sehen, dass das Schmelzen der Pole und der damit verbundene Anstieg des Meeresspiegels eine Katastrophe ungeahnten Ausmaßes für die Menschheit bedeutet? Wenn ich die Gleichgültigkeit der meisten Menschen betrachte, dann befürchte ich NEIN. Solange die Menschen gerade in unserem hoch zivilisierten Land Wetterextreme wie Überschwemmung oder Trockenheit und damit verbundene Hungersnöte und Epidemien nicht am eigenen Leib erfahren, bleiben sie passiv. Da bewirken auch Maßnahmenkataloge der Bundesregierung, über deren Wirksamkeit die angegebene Quelle keine Aussage trifft, oder aufrüttelnde Artikel in Zeitungen nicht viel.
Ich finde es trotzdem wichtig, meine Mitmenschen für das Thema zu sensibilisieren und zum aktiven Handeln aufzufordern. Das bedeutet für mich konkret, auch in der Schule zu handeln. Ich werde nicht müde, auf das Ausschalten des Lichtes bei Verlassen des Raumes zu achten oder darauf, dass beim Lüften die Heizung abgedreht wird. Viele meiner Mitschüler und Lehrer beteiligen sich nicht nur an der Aktion „Mit dem Fahrrad zur Arbeit", sondern nutzen wie ich das Fahrrad generell als Transportmittel. Als gesamte Schule nehmen wir jährlich an dem Wettbewerb „Energie macht Schule" teil.

Schluss

Es liegt in unser aller Händen, Klimaschutz täglich gemeinsam zu praktizieren. Die besten Regierungsbeschlüsse nützen nichts, wenn das Umdenken und das Handeln ausbleiben. Wir haben nur den einen Planeten, diesen gilt es zu bewahren.

Realschulabschluss Deutsch in Thüringen: Prüfungsaufgaben 2010
Aufgabe 4

Aufgabe:

„Adieu“, sagte der Fuchs. „Hier ist mein Geheimnis. Es ist ganz einfach: man sieht nur mit dem Herzen gut. Das Wesentliche ist für die Augen unsichtbar.“
„Das Wesentliche ist für die Augen unsichtbar“, wiederholte der kleine Prinz, um es sich zu merken.

Aus: Antoine de Saint-Exupéry (1900–1944): „Der kleine Prinz“, Rauch: Düsseldorf. Übersetzer: Grete und Josef Leitgeb.

Der Fuchs gibt ein „einfaches Geheimnis“ preis …
Schildern Sie Ihre Erfahrungen mit dieser Lebensweisheit!

Lösung

Hinweis: Bei dieser Aufgabe sollst du über deine Erfahrungen schreiben, die du mit der Lebensweisheit gemacht hast, die der Fuchs aus A. de Saint-Exupérys Werk „Der kleine Prinz" als sein Geheimnis an den Prinzen preisgibt. Kenntnisse zum Autor und zu diesem modernen Märchen sind nicht notwendig, allerdings musst du dir das Geheimnis zunächst selbst erschließen, da der Fuchs die Lebensweisheit mithilfe eines sprachlichen Bildes ausdrückt. Zudem müsste dir auffallen, dass in der Aufgabenstellung von einem „einfachen" Geheimnis die Rede ist und diese Formulierung gleichzeitig in Anführungszeichen steht. Daraus ergibt sich die Frage, ob es sich wirklich um ein so „einfaches" Geheimnis – eine so „einfache" Lebensweisheit – handelt. Deine Gedanken dazu sollten sich in deinen Ausführungen widerspiegeln. Wichtig ist auch, dass du die Bedeutung und Tragweite des Begriffes „Lebensweisheit" kennst.
Deine persönlichen Erfahrungen sollen in eine Schilderung münden. Hinweise zu dieser Aufsatzform findest du im Kapitel C dieses Buches. Verwende in Anlehnung an die Aufgabenstellung die Ich-Form. Da diese Aufsatzform subjektiv orientiert ist, stehen deine Gedanken und Gefühle im Vordergrund. Um einen persönlichen und ausdrucksstarken Text zu gestalten, musst du entsprechende sprachliche Mittel wirkungsvoll einfließen lassen. Hierzu gehören u. a. Metaphern, Vergleiche, ausdrucksstarke Substantive, Adjektive und Verben. Formuliere eine anregende Überschrift.
Eine Schilderung bedarf keiner strengen Gliederung in Einleitung, Hauptteil und Schluss. Sie kann den Leser unvermittelt in eine Situation hineinführen und/oder abrupt abbrechen. Reihe deine Ideen jedoch nicht wahllos aneinander, sondern halte sie in Form einer gegliederten Stoffsammlung fest.

Anmerkungen zum Autor
Antoine de Saint-Exupéry wurde 1900 in Lyon/Frankreich geboren. Sein Vater verstarb früh, zu seiner Mutter hatte er eine enge Bindung. Seine großen Leidenschaften, die er auch zu seinen Berufen machte, waren das Fliegen und das Schreiben. Das moderne Märchen „Der kleine Prinz" (1943) basiert unter anderem auch auf Erfahrungen, die er nach einem Flugzeugabsturz in der Wüste machte. Von einem Flug im Jahre 1944 kehrte er nicht zurück.

Analyse und Eingrenzen des Themas

1. das „einfache“ Geheimnis des Fuchses = Lebensweisheit

Ist das einfache Geheimnis so leicht zu verinnerlichen und als Lebensweisheit umsetzbar?

… besitzt ein Mensch, der einen tiefgehenden Einblick in den menschlichen Lebenskreislauf hat und ein besonderes Wissen in Bezug darauf, sich durch Reife auszeichnet sowie ethisch-moralische Werte verinnerlicht hat und nach ihnen handelt

Man sieht nur mit dem Herzen gut, das Wesentliche ist für die Augen unsichtbar.

mit dem Herzen gut sehen	**das Wesentliche**	**für die Augen unsichtbar**
Herz: • metaphorisch als Sitz der Gefühle • fühlt • Zentrum der Liebe • innere Stimme • erkennt die Wahrheit	das Wesentliche = das Wichtige: • lebensnotwendige Dinge für ein friedliches, harmonisches Zusammenleben, z. B. Gefühle, Eigenschaften der Menschen	Auge: • betrachtet die Personen/ Dinge von außen, dringt nicht in das Innere ein • oft nur oberflächliche Betrachtung • nur eines der Sinnesorgane → kein Verlass, da Ablenkung durch äußere Faktoren

2. Schildern eigener Erfahrungen mit dieser Lebensweisheit

Stichpunktartige Stoffsammlung und Gliederung

Hinweis: Das nachfolgende Beispiel ist aufgrund der subjektiven Darstellungsform als Vorschlag zu betrachten.

Überschrift

Einleitung

Lektüre der Erzählung „Der kleine Prinz“ → Erinnerung an das Austauschjahr in Frankreich durch das Zitat

Hauptteil

Schließen neuer Freundschaften in der Schule
Verlass auf den äußeren Schein
Erkennen der inneren Werte

Schluss

Schließen des Rahmens durch nochmaligen Bezug auf das Zitat

Aufsatzbeispiel

Einleitung

„Adieu, dit le renard. Voici mon secret. Il est très simple: on ne voit bien qu'avec le cœur. L'essentiel est invisible pour les yeux." „Man sieht nur mit dem Herzen gut, das Wesentliche ist für die Augen unsichtbar", übersetze ich den letzten Satz kaum hörbar. Vorsichtig lege ich das Lesezeichen zwischen die Buchseiten und klappe das Buch zu. Gedankenverloren betrachte ich den Einband. Der kleine Prinz machte sich auf die Reise, um sich einen Freund vertraut zu machen. Auch ich bin vor etwas mehr als einem halben Jahr in ein fremdes Land gereist, um für drei Monate in einer Gastfamilie zu leben und eine französische Schule zu besuchen. Das Bild des kleinen Prinzen verschwimmt vor meinen Augen, ich schließe sie. Meine Gedanken wandern zurück zu den Menschen, die ich mir vertraut gemacht habe.

Hauptteil

Der erste Tag an meiner neuen Schule ist auf einmal wieder so gegenwärtig, als würde ich ihn noch einmal erleben. Ich sah den großen, eisernen Metallzaun und dahinter das altehrwürdige Gebäude des Lycées. Es wirkte so riesig auf mich, dass ich spürbar kleiner wurde. Einsamkeit machte sich in mir breit und ich kämpfte mit den Tränen. Ich holte tief Luft und rief mir die Zeit ins Gedächtnis, in der ich mich für den Auslandsaufenthalt beworben hatte. Wie wichtig war mir diese Entscheidung gewesen, wie hatte ich meine Eltern und meine Lehrer überzeugen müssen, bereits nach der 9. Klasse ins Ausland zu gehen. Sollte das alles umsonst gewesen sein und die erste große Herausforderung mich scheitern lassen? Nein! Ich richtete meinen Oberkörper auf, um zumindest äußerlich mutig und entschlossen zu wirken. Doch würde mein festes Auftreten über meine Angst und Unsicherheit hinwegtäuschen? Das Schulklingeln riss mich aus meinen Gedanken und zog mich wie automatisiert ins Schulgebäude. Ich ging den langen Korridor entlang. Die Last der Schulbücher schien mich zu erdrücken. Ich versuchte, das mulmige Gefühl in meinem Bauch und die neugierigen Blicke der entgegenkommenden Schüler zu ignorieren. Mithilfe meines gebrochenen Französischs fand ich den Weg zum Foyer, wo die Schüler auf ihre Lehrer warteten. Sobald ich eingetreten war, wandte sich mir eine Vielzahl von unbekannten Gesichtern zu, im Weitergehen spürte ich ihre Blicke in meinem Rücken. Da sah ich sie, lachend inmitten ihrer Clique, – ein hübsches, dunkelhaariges Mädchen mit beinahe schwarzen Augen. Sie bemerkte mich, lächelte mich an und brachte mir mit einladender Geste einen Schwall französischer Worte entgegen. Da ich nicht das Geringste verstanden hatte, sah ich mich hilfesuchend um. Ein anderes Mädchen hatte meine Unsicherheit bemerkt, trat auf mich zu und stellte sich als Julie vor. Nachdem sie herausgefunden hatte, dass ich die deutsche Austauschschülerin war, zwinkerte sie mir aufmunternd zu und sagte mir auf Deutsch, dass wir in eine Klasse gehen würden. Sie war sehr nett, dennoch machte sich eine gewisse Enttäuschung in mir breit. Im Gegensatz zu dem dunkelhaarigen Mädchen, das mir bedauernd nachwinkte, als wir uns dem Klassenraum zuwandten, war Julie mager und unscheinbar. Sie trug eine große, dunkel umrahmte Brille, die ihrem Gesicht einen ernsten Ausdruck verlieh. Ihre Haare hatte sie lieblos zusammengebunden, die aus-

gewaschene Schuluniform schlenkerte um ihren dünnen Körper. Ich seufzte hörbar und übersah ihren fragenden Blick.
Es war Natalie, zu der ich mich hingezogen fühlte, mit ihr wollte ich meine Pausen verbringen, obwohl sie kein Deutsch sprach. Wir verstanden uns ohne Worte, ihr herzhaftes Lachen steckte an. Sie nahm mich nach der Schule mit zu ihren Freunden, bald gehörte ich fest zu diesem Kreis. Da ich wusste, dass die Freizeit Natalie und mir gehörte, machten mir auch die Unterrichtsstunden nichts aus, in denen ich neben der ruhigen und langweiligen Julie saß. Häufig betrachtete ich sie heimlich, besonders dann, wenn ich den Lehrern aufgrund meiner fehlenden Sprachkenntnisse nicht mehr folgen konnte. Mir fiel auf, dass ich nicht viel über sie wusste, aber ich wollte auch keinen näheren Kontakt zu ihr, weil ich keinen Zugang zu ihr fand. Ich war mir sicher, dass sie ebenfalls mit der Situation zufrieden war, denn ich fand sie fast immer in ihre Bücher vertieft. Hatte sie überhaupt Freunde? Manchmal bemerkte sie meine Blicke und lächelte dann schüchtern zurück. Sie deutete meine Blicke als Fragen zum Unterrichtsstoff und vermutete meine Sprachschwierigkeiten als Ursache. In solchen Momenten rückte sie zögerlich an mich heran, schob ihre Hefte und Bücher zu mir. Geduldig erklärte sie mir immer wieder Formeln und fehlende Vokabeln. Diese Julie verwirrte mich und machte mich nachdenklich, aber nur für eine kurze Zeit. Meine ganze Aufmerksamkeit gehörte Natalie und ihren Freunden. Mit ihnen hatte ich viel Spaß – auch ohne Worte. Ihr Lachen hallte nach Unterrichtsschluss durch das Schulhaus, streckte sich über den Schulhof, überwand mühelos den eisernen Zaun und breitete sich von dort in alle Straßen aus. Es steckte mich an und machte mich glücklich.
Doch mit der Zeit fing ich an, ihr Lachen zu deuten. Ich verstand die Sprache immer besser und somit die Scherze, die sie machten: Die meisten Witze wurden auf Kosten von Schulkameraden und Lehrern gemacht. Stundenlang konnten sie sich über die neue Hose von Marie, die Schuhe von Camille oder die neue Frisur von Madame Caffier lustig machen. Natürlich kam auch Julies Brille nicht zu kurz und das versetzte mir einen Stich ins Herz. Mir war, als würden sich erst jetzt meine Augen langsam öffnen und sehen. Hatten sie mich so getäuscht? Das Lachen blieb mir immer öfter im Hals stecken, ich schämte mich für mein Verhalten. Doch Julie ließ mir gar keine Zeit dazu. Sie forderte meine ganze Aufmerksamkeit, denn sie fühlte sich für mich verantwortlich. Sie wollte, dass vor allem mein Französisch besser wurde, damit ich in der fremden Umgebung gut zurechtkam. Als sie mir eines Tages mit Händen und Füßen besonders schwieriges Vokabular erklärte, war der Bann endgültig gebrochen. Ein Lächeln umspielte meine Lippen, formte sich zu einem Kichern und Glucksen, in das Julie nach kurzem Erstaunen fröhlich einstimmte. Mein Herz hüpfte vor Freude mit.
Die wenigen Wochen, die mir noch verblieben waren, verbrachte ich fast ausschließlich mit Julie. Wir kamen uns vorsichtig immer näher. Mir war klar, dass es meine Vorurteile gewesen waren, die ein wirkliches Kennenlernen verhindert hatten. Ich hatte mich nur von Äußerlichkeiten leiten lassen und nicht auf mein Herz gehört.
Wunderte mich Natalies Verhalten, nachdem sie bemerkte, dass ich mich von ihr und ihrer Clique zurückgezogen hatte? Nein, denn ich konnte es mir denken. Es machte mir nichts aus, dass sie hinter meinem Rücken tuschelte oder laut auflachte. Auf einem Umweg hatte ich jedoch in Julie eine wertvolle Freundin gefunden.

Schluss

Ich öffne meine Augen und der kleine Prinz nimmt wieder Konturen an. Mir wird es ganz warm ums Herz, denn ich verstehe, warum Julie mir ausgerechnet dieses Buch zum Abschied geschenkt hatte. „Man sieht nur mit dem Herzen gut, das Wesentliche ist für die Augen unsichtbar.“

Realschulabschluss Deutsch in Thüringen: Prüfungsaufgaben 2011
Aufgabe 1

Aufgabe:

Verzeihen können ist oft schwer …
Legen Sie Ihre Gedanken und Gefühle zum Inhalt des Textes dar.

Die Geschichte von zwei Freunden

Zwei Freunde wanderten durch die Wüste. Während der Wanderung kam es zu einem Streit und der eine schlug dem anderen im Affekt ins Gesicht.
Der Geschlagene war gekränkt. Ohne ein Wort zu sagen, kniete er nieder und schrieb folgende Worte in den Sand:
„Heute hat mich mein bester Freund ins Gesicht geschlagen."
Sie setzten ihre Wanderung fort und kamen bald darauf zu einer Oase. Dort beschlossen sie beide, ein Bad zu nehmen. Der Freund, der geschlagen worden war, blieb auf einmal im Schlamm stecken und drohte zu ertrinken. Aber sein Freund rettete ihn buchstäblich in letzter Minute.
Nachdem sich der Freund, der fast ertrunken war, wieder erholt hatte, nahm er einen Stein und ritzte folgende Worte hinein:
„Heute hat mein bester Freund mir das Leben gerettet."
Der Freund, der den anderen geschlagen und auch gerettet hatte, fragte erstaunt: „Als ich dich gekränkt hatte, hast du deinen Satz nur in den Sand geschrieben, aber nun ritzt du die Worte in einen Stein. Warum?"
Der andere Freund antwortete: „Wenn uns jemand gekränkt oder beleidigt hat, sollten wir es in den Sand schreiben, damit der Wind des Verzeihens es wieder auslöschen kann. Aber wenn jemand etwas tut, was für uns gut ist, dann können wir das in einen Stein gravieren, damit kein Wind es jemals löschen kann."

(Verfasser unbekannt)

http://www.zeitzuleben.de/artikel/geschichten/verzeihen.html; 01. 12. 2010

Lösung

Hinweis: Die Aufgabenstellung legt fest, dass zum Inhalt der Textvorlage eigene Gedanken und Gefühle entwickelt werden sollen. Durch die Vorbemerkung zur Aufgabenstellung „Verzeihen können ist oft schwer …" wird dir eine Orientierung für die Entwicklung deiner Gedanken gegeben.
Zunächst musst du dich mit dem Inhalt der Textvorlage gründlich auseinandersetzen, um die Thematik und das Grundanliegen des Texts exakt zu erfassen. Gedanken und Gefühle, die dir während dieser Untersuchung einfallen, kannst du am Seitenrand vermerken oder in einer Stoffsammlung festhalten. Wie ausführlich du dich mit dem Textinhalt und dessen Handlungsabläufen beschäftigen sollst, wird in der Aufgabenstellung nicht festgelegt. Somit liegt es im eigenen Ermessen, wie genau du in deinen Ausführungen auf die Geschichte eingehst. Sie dient dir zunächst als Schreibanlass. Im Mittelpunkt deiner Abhandlung stehen deine Gedanken und Gefühle, die durch den Text ausgelöst wurden.

Die geforderte Aufsatzform entspricht einer Schilderung bzw. dem Wiedergeben von Eindrücken. Hinweise dazu findest du in diesem Buch im Kapitel C. Um eine in sich geschlossene Darstellung zu erreichen, eignen sich persönliche Erlebnisse, die du aus der Ich-Perspektive erzählst. Diese helfen außerdem, deine Assoziationen zur Geschichte zu veranschaulichen. Als Zeitform wählst du das Präsens oder das Präteritum.
Überlege dir eine geeignete Überschrift und achte auf eine nachvollziehbare Struktur. Im Aufbau deines Aufsatzes sollten Einleitung, Hauptteil und Schluss erkennbar sein.

Analyse der Aufgabenstellung

1. Erfassen des Themas: Freundschaft
2. Eingrenzung durch das Zitat: Freundschaft
   = zeichnet sich durch Verzeihen aus
   = unterliegt Bewährungsproben
   = hält auch Krisen stand
3. Erkennen der Textproblematik → Vergebung und Dankbarkeit als wertvolle menschliche Tugenden erkennen und schätzen

Stichpunktartige Stoffsammlung und Gliederung

Einleitung:
- Hinführung zur Textproblematik
- Schreibanlass klären
  (Assoziationen zur vorgegebenen Geschichte
  oder
  Selbst schon oft über Wesensmerkmale einer wahren Freundschaft nachgedacht
  oder
  Weshalb ist Verzeihen so schwer?)

Hauptteil:
- knappe Inhaltsangabe
- möglicher Interpretationsansatz: Die Reaktion des geschlagenen und geretteten Freundes offenbart einen angemessenen Umgang in einer schwierigen Situation. Menschen sollten einander verzeihen können, wenn ihnen Unrecht getan wurde. Dies gilt besonders dann, wenn sie befreundet sind. Verletzungen und Beleidigungen können an Bedeutung verlieren, wenn dem Betroffenen in anderen Situationen Hilfsbereitschaft entgegengebracht wird. Dieses Verzeihenkönnen, was oft nicht einfach ist, zählt zu den menschlichen Tugenden.

Darlegen eigener Gedanken und Gefühle
- Positionierung zum Text (Wertung der Verhaltensweisen)
- eigene Erfahrungen und Erkenntnisse
- persönliche Erlebnisse (eines ausführlich oder mehrere kurz angerissen)

Schlussteil:
- Bogen zur Einleitung schließen
- abschließende Wertung bzw. Bündeln der Erkenntnisse

Aufsatzbeispiel

Freundschaft für immer

Wo Menschen einander mit ihren Stärken und Schwächen ohne Einschränkung annehmen, entstehen Freundschaften. Somit könnte man schlussfolgern, dass Freundschaften gewissen Belastungsproben standhalten. Von solch einer Herausforderung erzählt „Die Geschichte von zwei Freunden“. Es ist erstaunlich und zugleich beeindruckend, wie die beiden Freunde in konfliktreichen Situationen miteinander umgehen und ihre Freundschaft erhalten können. Mich hat dieser Text sehr bewegt und viele Gedanken gingen mir beim Lesen durch den Kopf.
Die Geschichte erzählt von einer Wüstenwanderung zweier Freunde, die plötzlich in Streit geraten, woraufhin der eine den anderen schlägt. Der Geschlagene beklagt sich nicht, sondern schreibt in den Sand, dass er von seinem besten Freund geschlagen wurde. Sie wandern weiter, erreichen eine Oase und beschließen, sich bei einem Bad zu erfrischen. Dabei bleibt der geschlagene Freund im Morast stecken und wird von seinem Freund gerettet. Auch dieses Vorkommnis hält der nun Gerettete schriftlich fest, indem er es in einen Stein ritzt. Verwundert fragt der andere, weshalb er nach dem Geschlagenwerden das Vorkommnis in Sand geschrieben und nach der Rettung in Stein geritzt habe. Darauf erwidert der Freund, dass eine Verletzung, in den Sand geschrieben, vom Wind des Verzeihens weggeweht werden könne, jedoch gute Taten in Stein festgehalten werden sollten, damit sie unvergesslich blieben.
Die Geschichte bietet dem Leser zahlreiche Bilder, die auf das menschliche Leben übertragbar sind. Somit weist sie Merkmale einer Parabel auf. Die Wüstenwanderung der beiden Freunde steht in meinen Augen als Bewährungsprobe für ihre Beziehung. Sie haben Schwierigkeiten, diese zu meistern, was sie in Streit geraten lässt. Diese Verhaltensweise ist nicht außergewöhnlich, denn ich weiß aus eigener Erfahrung, dass körperliche Strapazen den Menschen an seine Belastungsgrenze führen können. Ich reagiere dann oft gereizt und unüberlegt.
Im vergangenen Sommer fuhr ich mit meiner Freundin mit dem Fahrrad zu ihren Großeltern. Wir hatten die Tour lange geplant und gut vorbereitet. Es lagen 37 km Fahrstrecke vor uns, die meist auf gut angelegten Radwegen entlangführte. Aber wir wussten auch, dass ein ganzes Stück auf einer stark befahrenen Straße zu absolvieren war. Schon früh am Morgen starteten wir voller Aufregung und mit großen Erwartungen. Unsere Eltern hatten uns die Rucksäcke bis zum Rand mit lauter leckeren Versorgungspäckchen gefüllt, sodass für herrliche Pausen gesorgt war. Mit zahlreichen guten Ratschlägen verließen wir unseren Ort und fuhren wie geplant auf schattigen Asphaltwegen. Wir waren sehr fröhlich, redeten aufgeregt miteinander und fühlten uns frei. Kein Wölkchen verirrte sich an den Himmel, sodass die Sonne selbst die Luft der Schattenwege in kurzer Zeit aufheizte. „Das ist ja wie in der Sauna“, stellte meine Freundin nach einem guten Stück Weg fest, „Komm, lass uns was trinken!“ „Was, jetzt schon, da kommen wir ja nie an!“, protestierte ich. Trotzdem stoppten wir die Räder, lehnten sie an einen dicken Baumstamm und kramten aus den Rucksäcken unsere Getränke heraus. „Nein, das kann nicht wahr sein, meine Flasche ist halb ausgelaufen!“ Meine Freundin hielt mit zwei Fingern ihre verklebte Saftflasche vor mein Gesicht. Wir betrachteten den Rucksack. Die klebrige Flüssigkeit hatte sich in seinem Inneren ausgebreitet, sodass aller Proviant mit der Apfelsafttunke durchtränkt war. Wir versuchten, mit etwas Mineralwasser die gröbsten Schäden zu beseitigen, aber so richtig zufrieden stimmte uns das Ergebnis nicht. Meine Freundin war verärgert und schweigsam, als wir weiterfuhren. Wir redeten nur noch wenig miteinander. Bald mussten wir den geschützten Radweg verlassen und das beschwerliche Straßenstück lag vor uns. Autos und Lastkraftwagen brausten an uns vorbei. Die Sonne brannte vom Himmel. Meine Freundin, deren Stimmung immer noch getrübt war, stöhnte. „Also los, rein ins Getümmel!“, versuchte ich sie aufzumuntern. „Du immer mit deiner guten Laune!“, sagte sie gereizt. Wir strampelten die leicht ansteigende Straße hinauf und mussten aufpassen, dass uns der Sog der vorbeirauschenden Fahrzeuge nicht in den Straßengraben beförderte. Mir lief das Wasser den Rücken hinunter. Unter meinem Rucksack staute sich die Hitze. „Ich kann nicht mehr“, hörte ich meine Freundin rufen. Doch ich wusste, dass eine Rast

derzeit unmöglich war. „Komm, halt durch! Bis zum nächsten Radweg! Dann ruhen wir uns aus!“ Der Fahrtwind und die Motorengeräusche der großen LKWs verzerrten meine Worte. Ich merkte, dass Angst in mir aufstieg und meine Kräfte schwanden. Meine Freundin wimmerte und begann zu weinen. „Mann, reiß dich zusammen!“, schrie ich nach hinten. Die letzten Meter bis zur Abbiegung wurden zur Höllenfahrt. Das Weinen meiner Freundin versetzte mich noch mehr in Unruhe und ich spürte eine große Verzweiflung. Endlich, endlich sah ich ein Hinweisschild zum Radweg. Wir hatten es gleich geschafft. Meine Beine brannten, mein Gesicht glühte und alle Luft schien aus meinem Körper entwichen zu sein. – Eine große, alte Kastanie nahm uns mit ihrem dichten Blätterdach in Empfang. Ich hörte meine Freundin einige Meter hinter mir stöhnend herannahen. Ich drehte mich erleichtert zu ihr um und wollte ihr zulachen. Doch als sich unsere Blicke trafen, sah ich in ein rotes, wutentbranntes Gesicht. Sie stieg vom Fahrrad, warf es zur Seite, stürzte sich ins Gras und begann bitterlich zu weinen. „Du bist so gemein! Das ist so fies! Das hätte ich nie von dir gedacht!“, rief sie unter Schluchzen. Ich wusste nicht so recht, wie mir geschah. „Was ist los? Weshalb sagst du so etwas?“, wollte ich wissen. „Wie soll ich mich zusammenreißen, wenn ich einfach nicht mehr kann?“, schrie mir meine Freundin mit letzter Kraft entgegen. Ich merkte, wie in mir die Wut aufstieg: „Seit der blöden Sache mit dem Apfelsaft lässt du dich gehen! Du bist total launisch!“ Ich sah, wie sich der Zorn auch in ihr weiter ausbreitete. „Fahr doch alleine weiter, ich dreh um! –Tolle Freundin!“, stieß sie wütend hervor. Genau an dieser Stelle erfuhr unsere Freundschaft eine harte Belastungsprobe. Ich weiß noch genau, wie wir dann schweigend eine lange Zeit in sicherer Entfernung voneinander im Schatten des Kastanienbaumes saßen. Er gab uns Schutz und Ruhe, um wieder zur Besinnung zu kommen. Plötzlich raschelte es in seiner Krone und mir fiel ein kleines Stück Holz auf den Kopf. Erschrocken blickten wir nach oben und dann schauten wir uns verdutzt an. Unsere Augen begannen als erstes zu lachen und dann konnten wir uns nicht mehr beherrschen. Wir lachten aus vollem Herzen und meinten, nicht mehr aufhören zu können. Unser Lachen vertrieb all die Wut und den Zorn. „Du alte Raserin“, stieß meine Freundin zwischen zwei Lachern hervor. „Und du lahme Ente!“, unterbrach ich mein Lachen. „Wir sind wirklich tolle Freundinnen“, stellte meine Freundin etwas verlegen fest. Ich spürte, dass es Zeit war, sich zu versöhnen, und reichte ihr die Hand mit den Worten: „Freundschaft für immer?“ „Ja, für immer“, strahlte sie.

Wenn ich heute daran zurückdenke, durchströmen mich immer noch die unterschiedlichsten Gefühle. Unsere Freundschaft hat bis heute gehalten. Ich weiß, dass dieses Erlebnis entscheidend dazu beigetragen hat, dass wir sehr vertraut miteinander umgehen. Somit ist mir bewusst, dass eine Freundschaft wachsen muss. Ebenso wie Aufrichtigkeit und Sorge um den anderen müssen auch Wut und Zorn aufeinander darin Platz finden. Es ist nicht einfach, in schwierigen Situationen sofort angemessen zu reagieren. Der alte Kastanienbaum hat uns gezeigt, dass man sich Zeit füreinander nehmen muss, um nicht voreilig zu urteilen und zu handeln. Dann ist auch Verzeihen nicht mehr so schwer. Das Glücksgefühl beim Versöhnen entschädigt alle Verletztheiten und schmiedet eng zusammen. Ich selbst habe mich nach unserem Freundschaftsbekenntnis sehr wohl und glücklich gefühlt und weiß heute, dass mich so schnell nichts aus der Bahn wirft. Unsere Freundschaft gibt mir Kraft und ich würde immer um sie kämpfen.

Ich denke, die beiden Freunde in der Geschichte haben ähnliche Erfahrungen gemacht und hatten die Chance, zu wichtigen Erkenntnissen über ihre Freundschaft zu gelangen. Wenn jeder Mensch solch eine Freundschaft erleben könnte und die positiven Erfahrungen des „Verzeihenkönnens“ machen dürfte, wäre es ganz sicher freudvoller und friedlicher auf dieser Welt.

Realschulabschluss Deutsch in Thüringen: Prüfungsaufgaben 2011
Aufgabe 2

Aufgabe:
Die Kurzgeschichte zeigt eine Momentaufnahme aus dem Leben eines alten Mannes. Charakterisieren Sie ihn als literarische Figur.

Ernest Hemingway (1899–1961): Alter Mann an der Brücke

Ein alter Mann mit einer stahlgeränderten Brille und sehr staubigen Kleidern saß am Straßenrand. Über den Fluß führte eine Pontonbrücke. Karren, Lastautos, Männer, Frauen und Kinder überquerten sie. Die von Maultieren gezogenen Karren schwankten die steile Uferböschung hinter der Brücke hinauf, Soldaten halfen und stemmten sich in die Speichen der Räder. Die Lastautos arbeiteten schwer, um aus alldem herauszukommen, und die Bauern stapften in dem knöcheltiefen Staub einher. Aber der alte Mann saß da, ohne sich zu bewegen. Er war zu müde, um noch weiterzugehen.

Ich hatte den Auftrag, die Brücke zu überqueren, den Brückenkopf auf der anderen Seite auszukundschaften und ausfindig zu machen, bis zu welchem Punkt der Feind vorgedrungen war. Ich tat das und kehrte über die Brücke zurück. Jetzt waren dort nicht mehr so viele Karren und nur noch wenige Leute zu Fuß, aber der alte Mann war immer noch da.

„Wo kommen Sie her?“, fragte ich ihn.

„Aus San Carlos“, sagte er und lächelte.

Es war sein Heimatort, und darum machte es ihm Freude, ihn zu erwähnen, und er lächelte.

„Ich habe Tiere gehütet“, erklärte er.

„So“, sagte ich und verstand nicht ganz.

„Ja“, sagte er, „wissen Sie, ich blieb, um die Tiere zu hüten. Ich war der letzte, der die Stadt San Carlos verlassen hat.“

Er sah weder wie ein Schäfer noch wie ein Rinderhirt aus, und ich musterte seine staubigen schwarzen Sachen und sein graues, staubiges Gesicht und seine stahlgeränderte Brille und sagte: „Was für Tiere waren es denn?“

„Allerhand Tiere“, erklärte er und schüttelte den Kopf. „Ich mußte sie dalassen.“

Ich beobachtete die Brücke und das afrikanisch aussehende Land des Ebro-Deltas und war neugierig, wie lange es jetzt wohl noch dauern würde, bevor wir den Feind sehen würden, und ich horchte die ganze Zeit über auf die ersten Geräusche, die immer wieder das geheimnisvolle Ereignis ankündigen, das man ‚Fühlung nehmen‘ nennt, und der alte Mann saß immer noch da.

„Was für Tiere waren es?“, fragte ich.

„Es waren im ganzen drei Tiere“, erklärte er. „Es waren zwei Ziegen und eine Katze und dann noch vier Paar Tauben.“

„Und Sie mußten sie dalassen?“, fragte ich.

„Ja, wegen der Artillerie. Der Hauptmann befahl mir fortzugehen, wegen der Artillerie.“

„Und Sie haben keine Familie?“, fragte ich und beobachtete das jenseitige Ende der Brücke, wo ein paar letzte Karren die Uferböschung herunterjagten.

„Nein“, sagte er, „nur die Tiere, die ich angegeben habe. Der Katze wird natürlich nichts passieren. Eine Katze kann für sich selbst sorgen, aber ich kann mir nicht vorstellen, was aus den andern werden soll.“

„Wo stehen Sie politisch?“, fragte ich.

„Ich bin nicht politisch“, sagte er. „Ich bin sechsundsiebzig Jahre alt. Ich bin jetzt zwölf Kilometer gegangen, und ich glaube, daß ich jetzt nicht weitergehen kann.“

„Dies ist kein guter Platz zum Bleiben", sagte ich. „Falls Sie es schaffen könnten, dort oben, wo die Straße nach Tortosa abzweigt, sind Lastwagen."

„Ich will ein bißchen warten", sagte er, „und dann werde ich gehen. Wo fahren die Lastwagen hin?"

„Nach Barcelona zu", sagte ich ihm.

„Ich kenne niemand in der Richtung", sagte er, „aber danke sehr. Nochmals sehr schönen Dank."

Er blickte mich ganz ausdruckslos und müde an, dann sagte er, da er seine Sorgen mit jemandem teilen mußte: „Der Katze wird nichts passieren, das weiß ich; man braucht sich wegen der Katze keine Gedanken zu machen. Aber die andern; was glauben Sie wohl von den andern?"

„Ach, wahrscheinlich werden sie heil durch alles durchkommen."

„Glauben Sie das?"

„Warum nicht?", sagte ich und beobachtete das jenseitige Ufer, wo jetzt keine Karren mehr waren.

„Aber was werden sie unter der Artillerie tun, wo man mich wegen der Artillerie fortgeschickt hat?"

„Haben Sie den Taubenkäfig unverschlossen gelassen?", fragte ich.

„Ja."

„Dann werden sie wegfliegen."

„Ja, gewiß werden sie wegfliegen. Aber die andern? Es ist besser, man denkt nicht an die andern", sagte er.

„Wenn Sie sich ausgeruht haben, würde ich gehen", drängte ich.

„Stehen Sie auf, und versuchen Sie jetzt einmal zu gehen."

„Danke", sagte er und stand auf, schwankte hin und her und setzte sich dann rücklings in den Staub.

„Ich habe Tiere gehütet", sagte er eintönig, aber nicht mehr zu mir.

„Ich habe doch nur Tiere gehütet."

Man konnte nichts mit ihm machen. Es war Ostersonntag, und die Faschisten rückten gegen den Ebro vor. Es war ein grauer, bedeckter Tag mit tiefhängenden Wolken, darum waren ihre Flugzeuge nicht am Himmel. Das und die Tatsache, daß Katzen für sich selbst sorgen können, war alles an Glück, was der alte Mann je haben würde. (1938)

Hemingway, Ernest: Die Stories. Übersetzt von Annemarie Horschitz-Horst. Reinbek bei Hamburg: Rowohlt 1990, S. 73–75

Lösung

Hinweis: Laut Aufgabenstellung handelt es sich bei dem vorliegenden Text um eine Kurzgeschichte, in der „eine Momentaufnahme aus dem Leben eines alten Mannes" dargestellt wird. Diese literarische Figur soll von dir charakterisiert werden.
Die literarische Charakteristik setzt eine gründliche Textuntersuchung voraus. Während des mehrfachen Lesens der Kurzgeschichte markierst du alle Besonderheiten, Wesensmerkmale, Handlungsweisen und Äußerungen des alten Mannes, die du im Text entdeckst.
Eine Charakteristik enthält Angaben über:
- *das Äußere einer literarischen Figur*
- *das typische Verhalten*
- *die inneren Eigenschaften*
- *ihre Einstellungen und Wertvorstellungen*
- *die persönlichen Lebensumstände*

Wie umfangreich die verschiedenen Aspekte in deiner Charakteristik beleuchtet werden, hängt vom Inhalt des jeweiligen Texts ab.
Nach der Textbearbeitung musst du dir Gedanken über die Struktur deines Aufsatzes machen. Es ist möglich, anhand des Handlungsverlaufs der Kurzgeschichte eine Entwicklung der literarischen Figur zu veranschaulichen. Bei diesem Vorgehen musst du die Geschichte in Sinneinheiten einteilen (vgl. Stoffsammlung A). Du kannst aber auch die oben aufgelisteten Aspekte der Charakteristik als Gliederungspunkte für deine Ausführung nutzen (vgl. Stoffsammlung B).
Alle von dir im Text aufgespürten Hinweise zur literarischen Figur helfen dir, der Person des alten Mannes näher zu kommen und sich mit ihr vertraut zu machen. Dementsprechend müssen die Textaussagen von dir gedeutet und gewertet werden. Dabei können die Interpretationsansätze durchaus verschieden sein.
Mach dir kein schnelles Bild! Schau hinter die Äußerlichkeiten und entdecke, was das Zeitgeschehen mit einem Menschen anrichten kann!
Ernest Hemingway war ein solcher guter Beobachter:

Anmerkungen zum Autor Ernest Hemingway

Ernest Miller Hemingway wurde am 21. Juli 1899 in Oak Park/Illinois als Sohn eines Landarztes und einer Opernsängerin geboren. Als Achtzehnjähriger begann er seine journalistische Laufbahn als Lokalreporter. Er gilt als einer der erfolgreichsten US-amerikanischen Schriftsteller des 20. Jahrhunderts und Erneuerer der amerikanischen Kurzgeschichte. 1954 erhielt er den Literaturnobelpreis. Sein schriftstellerisches Schaffen wurde durch sein abwechslungsreiches Leben als Reporter, Kriegsberichterstatter, Abenteurer, Hochseefischer und Großwildjäger maßgeblich beeinflusst. Er bereiste zahlreiche Kriegsschauplätze. Als Reporter ging Ernest Hemingway beispielsweise 1937 nach Spanien, um von der Auseinandersetzung der spanischen Volksfront mit den Faschisten unter General Franco zu berichten. Seine Wahlheimat war Kuba, wo er heute noch hoch verehrt wird. Hemingway beendete sein Leben wie sein Vater durch Selbstmord. Er erschoss sich am 2. Juli 1961 in Ketchum nach langer, schwerer Krankheit.

Stoffsammlung A

Charakterisierung orientiert am Handlungsverlauf

Sinneinheiten	Inhalt	Deutung
1. SE Z. 1–7	„alter Mann … stahlgeränderten Brille … sehr staubigen Kleidern saß am Straßenrand.“ (Z. 1/2)	Äußeres verweist auf Strapazen und Armut
	mitten in den Fluchtszenarien eines Krieges	Opfer des Krieges
	„saß da, ohne sich zu bewegen. Er war zu müde, um noch weiterzugehen.“ (Z. 6/7)	große Erschöpfung; scheint der Situation ausgeliefert
2. SE Z. 8–11	Ich-Erzähler klärt seine Rolle im Geschehen	wird zum Vermittler zwischen altem Mann und Leser
	(militärischer Kundschafter) und trifft auf Hauptfigur	

3. SE Z. 12–19	Dialog zwischen Ich-Erzähler und altem Mann Leser erfährt zur Hauptfigur: „Aus San Carlos … lächelte“ (Z. 13) „Heimatort … machte … Freude … zu erwähnen … lächelte“ (Z. 14/15) „Tiere gehütet“ (Z. 16) „war der letzte, der die Stadt … verlassen hat“ (Z. 18/19)	einsamer Mann, der für seine Tiere gelebt hat → aufopferungsvoll Vertrautheit entsteht → alter Mann aufgeschlossen, kontaktfreudig
4. SE Z. 20–23	Beobachtung des Ich-Erzählers: sieht in altem Mann nicht den Hirten (Z. 20) sieht seine „staubigen schwarzen Sachen … graues staubiges Gesicht … stahlgeränderte Brille …“ (Z. 20–22) Frage nach den Tieren → weckt weitere Vertrautheit	Zäsur: Unterbrechung des Gesprächs äußere Erscheinung des alten Mannes erhält Symbolkraft: Brille als Zeichen für Wachsamkeit Kleidung verdeutlicht Schicksal und Kriegsentbehrungen
5. SE Z. 24–28	Ich-Erzähler in seiner militärischen Mission (Feind ausfindig machen) → alter Mann bleibt unverändert sitzen	Kontrast zwischen Befehlsausführung und Schicksal der Zivilbevölkerung → alter Mann verdeutlicht Absurdität des Krieges
6. SE Z. 29–41	Weiterführung des Gesprächs über die Tiere, die zurückgelassen wurden und für den alten Mann seine Familie darstellen „Eine Katze kann für sich selbst sorgen, aber ich kann mir nicht vorstellen, was aus den andren werden soll.“ (Z. 37/38) Frage nach politischer Gesinnung → Antwort: „nicht politisch“ (Z. 40); „…bin sechsundsiebzig Jahre alt … zwölf Kilometer gegangen … glaube, daß ich jetzt nicht weitergehen kann“ (Z. 40/41)	alter Mann zeigt sich hilflos, einsam kleiner Hoffnungsschimmer, der seine Sorgen nicht vertreiben kann Opfer des Krieges bzw. des Versagens der Politik mit der Situation völlig überfordert
7. SE Z.42–48	„Dies ist kein guter Platz zum Bleiben … dort oben … sind Lastwagen“ (Z. 42/43) „Ich kenne niemand in der Richtung … Nochmals sehr schönen Dank.“ (Z. 47/48)	Sorge des Ich-Erzählers Vertrautheit und Sympathie spürbar keine wirkliche Lösung für alten Mann; zeigt Dankbarkeit gegenüber angebotener Hilfe

8. SE Z. 49–63	„blickte … ausdruckslos und müde…“ (Z. 49) „da er seine Sorgen mit jemandem teilen mußte“ (Z. 49/50) „Aber die andren; was glauben sie wohl von den andren?“ (Z. 51/52) „werden sie heil durch alles durchkommen“ (Z. 53) „Ja, gewiß werden sie wegfliegen. Aber die anderen? Es ist besser, man denkt nicht an die anderen“ (Z. 62/63)	alter Mann versucht Hoffnung im weiteren Gesprächsverlauf zu schöpfen → wirkt in seiner Hilflosigkeit fast wie ein Kind Leser spürt Verzweiflung und Müdigkeit
9. SE Z. 64–69	Ich-Erzähler muss fort und würde den Mann gern dazu bringen, weiterzugehen „ ‚Danke‘, sagte er und stand auf, schwankte hin und her und setzte sich dann rücklings in den Staub“ (Z. 66/67) „Ich habe Tiere gehütet … Ich habe doch nur Tiere gehütet“ (Z. 68/69)	erneute Einsamkeit für den alten Mann droht völlig ermattet → ausgeliefert, ohne Perspektive zeigt erneut Dankbarkeit große Verzweiflung bleibt
10. SE Z. 70–73	„Man konnte nichts mit ihm machen“ (Z. 70) „Ostersonntag“ (Z. 70) ↔ „… Faschisten rückten … vor“ (Z. 70/71) „grauer, bedeckter Tag mit tiefhängenden Wolken“, „Flugzeuge nicht am Himmel“ (Z. 71/72) „… daß Katzen für sich selbst sorgen können, war alles an Glück, was der alte Mann je haben würde.“ (Z. 72/73)	Ambivalenz drückt auch Verzweiflung des Ich-Erzählers aus, der vom Schicksal des alten Mannes berührt ist → trotz eindeutiger Gefahren bleibt ein Hoffnungsschimmer Leser bleibt mit seiner Vermutung über den Ausgang der Geschichte allein dieses Schicksal erregt Anteilnahme

Stoffsammlung B
Charakterisierung orientiert an Untersuchungskriterien

Kriterien	Textbeobachtungen	Deutungen
Äußeres (Gestalt, Gesicht, Haltung, Haare, Alter, Kleidung, Gesten, Bewegungen, Stimme, Sprache)	„alter Mann“ (Z. 1), „stahlgeränderte[…] Brille“ (Z. 1, 21/22), „sehr staubige[…] Kleider[…]“ (Z. 1), „staubige[…] schwarze[…] Sachen“ (Z. 20/21), „sein graues, staubiges Gesicht“ (Z. 21) „Er sah weder wie ein Schäfer noch wie ein Rinderhirt aus …“ (Z. 20) „saß da, ohne sich zu bewegen … zu müde … weiterzugehen“ (Z.6/7)	→ vom Leben und den äußeren Umständen gezeichneter Mann → erschöpft, niedergeschlagen → Opfer des Krieges
Eigenschaften (abzulesen an Benehmen, wiederholten Handlungen, Reaktionen in bestimmten Situationen, allgemeinen Verhaltensweisen)	„… der alte Mann war immer noch da.“ (Z. 11, 28) Es „machte … ihm Freude“ (Z. 14), seinen Heimatort zu erwähnen „Ich habe Tiere gehütet“ (Z. 16), „Allerhand Tiere“ (Z. 23), „… zwei Ziegen und eine Katze … vier Paar Tauben“ (Z. 30/31) „jetzt nicht weitergehen kann“ (Z. 41) „ausdruckslos und müde“ (Z. 49) „ ‚Danke‘, sagte er und stand auf, schwankte hin und her und setzte sich dann rücklings in den Staub“ (Z. 66/67) „Ich habe Tiere gehütet … Ich habe doch nur Tiere gehütet“ (Z. 68/69)	→ große Verbundenheit und Zuneigung gegenüber seiner Heimatstadt → Tiere = Familienersatz → aufopfernd, verantwortungsvoll →kontaktfreudig und ohne Argwohn → nimmt sein Schicksal hin →höflich und dankbar → frei von Schuld

Einstellungen/ Wertvorstellungen	„ich blieb, um die Tiere zu hüten" (Z. 18), „letzte, der die Stadt … verlassen hat" (Z. 18/19) „Ich bin nicht politisch" (Z. 40) „Der Katze wird nichts passieren … was glauben Sie wohl von den andern?" (Z. 50–52) „Aber die andern? Es ist besser, man denkt nicht an die andern" (Z. 62/63)	→ verantwortungsbewusst → Unverständnis gegenüber der derzeitigen Situation → macht keinerlei Schuldzuweisungen → besorgt → die Bedrohlichkeit der Kriegssituation ist ihm egal, für ihn zählen nur die Tiere
Persönliche Verhältnisse (familiäre Situation, Beruf, Wohnverhältnisse, Herkunft, Zugehörigkeit gesellschaftlicher Gruppen oder Parteien)	„San Carlos" (Z. 13), „Heimatort" (Z.14) „… keine Familie" (Z. 34), „Ich bin nicht politisch" (Z. 40); „bin sechsundsiebzig Jahre alt" (Z. 40) „… kenne niemand in … Barcelona" (Z. 46/47)	→ sehr einsamer Mensch → kein Zuhause und keine Familie (besitzlos) → außer von der Tierzucht erfährt der Leser nichts über seine Vergangenheit → damit hoher Stellenwert seiner Tiere deutlich und Sorge nachvollziehbar am Ende noch ein wenig Hoffnung Schicksal bleibt offen

Gliederung

Hinweis: Ganz gleich, für welche Vorgehensweise du dich entscheidest, dein Aufsatz sollte sich in Einleitung, Hauptteil und Schluss gliedern.

Einleitung:

Übersichtssatz; Problematik des Texts bzw. Verweis auf das Schicksal der Hauptfigur
oder
erste Konfrontation mit der Hauptfigur (Kennenlernen durch Anführen einer Textstelle)

Hauptteil:

Inhaltsangabe bzw. Klärung, worum es im Text geht
Charakterisierung (je nach gewählter Vorgehensweise)
Intention des Autors; Wirkung auf den Leser

Schluss:

persönliche Wertung
Aktualität der Figurenproblematik und deren Darstellung

Aufsatzbeispiel

Einleitung

In der Kurzgeschichte „Alter Mann an der Brücke" von Ernest Hemingway aus dem Jahr 1938 wird der Leser aus der Sicht eines Ich-Erzählers mit einem verzweifelten und völlig geschwächten alten Mann inmitten einer Fluchtsituation konfrontiert. Das am Rande dargestellte Kriegsgeschehen während der Zeit des spanischen Faschismus prägt das Schicksal dieser Figur maßgeblich.

Hauptteil

Zu Beginn der Kurzgeschichte erblickt der Leser den alten Mann in seiner verstaubten Kleidung inmitten fliehender Menschen, die mit ihrem verbliebenen Hab und Gut einen Fluss überqueren. Innerhalb dieses bewegten Bildes sitzt er starr und erschöpft am Rande des Wegs an einer Brücke, wodurch er die Aufmerksamkeit des Ich-Erzählers, eines Soldaten mit Kundschafterauftrag, auf sich zieht. Interessiert am Schicksal des Alten, spricht ihn der Soldat an und erfährt seine Geschichte: Der alte Mann musste aus seiner Heimatstadt, San Carlos, die zwischen die Kriegsfronten geraten war, fliehen und seine Tiere, die er dort gehütet hatte, zurücklassen.

Nachdem der Flüchtlingsstrom abgeebbt ist, versucht der Soldat, den Alten zum Weitergehen aufzumuntern, doch im weiteren Gespräch wird klar, dass dieser keine Familie mehr hat und er in Sorge um seine Tiere keine Kraft mehr findet, seinen Weg fortzusetzen. Die tröstenden Worte des Soldaten und seine Bemühungen, dem Alten zu helfen, nimmt dieser dankend entgegen, bleibt jedoch mit wenig Hoffnung und Zuversicht an der Brücke allein zurück. Welches Schicksal den alten Mann erwartet, kann der Leser nur vermuten.

Schon durch die Überschrift wird deutlich, dass die Figur des alten Mannes die zentrale Bedeutung in der Kurzgeschichte einnimmt. Sein äußeres Erscheinungsbild prägen seine „sehr staubigen Kleider[…]" (Z. 1) und eine „stahlgeränderte[…] Brille" (Z. 1, 21/22). Auch sein Gesicht ist staubig und grau (vgl. Z. 21). In seiner Bewegungslosigkeit erscheint er „zu müde, um noch weiterzugehen" (Z. 7). Es wird schnell klar, dass er einsam und verlassen ist, da ihm niemand hilft. Der Flüchtlingsstrom zieht als anonyme Masse an ihm vorbei. Nur der Soldat, der als Kundschafter auf der Brücke unterwegs ist, nimmt sich seiner an. Der Ich-Erzähler ist etwas verwundert, als er erfährt, dass der Alte Tiere gehütet hat, da er „weder wie ein Schäfer noch wie ein Rinderhirt" (Z. 20) aussieht. Aber über sein weiteres Aussehen oder seinen tatsächlichen Beruf wird nichts gesagt.

Im ersten kurzen Dialog zwischen den beiden Hauptfiguren zeigt sich der Alte aufgeschlossen und ohne Argwohn. Er berichtet dem Soldaten, dass er aus San Carlos kommt. Beim Erwähnen des Ortsnamens nimmt der Ich-Erzähler ein Lächeln auf dem Gesicht des Alten wahr, woraus er schlussfolgert, dass es dessen Heimatstadt sein muss. Diese Heimatverbundenheit und die große Sorge um seine Tiere haben den alten Mann trotz großer Gefahr dazu veranlasst, als Letzter die Stadt zu verlassen. Das ungewisse Schicksal dieser Tiere prägt hauptsächlich seine Gedanken während des Geschehens. Er sorgt sich um die Tiere wie ein Mann um seine Familie. Es gibt für ihn keinen Grund zu fliehen, wenn er nicht weiß, was aus den zurückgelassenen Tieren wird. Durch diese Ungewissheit und seine Erschöpfung durch die Strapazen scheint er der Situation ausgeliefert zu sein. Auch sein hohes Alter, immerhin ist er „sechsundsiebzig Jahre alt" (Z. 40), lässt vermuten, dass er bald ein Opfer dieses Krieges wird.

Mit höflichen Gesten und voll Dankbarkeit begegnet der Alte der Hilfsbereitschaft des Soldaten. Er ist froh, dass ihm jemand zuhört und sich für ihn interessiert, „da er seine Sorgen mit jemandem teilen mußte" (Z. 49/50). Gern spekuliert er darüber, wie sich seine Tiere retten könnten: „Der Katze wird natürlich nichts passieren. Eine Katze kann für sich selbst sorgen, aber ich kann mir nicht vorstellen, was aus den andern werden soll." (Z. 36–38). Ebenso beruhigt ihn die Tatsache, dass er „den Taubenkäfig unverschlossen gelassen" (Z. 59) hat, was ihm im Gespräch mit dem Soldaten wieder einfällt. Am Ende bedankt er sich beim Ich-

Erzähler für die Bemühungen, ihm beim Weitergehen behilflich zu sein, denn der herannahende Feind ist bereits zu spüren. Doch das bereitet dem Alten keine Angst, da er sein Unglück nicht begreifen kann. Er fühlt sich gegenüber dem Grauen, das ihn umgibt, unschuldig, indem er feststellt: „Ich habe Tiere gehütet … Ich habe doch nur Tiere gehütet." (Z. 68/69). Dieses Unverständnis gegenüber den Umständen kommt im gesamten Gesprächsverlauf zum Tragen. Er, der als Letzter die Stadt verließ, „um die Tiere zu hüten" (Z.18), trägt aufrichtig und stolz die Verantwortung für andere Lebewesen. Dies steht im eindeutigen Widerspruch zum menschenverachtenden Charakter des Kriegs. Trotzdem macht der Alte niemanden direkt für sein Schicksal verantwortlich. Selbst auf die Frage des Soldaten: „Wo stehen Sie politisch?" (Z. 39) antwortet er nüchtern: „Ich bin nicht politisch" (Z. 40).
Für den Leser erscheint das weitere Schicksal des Alten am Ende der Geschichte ungewiss. Diesen einsamen alten Menschen, der kein Zuhause mehr hat und der das Wichtigste, das er besaß, verlor, platziert der Ich-Erzähler am Ende in ein widersprüchliches Bild. Einerseits bietet es Schutz und sogar etwas Zuversicht. Der Ostersonntag, als Fest der Auferstehung, gibt Anlass zu der Annahme, dass noch nicht alles verloren sei. Auch dass die faschistischen Flugzeuge durch die Wetterlage keine Bedrohung darstellen können, wäre als hoffnungsvolles Zeichen zu deuten. Kraft spendet dem Alten das Wissen, „daß Katzen für sich selbst sorgen können" (Z. 72/73). Andererseits offenbart sich weiterhin ein Bild der Bedrohung, denn „die Faschisten rückten gegen den Ebro vor" (Z. 70/71) und die Gefahr, dass ihre Flugzeuge bei günstiger Wetterlage auftauchen, bleibt jederzeit bestehen. Mit dieser Ungewissheit endet die Kurzgeschichte. Was wirklich geschehen wird, bleibt offen.
Mit diesem Schlussbild schafft der Erzähler für mich ein Bild der Stärke. Solange Menschen einen Lebenssinn für sich erhalten können, machen sie sich unbesiegbar.
Menschliche Werte wie Aufrichtigkeit, Zuverlässigkeit, Aufopferungsbereitschaft und Freundlichkeit helfen, Zeiten des Grauens zu überstehen. Der alte Mann tritt beinah wie ein Kind in seiner Reinheit und Schuldlosigkeit in Erscheinung. Damit wirkt er wie ein Verkünder des Friedens. Seine gesamte Erscheinung und seine Ängste und Sorgen prangern den Krieg in seiner Sinnlosigkeit und Grausamkeit an.

Schluss

Ich habe als Leser sehr große Sympathien für die Figur des alten Mannes entwickelt. Wenn Menschen zum Wohle anderer etwas riskieren und sich einsetzen, ist das keine Selbstverständlichkeit. In diesem speziellen Fall galt die Zuwendung einfachen Haustieren, was in Kriegszeiten vielleicht etwas absurd anmuten lässt. Doch ich glaube, gerade im Krieg, wo der Respekt vor jeglichem Leben erlischt, erscheint diese Liebe des Alten zu seinen Tieren sehr würdevoll und die Kriegsverbrechen offenbaren sich in ihrer Abscheulichkeit.
In mir ruft das Schicksal des alten Mannes großes Mitleid hervor und ich bin dem Ich-Erzähler sehr dankbar, dass er sich ihm so zugewandt hat. Ich hoffe ganz fest, dass dieser liebenswerte alte Mann in irgendeiner Form Rettung erhalten konnte.
Die Kurzgeschichte „Alter Mann an der Brücke" entstand zwar als konkrete Reaktion auf die spanischen Kriegswirrnisse während des Faschismus, sie könnte sich jedoch in jeder anderen Kriegsregion so abspielen. Das Schicksal der Zivilbevölkerung ähnelt sich, ganz gleich zu welcher Zeit oder an welchem Ort der Krieg stattfindet. Die Darstellung konkreter Einzelschicksale bietet die Möglichkeit, sich mit den Menschen zu identifizieren bzw. zu solidarisieren und den Krieg als legitimes Machtmittel auf das Schärfste zu verurteilen.

Realschulabschluss Deutsch in Thüringen: Prüfungsaufgaben 2011
Aufgabe 3

Aufgabe:

Erörtern Sie die im Leserbrief angesprochene Problematik.

Deutsch in 50 Jahren historische Sprache

Welcher Blödsinn uns da aufgezwungen wird, kann man in der Werbung, in den Zeitungen und Zeitschriften täglich lesen, beziehungsweise nicht lesen, weil man es nicht versteht. Schauen Sie doch einfach mal in die Blätter, die bisher in diesem Jahr erschienen sind. Programmgestalter, vermutlich auch Germanisten, setzten da fast nur Negativbeispiele ein wie „The best of Mainzer Karneval". Das grenzt meines Erachtens schon fast an Größenwahn. Die Programme dieses Wochenendes werden für mindestens sechzig Prozent unserer Bevölkerung als nicht begreifbar dargestellt, nämlich in Englisch. Auch die von den Medien heiß umworbene Jugend ist längst nicht immer in der Lage, das Englischgestammel zu verstehen. Sie schaut aber auch nicht im Wörterbuch nach, sondern nimmt diese Sprachentgleisungen kommentarlos, aber unverstanden hin. Schließlich wurde das in englischer Sprache geschrieben. Und Englisch ist eben „in". Arme Zukunft. Ich schaue mir keine Werbung im Fernsehen an, um diesen Versprechungen in Englisch nicht auf den Leim zu kriechen. Gleiches sollte auch für die Zeitungen gelten. Leider kann ich nicht ganz auf dieses Medium verzichten, weil ich informiert sein möchte, wie viele andere Leser und Kunden auch. Doch was nutzt die beste Zeitung, wenn sie sich nur noch in denglischer Form darstellt? Man kann nicht alles bekämpfen. Man sollte es aber tun.

Hans-Dieter K.

In: Westfalen-Blatt, 24. 04. 2001

Lösung

Hinweis: Die Aufgabenstellung verlangt von dir, die im Leserbrief angesprochene Problematik zu erörtern. Hinweise zur Aufsatzform des freien Erörterns findest du im Kapitel A dieses Buches. Um die Problemstellung herauszufiltern, ist es notwendig, den Text zunächst genau zu lesen. Die darin enthaltenen Argumente können in deinem Aufsatz Berücksichtigung finden, das ist aber nicht zwingend notwendig.
Nachdem du das Thema analysiert und eingegrenzt sowie eine schlüssige Erörterungsfrage formuliert hast, bestimmst du den Darstellungstypus (linear oder Pro-Kontra). Kläre im Anschluss den Begriff „denglisch". Nun kannst du den Aufbau des Aufsatzes planen. Erstelle dazu eine stichpunktartige Stoffsammlung, die du in eine dem Darstellungstypus angemessene geordnete Reihenfolge bringst. Das ist die Gliederung für deinen Aufsatz.

Analyse und Eingrenzen des Themas

zunehmendes Einfließen der englischen Sprache in den deutschen Sprachgebrauch

↓

verstärkte Verständnisprobleme bei Jung und Alt

↓

zunehmende Sprachentgleisung durch Verwendung von Denglisch

↓

Ist Deutsch in 50 Jahren eine historische Sprache?

Formulieren der Erörterungsfrage aus der vorgegebenen Problematik

Führt die zunehmende Verwendung von Denglisch zu Verständnisproblemen, Sprachentgleisung und zur Verdrängung der deutschen Sprache?

↓

kontroverse Diskussion der Frage = kritische Auseinandersetzung in Form einer Pro-Kontra-Erörterung

Klärung des Schlüsselbegriffes

Hinweis: Zur Klärung des Begriffes „denglisch" kannst du den Duden zurate ziehen: denglisch = laut Duden: abwertend für deutsch mit [zu] vielen englischen Ausdrücken vermischt

Stichpunktartige Stoffsammlung und Gliederung

Einleitung

Hinführen zum Thema durch persönliche Erfahrung oder Verweis auf Aktualität anhand eines Beispiels aus den Medien (eventuell Verweis auf den Leserbrief).

Hauptteil

Hinweis: Zu Beginn deines Hauptteils hältst du die Erörterungsfrage fest. Dieses Vorgehen stellt sicher, dass du die Problemstellung nicht aus den Augen verlierst und somit der Aufgabenstellung gerecht wirst. Lass die Klärung des Schlüsselbegriffes mit einfließen.
Zum Sammeln der Pro- und Kontra-Argumente eignet sich die Tabellenform. So behältst du die Übersicht über die Ausgewogenheit deiner Argumente. Um sowohl inhaltlich als auch vom Umfang her zu überzeugen, solltest du nicht mehr als jeweils drei Pro- und drei Kontra-Argumente anführen. Ordne diese ihrer Wichtigkeit nach an, indem du mit dem schwächsten Argument beginnst und mit dem stärksten abschließt. Beim Ausformulieren musst du zudem den Aufbau eines Arguments berücksichtigen (Behauptung → Begründung → Beispiel; Hinweise siehe Kapitel A).
Die nachfolgenden Argumente stellen eine mögliche Auswahl dar.

Pro	Kontra
Sprachmix führt zu Verständnisproblemen	Englischkenntnisse als Grundvoraussetzung im heutigen Leben
Verunstaltung seriöser Meldungen durch Sprachentgleisungen → unnötiges Verdrängen der deutschen Sprache	Deutschland schon immer Einflüssen anderer Sprachen unterworfen
Infragestellen der Glaubwürdigkeit der Aussagen	internationale und weltoffene Wirkung durch Englischsprachigkeit

Schluss

Fazit: Zusammenfassen der Ausführungen und Darlegen des eigenen Standpunktes

Aufsatzbeispiel

Einleitung

„The best of Mainzer Karneval" – „Informieren Sie sich am Service Point!" – „Ich muss meinen Computer updaten." – Ob im Fernsehen oder im Radio, in der Zeitung oder in der Zeitschrift, in öffentlichen Gebäuden oder im persönlichen Sprachgebrauch – immer mehr englische Wörter finden sich in unserem Alltag wieder. Während sich die einen daran kaum stören, betrachten andere die Entwicklung mit Sorge. Die bestehenden Bedenken unterstreicht zum Beispiel die Kölner A-Capella Gruppe „Wise Guys" mit ihrem Lied „Denglisch", das die übermäßige Aufnahme englischen Wortschatzes in unser deutsches Sprachgut auf humorvolle Art und Weise kritisiert.

Hauptteil

Ob die zunehmende Verwendung von Denglisch zu Verständnisproblemen, zur „Sprachentgleisung" und zur Verdrängung der deutschen Sprache führt, möchte ich in nachfolgender Erörterung diskutieren.
Der Duden verdeutlicht, dass der Begriff „denglisch" als „abwertend für deutsch mit [zu] vielen englischen Ausdrücken vermischt" an sich schon mit einer negativen Bedeutung verbunden ist. Gemeint ist also nicht die Verwendung der englischen Sprache z. B. für Durchsagen am Bahnhof oder auf dem Flughafen für internationale Reisende, sondern die zumeist unsinnige Vermischung von Deutsch und Englisch.
Dieser Sprachenmix ist von vielen Deutschen teils nicht zu verstehen. Gerade die ältere Generation, die häufig keinen Englischunterricht in der Schule hatte, steht diesem Problem gegenüber. Hans-Dieter K. schreibt in seinem Leserbrief an das Westfalen-Blatt vom 24. 04. 2001, dass über sechzig Prozent der Bevölkerung das Wochenendprogramm der Fernsehzeitschriften nicht begreifen. Die Menschen fühlen sich überfordert und nehmen nur noch Ton und Bild der Werbung auf, ohne über deren Aussagen nachzudenken. Dieser Vorwurf wird auch den Jugendlichen gemacht, obwohl jene mit ihrer Englisch-Schulbildung die Entlehnungen aus dem englischen Sprachraum eigentlich erfassen müssten. Dieser Kritik von Hans-Dieter K. stimme ich zu: Ich nehme Slogans wie „Come in and find out" einfach so hin oder baue Ausdrücke wie „Coffee-to-go" häufig sogar in meine Alltagssprache ein. Unbekannte Wörter schlage ich in der Regel nicht im Wörterbuch nach.
Denglische Wort- oder Satzkonstruktionen erscheinen nicht nur anstrengend und unverständlich, sondern oft auch sinnlos und überflüssig. Herr K. zum Beispiel findet es peinlich und lächerlich, wenn eine Zeitung „The best of Mainzer Karneval" titelt. Denglisch verunstaltet somit auch seriöse Zeitungsartikel und Fernsehberichte auf unnötige Art und Weise. Warum kann im oben genannten Beispiel der Titel nicht einfach „Das Beste vom Mainzer Karneval" lauten und dadurch dem Verdrängen der deutschen Sprache entgegenwirken? Letzterem

Aspekt sollte unbedingt mehr Beachtung geschenkt werden. So ist bei einigen Wörtern, z. B. Slogan, Handout, canceln oder Location, die deutsche Entsprechung bereits in den Hintergrund getreten.
Gleichzeitig wird die Glaubwürdigkeit der Aussage oder des beworbenen Produkts herabgesetzt. Wenn ein englisches Wort falsch verwendet wird, dann stiftet es Verwirrung. Gleichgültig, ob die falsche Verwendung absichtlich in der Werbung geschieht oder aus Versehen, weil der Urheber selbst kein fehlerfreies Englisch spricht – der Angesprochene ist irritiert. Er lernt ein fehlerhaftes Englisch und glaubt, dass das Aufgenommene richtig sei. Ein Beispiel hierfür ist der Name eines Cafés in einer ostthüringischen Großstadt. Ich hatte lange Zeit gedacht, dass „Black bone“ für „Schwarze Bohne“ steht.

Doch wie kann es sein, dass der Einfluss der englischen Sprache immer größer wird, wenn so viele Vorbehalte in der Bevölkerung bestehen?
Englisch ist die Weltsprache. Ohne Englischkenntnisse kommt man in Deutschland heutzutage nur noch schwer zurecht: Ob im Verkehr, in der Arbeit oder in der Freizeit – Englisch braucht man überall. Um sich mit anderen Kulturen verständigen oder im internationalen Umfeld arbeiten zu können, ist Englisch eine Grundvoraussetzung. Grundlagen für den Spracherwerb beziehungsweise das Interesse für eine Fremdsprache überhaupt können durch die Medien geschaffen werden. Mein kleiner Cousin hört zum Beispiel sehr gern die CDs „Englisch lernen mit der kleinen Hexe“. Der aufgenommene Wortschatz, wie zum Beispiel die Zahlen, begegnet ihm oft in seinem Alltag und er ist stolz auf sein Wissen.
Die Entlehnung englischen Sprachguts ist keine Erscheinung der heutigen Zeit. Die Anfänge liegen im 8. Jahrhundert, als englische Wörter vor allem in den kirchlichen Bereich einflossen und durch die angelsächsische Mission verbreitet wurden. Aber die deutsche Sprache war und ist nicht nur den Einflüssen des Englischen unterworfen. Zur Zeit des Barocks und der Aufklärung gelangten viele französische Ausdrücke in den deutschen Sprachraum. Wer stört sich heute noch an Begriffen wie Kuvert, Baguette, Sauce oder Portemonnaie? Die deutsche Sprache hat diese Fremdwörter problemlos integriert und teilweise sogar eingedeutscht. So sind laut Duden z. B. auch die Schreibungen „Soße“ und „Portmonee“ möglich.
Schließlich ist zu erwähnen, dass Produktnamen oder Werbung in englischer Sprache international und weltoffen wirken. Neben großen Konzernen, wie zum Beispiel dem Automobilhersteller Audi mit seiner Werbung für den Audi TT („Driven by instinct“), geben sich selbst kleine Firmen oder Dienstleister englische Namen und Mottos. Ausländische Kunden sollen auf diesem Weg leichter geworben werden und gleichzeitig ist es für die Firmen um ein Vielfaches leichter, mit englischer Werbung ihre oft jugendliche Zielgruppe zu erreichen.

Schluss

Der Einfluss des Englischen auf die deutsche Sprache stellt ein sehr aktuelles und brisantes Thema dar. Ich persönlich denke, dass sich der Anteil des englischen Sprachguts im Zuge der Globalisierung sogar noch erhöhen wird, weil die Welt immer vernetzter wird. Meiner Meinung nach wird das Sprachverständnis jedoch zunehmen, weil heutzutage die Kinder bereits in der Grundschule im Fach Englisch unterrichtet werden. Trotzdem finde ich es wichtig, übertriebenen Sprachentgleisungen entgegenzutreten, um nicht wie die „Wise Guys“ in ihrem Lied „Denglisch“ schlussfolgern zu müssen: „Herr, gib mir meine Sprache zurück …“

Aufgabe:

Interpretieren Sie das Gedicht!

Gisela Baltes (geb. 1944): Erwachsen sein

Erwachsen sein, reif sein heißt:
Verantwortung übernehmen
für das, was ich tue und unterlasse,
für das, was ich sage und verschweige,
für das, was ich bewirke und verhindere.

Erwachsen sein, reif sein heißt:
Verantwortung übernehmen
für Fehler, die ich mache,
für Schmerzen, die ich zufüge,
für Schaden, den ich verursache.

Erwachsen sein, reif sein heißt:
Verantwortung übernehmen
und nichts und niemanden sonst
für mein Handeln verantwortlich zu machen,
nicht meine Eltern oder andere Menschen,
nicht meine Gene und nicht die Umstände.

Erwachsen sein, reif sein heißt:

Verantwortung übernehmen
für alle meine Entscheidungen,
für meine Ziele,
für die Wege, die ich einschlage,
für mein Leben.

Aus: Magnificat. Das Stundenbuch. 07/2006. Kevelaer 2006

Lösung

Hinweis: Die Aufgabe erfordert von dir die Interpretation eines Gedichtes. Hinweise zu dieser Aufsatzart findest du im Kapitel B dieses Buchs.
Da du das Geburtsjahr der Autorin Gisela Baltes erfährst, kannst du das Werk zeitlich einordnen. Nachfolgende Anmerkungen zu ihrer Person geben dir die Möglichkeit, die Autorin und ihr Wirken näher kennenzulernen. Zudem können diese Informationen die inhaltliche Erschließung des Gedichtes unterstützen.
Bereits während des ersten Lesens solltest du Auffälligkeiten und Eigenheiten des lyrischen Werkes markieren. Notiere Fragen an das Gedicht und persönliche Kommentare unmittelbar neben den Text (siehe Kapitel E). Halte im Anschluss deinen ersten Leseeindruck fest und formuliere das Thema des Gedichtes, z. B.: „Das Gedicht thematisiert das Erwachsensein und zeigt auf, welche Herausforderungen ‚reif sein' mit sich bringt bzw. welche Verantwortung ein Erwachsener zu tragen hat."
Aus dem ersten Leseeindruck und dem Erfassen des Themas kannst du eine Fragestellung/ eine Vermutung (Interpretationshypothese) entwickeln, der du im Laufe des Gedichtes nachgehst und die du am Ende zu beantworten versuchst, z. B.: „Meines Erachtens setzt Gisela Baltes in ihrem Gedicht ‚erwachsen sein' mit ‚reif sein' gleich. Der Frage, ob man als Erwachsener automatisch die notwendige Reife besitzt und sich der vollen Verantwortung für sein Handeln bewusst ist, möchte ich in meiner Interpretation nachgehen."
Unterteile das Gedicht während des nochmaligen Lesens in Sinnabschnitte und fasse den jeweiligen Inhalt kurz zusammen. Markiere Form- und Sprachauffälligkeiten verschiedenfarbig. Deine Beobachtungen lässt du anschließend in eine tabellarische Stoffsammlung einfließen. Diese strukturierte Übersicht bildet die Grundlage für den noch auszuformulierenden Hauptteil. Sie garantiert dir, dass du die Wechselwirkung zwischen Inhalt, Form und Sprache in deiner Textanalyse berücksichtigst, das Gesagte deuten kannst und dir der Wirkung bewusst wirst. Achte darauf, dass alle von dir formulierten Deutungen für den Leser nachvollziehbar und am Text belegt sind!

Anmerkungen zur Autorin Gisela Baltes

Gisela Baltes wurde 1944 geboren. Nach einem Studium an der Pädagogischen Hochschule in Essen arbeitete sie als Lehrerin in Nordrhein-Westfalen und Bayern. Ihr 1993 begonnenes Studium der Katholischen Religion in Bonn schloss sie mit dem Diplom ab. Gisela Baltes ist als Redakteurin der Zeitschriften „Glauben leben" und „Magnificat" tätig. Ihre oft mediativen Texte laden nicht nur zur persönlichen Besinnung ein, sondern regen zum Austausch und zum Weitergeben an.

Einleitung

Hinweis: Nach dem Formulieren des Übersichtssatzes (Nennung des Titels, der Autorin, des Erscheinungsortes und -jahres, des Themas sowie Einordnung in die Ideen- und Gedankenlyrik) stehen dir für die Einleitung verschiedene Möglichkeiten zur Verfügung.

- Anführen eines persönlichen Beispiels zum Thema des Gedichtes
- Formulieren des ersten Leseeindruckes

Hauptteil

Hinweis: Beginne den Hauptteil mit dem Festhalten der Interpretationshypothese und des damit verbundenen Interpretationsauftrages sowie mit einer kurzen Inhaltsangabe (vgl. Kapitel B), an die sich deine Textanalyse anschließt.

Stoffsammlung

Inhalt/Aufbau	Form	Sprache	Deutung/Wirkung
1. Sinneinheit (1. Strophe, V. 1–5) Erwachsen sein heißt, Verantwortung für das eigene, auch ambivalente Handeln zu übernehmen	– ein Satz, bestehend aus fünf Versen – Enjambement zwischen zweitem und drittem Vers – kein Reim, kein Metrum, freier Rhythmus – Überschrift wird im ersten Vers aufgegriffen – Doppelpunkt am Ende des ersten Verses – lyrisches Ich – Schlüsselwort „Verantwortung" als erstes Wort des zweiten Verses	**durchgehend im gesamten Gedicht:** – Präsens – anaphorischer Strophenbeginn: „Erwachsen sein, reif sein heißt: / Verantwortung übernehmen" – schlichte Sprache ohne Fremdwörter – Parallelismus „Erwachsen sein, reif sein" (V. 1) – Anapher „für das" (V. 3/4/5) – Parallelismus „was ich …" (V. 3/4/5) – Antithetik der Verben (tun – unterlassen, sagen – verschweigen, bewirken – verhindern) (V. 3/4/5) – Aufzählung (V. 3/4/5)	– Zeitform zeigt Präsenz der Thematik – Leser fühlt sich durch das lyrische Ich direkt angesprochen, Verantwortung für das eigene Handeln zu übernehmen – Erwachsensein wird mit Reife verglichen, Bild einer reifen Frucht bietet sich an → Leser verbindet damit etwas Positives; Gleichsetzung wird durch dreimalige Wiederholung besonders betont und somit zur unumstößlichen Feststellung, was durch den Doppelpunkt unterstützt wird → kündigt jeweils neuen Gedanken an – Anapher leitet Gegensätze ein, die in Form eines Parallelismus dargestellt werden → monotoner Satzbau hebt den Inhalt, die Gegensätzlichkeit der Verben, hervor – Aufzählung unterstützt den Lesefluss – Tragweite des Schlüsselwortes „Verantwortung" (V. 2) wird herausgestellt – schlichte Sprache und Regelmäßigkeit im Aufbau bewirken Ruhe und erzeugen Eindringlichkeit → Gedicht als Bestandteil einer Rede denkbar
2. Sinneinheit (2. Strophe, V. 6–10) Erwachsen sein heißt, Verantwortung für die negativen Folgen des Handelns zu übernehmen	– Wiederholung aller Formmerkmale der ersten Strophe **Ausnahme:** weiblicher Reim V. 7 und V. 10 – Wiederaufnahme der ersten beiden Verse der ersten Strophe	– Anapher „für" (V. 8/9/10) – Parallelismus „die ich …" (V. 8/9) und „den ich …" (V. 10) – Substantive, die durch Relativsätze und die darin enthaltenen Verben näher erklärt werden: Fehler – machen, Schmerzen – zufügen, Schaden – verursachen (V. 8/9/10)	– durch knappe, anaphorische und parallele Aufzählungen wird der Leser förmlich gezwungen, die negativen Folgen des Handelns als Teil der eigenen Verantwortung anzuerkennen – durch Reduzierung auf das Wesentliche wird Eindringlichkeit erhöht – Strophe regt zum Nachdenken an: offene Frage, ob die negativen Folgen des Handelns nur das lyrische Ich unmittelbar betreffen oder ob „Schmerzen" (V. 9) und „Schaden" (V. 10) den Mitmenschen zugefügt werden – Reim wirkt dabei wie ein Rahmen, der das Schlechte zusammenhält; gleichzeitig wird deutlich, dass erwachsen zu sein nicht heißt, keine Fehler mehr zu begehen, aber man hat die Verantwortung zu tragen

Inhalt/Aufbau	Form	Sprache	Deutung/Wirkung
3. Sinneinheit (3. Strophe, V. 11–16) Erwachsen sein bedeutet die Übernahme von Eigenverantwortung für das individuelle Handeln	– Wiederholung aller Formmerkmale der ersten Strophe **Unterschied:** ein Satz, bestehend aus **sechs** Versen und Enjambements zwischen **drei** Versen (V. 11/12/13) – Wiederaufnahme der ersten beiden Verse der ersten Strophe	– Alliteration „nichts und niemanden" (V. 13) – Anapher „nicht meine" (V. 15/16) – Erststellung des Wortes „nicht" (V. 15/16) und zweimalige Verwendung im 16. Vers **Auffälligkeit:** Obwohl wie in den ersten beiden Strophen nur ein Satz vorhanden ist und Enjambements zwischen drei Versen bestehen, gelingt es nicht, den Sinn der Strophe allein durch die Schlagwörter, wie in den ersten beiden Strophen möglich, zu erfassen. ⇨	– Strophe stellt Steigerung in der inhaltlichen Aussage dar: Für das individuelle Handeln trägt man die alleinige Verantwortung, Schuldzuweisungen an andere oder anderes sind zu unterlassen. – höheres Gewicht wird deutlich: → durch Hinzufügen eines Verses → Absolutheit und Entschiedenheit der Aussage, unterstrichen durch die Alliteration und Anapher → Erststellung und Wiederholung des Wortes „nicht" betonen dieses und verleihen besonderes Gewicht zeigt die Komplexität der Verantwortung und macht die Sonderstellung der Strophe deutlich
4. Sinneinheit (4. Strophe, V. 17–22) Erwachsen sein ist die Übernahme von Verantwortung für das gesamte – vergangene, gegenwärtige wie zukünftige – Leben	– Wiederholung aller Formmerkmale der ersten Strophe, **aber:** Alleinstellung des ersten Verses, darauf folgend fünf Verse – Wiederaufnahme der ersten beiden Verse der ersten Strophe	– Anapher „für" (V. 20/21/22) – Wiederholung des Possessivpronomens „mein/e" (V. 19/20/22) – Häufung von Substantiven: „Entscheidungen" (V. 19), „Ziele" (V. 20), „Wege" (V. 21), „Leben" (V. 22)	– erster Vers hat durch die Alleinstellung Charakter einer Überschrift – die folgenden fünf Verse stellen eine Zusammenfassung/ein Fazit dar: Das lyrische Ich allein übernimmt Verantwortung für sein gesamtes Leben. – Steigerung durch die Aufzählung von Substantiven erkennbar – Autorenintention wird durch die mehrmalige Verwendung des Possessivpronomens und Einsatz des lyrischen Ichs besonders deutlich: Der erwachsene, reife Leser soll die **alleinige** Verantwortung für **sein** gesamtes Leben übernehmen.

Schluss

Hinweis: Fasse zunächst deine Analyseergebnisse zusammen und nimm Bezug zur vorangestellten Interpretationshypothese. Nachfolgende Möglichkeiten können deinen Aufsatz noch gelungen abrunden:

- Äußern der eigenen Wertschätzung oder Sichtweise zum Gedicht
- Überlegungen zur Aktualität der Textaussagen
- Formulieren der Autorenintention

Aufsatzbeispiel

Einleitung

Das Gedicht „Erwachsen sein" von Gisela Baltes wurde im Juli 2006 in der Zeitschrift „Magnificat" veröffentlicht und ist der Ideen- und Gedankenlyrik zuzuordnen. Es thematisiert das Erwachsensein, zeigt auf, welche Herausforderungen es mit sich bringt, reif zu sein, und welche Verantwortung ein Erwachsener zu tragen hat.
Auch wenn ich zum jetzigen Zeitpunkt erst 17 Jahre alt und laut deutschem Gesetz noch nicht erwachsen bin, gab es schon einige Ereignisse, bei denen ich als Erwachsener galt. Dabei denke ich zunächst an meine Jugendweihe im Alter von 14 Jahren, die sozusagen den Eintritt in die Erwachsenenwelt darstellte. Mit sechzehn erhielt ich meinen Personalausweis und vor wenigen Wochen unterschrieb ich meinen Lehrvertrag, der den Grundstein für meinen Eintritt in die Arbeitswelt der Erwachsenen bildet. Beim ersten Lesen des Gedichtes wurde mir sogleich deutlich, dass ich bereits eine ganze Menge Verantwortung übernommen habe. Ob ich allerdings schon die notwendige Reife besitze, bezweifle ich.

Hauptteil

Meines Erachtens setzt Gisela Baltes in ihrem Gedicht „erwachsen sein" mit „reif sein" gleich. Der Frage, ob man als Erwachsener automatisch die notwendige Reife besitzt und sich immer der Verantwortung für sein Handeln bewusst ist, möchte ich in meiner Interpretation nachgehen. Im Gedicht heißt es, dass das Erwachsensein beinhaltet, Verantwortung für das eigene Handeln zu übernehmen, selbst wenn es negative Folgen nach sich zieht. Dabei wird die Eigenverantwortlichkeit für das individuelle Tun unterstrichen. Die Verantwortung für sein Handeln trägt man sein gesamtes Leben.
Das Gedicht besteht aus vier Strophen, wobei jeweils fünf Verse die ersten beiden Strophen und sechs Verse die letzten beiden Strophen bilden. Es besitzt bis auf eine Ausnahme keinen Reim, kein Metrum und keinen einheitlichen Rhythmus. Die Überschrift „Erwachsen sein" wird im ersten Vers jeder Strophe aufgegriffen, was die Wichtigkeit des Themas betont. Die Gegenwärtigkeit und Zeitlosigkeit der Thematik wird zudem durch die durchgängige Verwendung des Präsens unterstrichen. Darüber hinaus auffällig ist neben dem anaphorischen Strophenbeginn „Erwachsen sein, reif sein heißt: / Verantwortung übernehmen" die schlichte Sprache. Die einfache Wortwahl und die Regelmäßigkeit im Aufbau bewirken einerseits Ruhe, andererseits erzeugen sie eine besondere Eindringlichkeit. Dadurch erhält das Gedicht einen feierlichen Charakter und eignet sich somit z. B. zum Vortrag im Rahmen eines festlichen Anlasses. Durch das Auftreten eines lyrischen Ichs fühlt sich der Leser einbezogen und unmittelbar angesprochen, Verantwortung für das eigene Handeln zu übernehmen. Die Tragweite des Schlüsselwortes „Verantwortung" wird dadurch herausgestellt, dass das Substantiv in allen vier Strophen jeweils am Beginn des zweiten Verses steht und dass dieser Vers den nächstfolgenden durch ein Enjambement verbindet.

Die Gleichsetzung von „erwachsen sein" und „reif sein" wird durch die dreimalige Wiederholung des Parallelismus „Erwachsen sein, reif sein" (V. 1/6/11/17) zu einer Art unumstößlichen Feststellung, was durch den Doppelpunkt am Ende des Doppelverses untermauert wird: Dieser kündigt in jeder Strophe einen neuen Gedanken an. In der ersten Strophe beinhaltet dieser, dass Verantwortung für das eigene, von Gegensätzen geprägte Handeln zu überneh-

men ist. Geformt wird dieser Gegensatz durch die antithetischen Verben tun – unterlassen, sagen – verschweigen, bewirken – verhindern (vgl. V. 3/4/5), die in Form des Parallelismus „was ich …“ (V. 3/4/5) dargestellt werden. Dieser monotone Satzbau hebt den Inhalt, die Gegensätzlichkeit der Verben, hervor. Die durch die Anapher „für das“ (V. 3/4/5) eingeleiteten Aufzählungen unterstützen den Lesefluss.
Auch in der zweiten Strophe wird, nach der Wiederholung der ersten beiden Verse aus Strophe eins, ein neuer Gedanke angeführt: Das lyrische Ich benennt die Aufgabe, Verantwortung für die negativen Folgen des Handelns zu übernehmen. Durch knappe, anaphorische („für“, V. 8/9/10) und parallele („die ich …“, V. 8/9; „den ich …“, V. 10) Aufzählungen (vgl. V. 8/9/10) wird der Leser förmlich gezwungen, die negativen Folgen des Handelns als Teil der eigenen Verantwortung anzuerkennen. Durch die Reduzierung auf das Wesentliche wird die Eindringlichkeit erhöht. Die angeführten Substantive werden durch die in den Relativsätzen enthaltenen Verben näher erklärt und erhalten somit eine Sinn tragende Bedeutung: Fehler – machen, Schmerzen – zufügen, Schaden – verursachen (vgl. V. 8/9/10).
Die zweite Strophe regt zum Nachdenken an, denn es bleibt die Frage offen, ob die schlechten Ergebnisse des Tuns nur das lyrische Ich unmittelbar betreffen oder ob „Schmerzen“ (V. 9) und „Schaden“ (V. 10) den Mitmenschen zugefügt werden. Der weibliche Reim (V. 7 und V. 10), als einziger Reim im Gedicht, wirkt dabei wie ein Rahmen, der die negativen Folgen zusammenhält. Gleichzeitig wird aber deutlich, dass erwachsen zu sein nicht heißt, keine Fehler mehr zu begehen. Jedoch hat man die Verantwortung für diese zu tragen.
Die dritte Strophe stellt eine Steigerung der inhaltlichen Aussage dar: Für das individuelle Handeln trägt man die alleinige Verantwortung, Schuldzuweisungen an „Eltern oder andere Menschen“ (V. 15) oder „Gene und […] Umstände“ (V. 16) sind zu unterlassen. Die im Vergleich zur ersten und zweiten Strophe höhere Aussagekraft der dritten Strophe ist zum einen durch das Hinzufügen eines Verses erkennbar. Zum anderen werden Absolutheit und Entschiedenheit der Aussage durch die Alliteration „nichts und niemanden“ (V. 13) und die Anapher „nicht meine“ (V. 15/16) erreicht. Darüber hinaus bewirkt die Erststellung und Wiederholung des Wortes „nicht“ (V. 15/16) eine Nachdrücklichkeit und verleiht somit dem Gesagten ein besonderes Gewicht. Eine Auffälligkeit ist gesondert herauszustellen: Obwohl auch diese Strophe aus nur einem Satz besteht und Enjambements zwischen drei Versen vorhanden sind, gelingt es nicht, den Sinn allein durch die Schlagwörter, wie in den ersten beiden Strophen möglich, zu erfassen. Diese Erkenntnis zeigt die Komplexität der Verantwortung und macht die Sonderstellung der Strophe deutlich.
Eine formale Besonderheit ist im letzten Sinnabschnitt zu erkennen: Der erste Vers (V. 17), der inhaltlich mit den ersten Versen der vorangegangenen Strophen identisch ist, hat durch die grafische Absetzung den Charakter einer Überschrift. Die folgenden fünf Verse, eingeleitet durch die Anapher „für“ (V. 20/21/22), stellen eine Zusammenfassung bzw. ein Fazit dar: Das lyrische Ich allein übernimmt Verantwortung für sein gesamtes Leben, was sein Handeln in der Vergangenheit, in der Gegenwart und in der Zukunft einschließt. In der Anordnung der Substantive „Entscheidungen“ (V. 19), „Ziele“ (V. 20), „Wege“ (V. 21) und „Leben“ (V. 22) ist eine Steigerung erkennbar. Letztlich machen getroffene oder nicht getroffene Entscheidungen, erreichte und unerreichte Ziele, eingeschlagene und nicht gegangene Wege das Leben aus. Die Botschaft der vierten Strophe kommt durch die mehrmalige Verwendung des Possessivpronomens „mein/e“ (V. 19/20/22) deutlich zum Ausdruck: Der erwachsene, reife Leser soll die alleinige Verantwortung für sein gesamtes Leben übernehmen.

Schluss

Das Gedicht „Erwachsen sein“ zeigt in einfachen Worten, was es bedeutet, reif zu sein und Verantwortung zu übernehmen. Nachdem ich das Gedicht analysiert habe, ist mir noch bewusster geworden, wie schwer es doch ist, diesen Ansprüchen gerecht zu werden. Deshalb komme ich zu dem Schluss, dass man als Erwachsener nicht automatisch die nötige Reife besitzt, um sich ständig über die Verantwortung seines Tuns im Klaren zu sein. Aber es ist wichtig, sich diese Pflicht stets vor Augen zu führen und zu versuchen, sie zu erfüllen.

Realschulabschluss Deutsch in Thüringen: Prüfungsaufgaben 2012
Aufgabe 1

Aufgabe:

Sie sind jetzt an einem wichtigen Punkt in Ihrem Leben angelangt, an dem sich viele Türen für Sie öffnen. Lassen Sie sich von den Fragen Erich Frieds anregen und schildern Sie Ihre derzeitige Situation.

Erich Fried (1921–1988): Fragen

Wie groß ist dein Leben?
Wie tief?
Was kostet es dich?
Bis wann zahlst du?
Wieviel Türen hat es?
[…]

Fried, Erich: Gesammelte Werke. Gedichte 1. Band. Hg. von Klaus Wagenbach und Volker Kaukoreit. Berlin: Verlag Klaus Wagenbach, 1993, S. 405

Lösung

Hinweis: Für die erfolgreiche Bearbeitung der Aufgabe ist es notwendig, dass du der vorangestellten Behauptung zustimmen kannst. Diese sagt aus, dass du an einem wichtigen Punkt deines Lebens angelangt bist, an dem sich viele Türen für dich öffnen, d. h. sich viele unterschiedliche Möglichkeiten bieten.
Die Aufgabenstellung verlangt von dir, deine derzeitige Situation zu schildern. Dabei sollst du dich von den „Fragen" der ersten fünf Verse von Erich Frieds gleichnamigem Gedicht anregen lassen. Du musst diese Fragen zwar nicht direkt in deinem Aufsatz anführen oder beantworten. Sie können dich jedoch leiten, indem du die angesprochenen Aspekte im Verlauf der Schilderung einfließen lässt. Die Fragen führen dich in die Thematik ein und lassen dich aus verschiedenen Blickwinkeln über dein Leben nachdenken. Deshalb ist es wichtig, dass du sie verstehst. Bei Verständnisschwierigkeiten kannst du dir behelfen, indem du dir die Fragen durch Umschreibung mit eigenen Worten selbst erklärst.
Hinweise zur Aufsatzform „Schilderung" findest du im Kapitel C dieses Buches.

Analyse der Aufgabenstellung

Thema: mein Leben

1. Ausgangssituation:
   Behauptung: Angelangt-Sein an einem wichtigen Punkt im Leben →
   viele Türen öffnen sich

2. Anregung durch die Fragen Erich Frieds:

„Wie groß ist dein Leben?"	→ Ist mein Leben vielfältig? Wer und was gehört dazu? Ist es ein Leben in Freiheit und Unabhängigkeit? Bin ich frei in meinen Entscheidungen, im Denken? Habe ich Raum zum Leben? Ist es ein reiches Leben?
„Wie tief?"	→ Ist mein Leben bedeutsam und wertvoll? Hat es einen Sinn? Lebe ich intensiv?
„Was kostet es dich?"	→ Was gebe ich, bringe ich auf für mein Leben? Welche Anstrengungen werden von mir gefordert?
„Bis wann zahlst du?"	→ Wie viel und bis zu welchem Punkt bin ich bereit zu geben?
„Wieviel Türen hat es?"	→ Welche Möglichkeiten und Wege bieten sich mir?

3. Schildern der derzeitigen Situation

↓

mein Leben zum Ende der 10. Klasse

Stichpunktartige Stoffsammlung und Gliederung

Hinweis: Es ist ratsam, die Ideen für den Schreibanlass in einer gegliederten Stoffsammlung festzuhalten. Der Aufbau muss nicht streng in Einleitung, Hauptteil und Schluss gegliedert sein, denn eine Schilderung führt oft unvermittelt in eine Situation hinein und bricht auch meist plötzlich ab. Wichtig ist, dass du in der Ich-Form schreibst und deine Gedanken und Gefühle in den Mittelpunkt stellst. Um einen persönlichen und ausdrucksstarken Text zu schreiben, musst du entsprechende sprachliche Mittel wie Metaphern, Vergleiche, Fragen, aussagekräftige Substantive, Adjektive und Verben wirkungsvoll einsetzen.
Aufgrund der subjektiven Darstellungsform ist nachfolgendes Beispiel als Vorschlag zu betrachten.

Thema / Schreibanlass

Mein Leben – Schildern meiner derzeitigen Situation

Überschrift

Mein Leben leben

Aufbau der Schilderung

1. Anregung zum Nachdenken über mein Leben durch Lektüre des Jugendbuchs „Nichts" von Janne Teller → Zitat der Hauptfigur Pierre Anthon: „Nichts bedeutet irgendetwas, deshalb lohnt es sich nicht, irgendetwas zu tun."
2. Wie sieht mein derzeitiges Leben aus? Wer und was gehört dazu, um es reich und groß und tief zu machen? Was ist mir wichtig für mein Leben – Nehmen genauso wie Geben? Bin ich mir der Einzigartigkeit meines Lebens bewusst? Welche Türen öffnen sich mir?
3. Rahmen schließen durch Bezug zur Lektüre „Nichts"

Aufsatzbeispiel

Mein Leben leben

„Nichts bedeutet irgendetwas, deshalb lohnt es sich nicht, irgendetwas zu tun." Diese Worte der Hauptfigur des Jugendbuches „Nichts" brennen sich in mir ein. Fassungslos lese ich das Buch, kann es nicht aus der Hand legen. Pierre Anthon behauptet, dass nichts im Leben eine Bedeutung habe. Seine Worte verletzen mich tief, ich lehne sie ab, aber es kommen Zweifel in mir hoch. Vielleicht hat er doch recht, wenn er sagt: Es fängt alles nur an, um aufzuhören. In demselben Moment, in dem wir geboren werden, fangen wir an zu sterben. Die Erde ist vier Milliarden und sechshundert Millionen Jahre alt, aber wir werden höchstens hundert. Pierre Anthons Rechnung, plausibel und nüchtern, dass mir bei achtzig Lebensjahren höchstens neun Jahre zum wirklichen Leben bleiben, macht mich wütend.

Mein Leben – überhaupt nicht der Mühe wert? Wirklich? Soll ich das akzeptieren? Impulsiv meldet sich eine Stimme in mir: Nein, nein, nein! Lass dich doch von einer Romanfigur nicht provozieren. Nimm das Gesagte nicht so ernst. Eine zweite Stimme jedoch flüstert: Sieh die Worte als Chance, dich mit deinem Leben auseinanderzusetzen. Wer bist du? Was führst du für ein Leben – ein großes, ein reiches, ein tiefes? Was tust du für dein Leben? Bist du dir der Möglichkeiten bewusst, die dir das Leben bietet? Ich schwanke hin und her in meinen Gedanken und Gefühlen, will sie und das Buch weglegen, aber letztendlich nehme ich die Herausforderung an: Pierre Anthon, ich lebe mein Leben – jetzt und immer, sauge jede Minute der kostbaren Zeit in mir auf und genieße den Gedanken, dass ich einmalig unter den sieben Milliarden Menschen auf der Erde bin.

Ich, Hanna, sechzehn Jahre, drei Monate und 18 Tage alt, Schülerin einer 10. Klasse, die mitten in ihren Abschlussprüfungen steckt. Geborgen ist mein Leben bisher gewesen, ich lebe in einer Großfamilie, vier Generationen unter einem Dach. Geborgen, weil immer einer für mich da ist – einer, der mir zuhört, wenn ich Kummer habe, der mit mir abwägt bei Entscheidungen, der mir Ratschläge gibt bei Zweifeln. Ist das nicht ein reiches Leben, in einer behüteten Familie aufzuwachsen? Natürlich könnte das stetige Umsorgtsein einengen, die Luft zum Atmen nehmen, zur Unselbstständigkeit führen. Aber das tut es bei mir nicht. Meine Familie hat mir beides geschenkt, Wurzeln und Flügel. Die Wurzeln geben mir Kraft zu wachsen und zu gedeihen, Werte und Traditionen zu schätzen; die Flügel dienen mir dazu, frei zu sein und unabhängig zu werden. Gerade jetzt nach der Schulzeit brauche ich die Flügel, um die Welt zu entdecken. Und welche Chancen tun sich da auf! Ich werde fliegen – für ein Jahr in die USA. Erst vor wenigen Wochen ist die Zusage ins Haus geflattert. Wie stolz war ich – stolz, weil ich alles selbst organisiert hatte. Als Bewerber musste ich deutlich machen, warum mir ein solcher Austausch wichtig für mein Leben ist, was ich davon mitnehmen möchte und was ich bereit bin zu geben. Die Antwort fiel mir nicht schwer, denn zu einem erfüllten Leben gehört für mich, andere Kulturen in ihrer Vielfalt kennenzulernen. Das Austauschjahr öffnet mir eine völlig neue Tür in meinem Leben und wird meiner Biografie einen besonderen Akzent verleihen. Gleichzeitig soll mein Leben nicht nur ein Nehmen, sondern auch ein Geben sein! Ich möchte mich einbringen – in meine Gastfamilie und mein Gastland genauso wie hier in meine Heimat. Das ist mir Bedürfnis und Selbstverständlichkeit zugleich. Deshalb betreue ich in meinem Heimatort ehrenamtlich eine Handballgruppe von Grundschülern. Zwar ist das kein großer Beitrag für die Gesellschaft, doch es macht mir sehr viel Freude zu sehen, wie die Kinder allmählich zu einem Team zusammenwachsen.

Ich? Nur ich? Nein, ebenso gehören meine Freunde dazu. Was wäre mein Leben ohne sie? Das möchte ich mir gar nicht vorstellen! Wir gehen gemeinsam durch dick und dünn – das ist schon immer so gewesen. Dieser Schatz will behütet sein. Er birgt in seinem Innern die Kindheitsgeheimnisse und Schwüre, die ich nie vergesse. Für meine Freunde fühle ich mich verantwortlich und mir ist wichtig, dass es ihnen gut geht. Aus diesem Grund reden wir viel miteinander und verbringen einen Großteil unserer Freizeit gemeinsam. Wir wissen, wie bedeutsam dieser Zusammenhalt ist, gerade jetzt, wenn sich nach Schulabschluss verschiedene Türen für uns öffnen und wir in getrennte Richtungen gehen. Es wird uns gelingen, unsere Freundschaft aufrechtzuerhalten. Ganz bestimmt!

All die Erfahrungen, die ich bis jetzt gesammelt habe, machen mein Leben aus und lassen es in meinen Augen als groß erscheinen. Ja, natürlich überwiegen bis jetzt die positiven Begebenheiten, persönlich bin ich noch vor keiner unlösbaren Situation gestanden. Auch mit dem größten Feind des Lebens – dem Tod – musste ich mich zum Glück noch nicht auseinandersetzen. Jedoch weiß ich aus den täglichen Nachrichten, dass vielen Menschen solch ein Leben, wie ich es führe, verwehrt bleibt. Krieg, Hungersnot und Arbeitslosigkeit sind für mich keine leeren Begriffe. Gerade auf diesem Gebiet sehe ich meine Aufgabe für die Zukunft. Ich will nicht in einem goldenen Käfig sitzen und meine Augen vor dem Elend verschließen. Deshalb wird mein späteres Wirken im sozialen Bereich liegen, weil ich anderen Menschen helfen möchte, ein wertvolles Leben zu leben. Der Beruf der Sozialarbeiterin – das ist mein Traum. Traum? Nein. Die Tür wird sich mir sicher öffnen, denn ich lerne für gute Noten und sammle bereits jetzt Praxis durch Ferienarbeit und Schülerpraktika.

Pierre Anthon, ich kann dir ganz fest entgegnen: Auch wenn mir, wie du meinst, tatsächlich nur neun Jahre für mein wirkliches Leben bleiben, so zählt doch all das andere auch dazu und macht es reich: Familie, Schule, meine Freunde; Bekanntes und Unbekanntes, Lustiges und Trauriges, Leichtes und Schweres. Das Leben ist nicht nur schön, aber es ist mit Sicherheit eine Herausforderung, die es gilt, anzunehmen. Das habe ich erkannt. Nun liegt es an mir, was ich daraus mache. Keinesfalls werde ich wie du im Pflaumenbaum sitzen und resignieren. Ich werde an Türen anklopfen und sie sicher auch aufstoßen!

Realschulabschluss Deutsch in Thüringen: Prüfungsaufgaben 2012
Aufgabe 2

Aufgabe:
Setzen Sie sich erörternd mit diesem Zitat auseinander.

Antoine de Saint-Exupéry (1900–1944)

> „Mensch sein, das heißt Verantwortung fühlen: sich schämen beim Anblick der Not, auch wenn man offenbar keine Mitschuld an ihr hat; stolz sein auf den Erfolg der Kameraden; seinen Stein beitragen in dem Bewusstsein, mitzuwirken am Bau der Welt."
>
> *Saint-Exupéry, Antoine de: Wind Sand und Sterne. Übersetzt von Henrik Becker. Düsseldorf: Karl Rauch Verlag, 2000, S. 52*

Lösung

Hinweis: Bei dieser Aufgabe sollst du dich mit dem Zitat Antoine de Saint-Exupérys erörternd auseinandersetzen. Dazu ist es notwendig, dass du das Zitat zunächst erschließt. Exupérys Ausspruch führt dich unmittelbar an das zu erörternde Thema heran. Der Schriftsteller benennt, was seiner Meinung nach Verantwortung für den Menschen bedeutet. Diese Aspekte gilt es zu betrachten, ohne sie schematisch abzuarbeiten. Schwerpunkt der Aufgabe ist es demnach nicht, Exupérys Standpunkt zu bejahen oder zu widerlegen, sondern vielmehr, sich selbst mit dem Thema Verantwortung in dieser Auslegungsart in Beziehung zu setzen. Dabei bietet sich der lineare Darstellungstypus an.
Weitere Hinweise zum freien Erörtern findest du im Kapitel A. Anmerkungen zum Autor sind auf Seite 2010-25 nachzulesen.
Lass deine Vorarbeiten in eine gegliederte Stoffsammlung fließen. Sie ist die Grundlage für deinen Aufsatz.

Analyse und Eingrenzen des Themas

Zitat:

1. Behauptung:
   Aufgabe des Menschen = Verantwortung <u>fühlen</u>
   ↓
   - Besonderheit in der Wahl des Verbes → nicht „tragen", sondern „fühlen"
   - fühlen = Verb der Sinneswahrnehmung, damit wird nicht die Ratio / Vernunft angesprochen, sondern Emotionen
   - ein Gespür für Verantwortung entwickeln; erkennen, dass es sich um einen inneren Wert handelt

2. Angeführte Beispiele, bei denen konkret Verantwortung gefühlt werden soll:
   - „sich schämen beim Anblick der Not" = Fühlen von Verantwortung durch Entwickeln von Mitgefühl für andere

- „auch wenn man offenbar keine Mitschuld an ihr hat" = nicht nur Verantwortung bei selbst verschuldeter Not fühlen, nicht wegsehen, sondern kollektive Verantwortung anerkennen
- „stolz sein auf den Erfolg der Kameraden" = sich über Gelungenes/Erreichtes seiner Freunde, sich am Erfolg anderer freuen können
- „seinen Stein beitragen in dem Bewusstsein, mitzuwirken am Bau der Welt" = sprachliches Bild, das aussagt, dass man sich als einzelner Mensch bewusst in die Gestaltung der Gesellschaft einbringen soll

3. Thesen, die sich daraus entwickeln lassen und im Aufsatz als Leitfaden dienen:
   - Verantwortung kann nicht als Sache eines Einzelnen betrachtet werden, sondern immer in Bezug zu den Mitmenschen.
   - Der Verantwortung darf man sich nicht entziehen, auch wenn sie unbequem ist.

Stichpunktartige Stoffsammlung und Gliederung

Einleitung:
Hinführung zum Thema „Verantwortung" durch eine Textstelle aus Antoine de Saint-Exupérys modernem Märchen „Der kleine Prinz"

Hauptteil:
1. Bezug zum Zitat der Aufgabenstellung und Aufgreifen der Thesen aus der Vorarbeit
2. Verweis auf Besonderheit der Aussage „Verantwortung fühlen" und Überleiten zum eigenen Ich
3. Verantwortung innerhalb des persönlichen Umfeldes als etwas Wachsendes begreifen
4. Anführen von Beispielen, die das Gefühl der Verantwortung auslösen: Ölpest im Golf von Mexiko, Erdbeben von Fukushima, Hungersnot in Somalia
5. Durch persönliche Beispiele deutlich machen, dass man auch ohne direkte Mitschuld Verantwortung übernehmen kann und muss:
   - Kuchen- und Kleiderbasare für japanische Erdbebenopfer
   - Patenschaft für ein afrikanisches Mädchen
6. Motivation für das eigene verantwortliche Handeln durch das Engagement anderer
   - freiwilliges soziales Jahr in Afrika

Schluss:
Rahmen schließen durch Bezug zur Einleitung und zum Zitat der Aufgabenstellung

Aufsatzbeispiel

Einleitung

„Du bist zeitlebens für das verantwortlich, was du dir vertraut gemacht hast. Du bist für deine Rose verantwortlich …" Diese Worte spricht der Fuchs zum kleinen Prinzen in Antoine de Saint-Exupérys modernem Märchen „Der kleine Prinz". Im Verlauf seiner Reise fühlt der Prinz immer mehr, dass er seiner Verantwortung gegenüber der Blume nicht gerecht geworden ist – er ließ sie im Stich, weil sie launisch und eitel war.

Hauptteil

Dass man sich seiner Verantwortung nicht entziehen darf, auch wenn sie unbequem ist, und dass sich die Verantwortung des Einzelnen nicht nur auf ihn selbst beschränkt, sondern sein Handeln Auswirkung auf seine Mitmenschen und seinen Lebensraum hat, beschreibt der Schriftsteller Antoine de Saint-Exupéry im Zitat der Aufgabenstellung.
Wie oft habe ich in meinem Leben schon zu hören bekommen: Du bist nun alt genug, dafür übernimmst jetzt du die Verantwortung. Oder: Wer trägt dafür die Verantwortung? Antoine

de Saint-Exupéry aber spricht vom „Verantwortung fühlen“. Das klingt nicht so hart und absolut. Das Verb erweckt den Eindruck, dass das Fühlen aus dem Herzen kommt, dass also die Verantwortung zu einer Herzensangelegenheit werden muss. Wenn ich mit dem Herzen sehe, wie es der Fuchs im oben genannten Märchen formuliert, dann entwickle ich ein Gespür dafür, was Verantwortung ist. Dieses Gespür muss wachsen und reifen, sich entfalten, damit ich der Verpflichtung des Menschen gerecht werden kann, die der Autor benennt.

Doch ist das Samenkorn „Gefühl der Verantwortung“ nicht schon bei mir gelegt? Nämlich dadurch, dass ich in einer Familie aufwachse, einen festen Freundeskreis habe, in die Schule gehe? Diese sozialen Strukturen sind nichts Selbstverständliches, sie verlangen eine behutsame Pflege. Dass sie etwas Kostbares sind, weiß ich heute, und deshalb fühle ich mich dafür verantwortlich. Das war aber nicht immer so: Wenn ich an meine egoistischen Zeiten denke, in denen nur ich mir wichtig war und meine Wünsche im Mittelpunkt stehen sollten, schäme ich mich noch jetzt. Ich erinnere mich an verletzende Worte gegenüber Freunden oder das Überhören von Hilferufen, wenn es ihnen nicht gut ging und sie einen Vertrauten suchten. Das setzte Freundschaften auf's Spiel und nur der Geduld meiner Freunde ist es zu verdanken, dass sie sich nicht abwandten. Hatten sie das Gefühl der Verantwortung mir gegenüber sogar eher entwickelt als ich? Sicher, denn bei mir dauerte dieser Prozess eine ganze Weile. Heute wundere ich mich darüber, denn mein Gespür für Verantwortung ist inzwischen sehr ausgeprägt.

Verantwortlich, wenn auch nicht direkt mitschuldig, fühle ich mich, wenn ich schockierende Nachrichten höre. Hier denke ich zum Beispiel an die Ölpest im Golf von Mexiko 2010 oder an das Erdbeben in Fukushima 2011. Beide Katastrophen forderten nicht nur Menschenleben, sondern haben verheerende Folgen für die Umwelt. Wie leben die betroffenen Familien weiter, wie die nachfolgenden Generationen?

Mich macht wütend, wenn ich lese, dass in Ostafrika derzeit eine ganz große Hungersnot herrscht. Wie kann es sein, dass bei dem Überfluss, der in vielen Ländern der Erde herrscht, in Somalia bereits zehntausende Menschen verhungert sind, elf Millionen Menschen kaum eine Chance zum Überleben haben und eine halbe Million Kinder zu sterben droht? Daran habe ich zwar keine Mitschuld, aber die Berichte und Bilder bohren sich in mein Herz und mahnen, Verantwortung zu übernehmen. Was kann ich als Einzelner tun?

Es reicht nicht, laut zu protestieren und Verantwortliche zur Rechenschaft ziehen zu wollen. Ich denke, es reicht auch nicht aus, die Not anderer zu sehen und ein schlechtes Gewissen zu bekommen. Ich kann aktiv mithelfen, Verantwortung zu übernehmen: durch das Sammeln von Spendengeldern auf Kuchen- und Kleiderbasaren für die Opfer von Fukushima oder durch die Übernahme einer Patenschaft meiner Schule für ein afrikanisches Mädchen, um ihr den Schulbesuch zu ermöglichen.

Ich selbst möchte mich für ein freiwilliges soziales Jahr in Afrika bewerben, um vor Ort zu helfen, weil ich denke, dass mich die Not anderer angeht, auch wenn sie weit weg von meinem Land, von meinem Zuhause ist. Ermutigt dazu haben mich die Informationsveranstaltungen von ehemaligen Schülern, die von ihren Einsätzen und Aufgabenbereichen berichteten. Mir wurde klar, dass sie das Gefühl der Verantwortung in sich haben müssen. Gleichzeitig merkte ich, wie stolz ich auf unsere Ehemaligen war und wie sehr mich ihr verantwortliches Handeln motiviert hat. Das soll auch mein Weg werden, denn ich bin fest davon überzeugt, durch die freiwillige soziale Arbeit etwas Gutes zu tun und zum Bau einer gerechten Welt meinen Stein beizutragen, auch wenn es nur ein ganz kleiner ist.

Schluss

Wie der kleine Prinz werde ich mein ganzes Leben lang Verantwortung fühlen. Dabei ist es mir wichtig, sie nicht nur als Pflicht zu sehen, sondern sie soll mir ein inneres Bedürfnis sein. Ich möchte sie spüren beim Anblick der Not. Sie soll in mir Freude und Stolz auslösen beim Erreichen von Erfolg – allein oder im Team. Ich bin mir bewusst, dass die Verantwortung, die ich übernehme, sich nicht nur im Jetzt auswirkt, sondern auch für die Zukunft Bedeutung hat.

Aufgabe:
Interpretieren Sie das Gedicht.

Eduard Mörike (1804–1875): Im Frühling

Hier lieg ich auf dem Frühlingshügel:
Die Wolke wird mein Flügel,
Ein Vogel fliegt mir voraus.
Ach, sag mir, all-einzige Liebe.
Wo du bleibst, daß ich bei dir bliebe!
Doch du und die Lüfte, ihr habt kein Haus.

Der Sonnenblume gleich steht mein Gemüte offen,
Sehnend,
Sich dehnend
In Liebe und Hoffen.
Frühling, was bist du gewillt?
Wann werd ich gestillt?

Die Wolke seh ich wandeln und den Fluß,
Es dringt der Sonne goldner Kuß
Mir tief bis ins Geblüt hinein;
Die Augen, wunderbar berauschet,
Tun, als schliefen sie ein,
Nur noch das Ohr dem Ton der Biene lauschet.

Ich denke dies und denke das,
Ich sehne mich und weiß nicht recht, nach was:
Halb ist es Lust, halb ist es Klage;
Mein Herz, o sage,
Was webst du für Erinnerung
In golden grüner Zweige Dämmerung?
– Alte unnennbare Tage!

Mörike, Eduard: Sämtliche Werke in zwei Bänden; Band 1. München 1985, S. 684 f.

Lösung

Hinweis: Die Aufgabenstellung verlangt, das Gedicht „Im Frühling" von Eduard Mörike zu interpretieren. Wann das Gedicht genau entstanden ist, ist dem Material nicht zu entnehmen. Da Eduard Mörike zu den bekanntesten Vertretern des Biedermeier gehört, lässt sich der lyrische Text jedoch dieser Literaturströmung zuordnen. Vielleicht ist dir Eduard Mörike durch andere Frühlingsgedichte bereits bekannt.
Wie du beim Interpretieren zweckmäßig vorgehst, ist in diesem Buch unter Kapitel B genau beschrieben. Dort kannst du dich zusätzlich informieren.
Zunächst ist es nicht ganz einfach, die Thematik des Gedichtes genau zu erfassen, sodass erst eine genaue Textanalyse Rückschlüsse zulässt, ob es sich hierbei um Natur-, Gedanken- oder Liebeslyrik handelt. Beginne deine Arbeit mit dem mehrfachen gründlichen Lesen des Gedichtes. Für eine bessere Orientierung im Text ist es hilfreich, wenn du alle Verse durchnummerierst. Markiere im Text alle Auffälligkeiten und benenne sie am Textrand. Nutze unterschiedliche Unterstreichungsvarianten oder Farben, um die verschiedenen Form- und Sprachauffälligkeiten kenntlich zu machen. Du kannst auch Fragen an das Gedicht stellen, um dich dem Inhalt weiter anzunähern. Ebenso kann das Festhalten deines Erstleseeindrucks für deine späteren Ausführungen, z. B. für die Einleitung, von Bedeutung sein.
Du hast verschiedene Einstiegsmöglichkeiten für deinen Aufsatz. So könntest du beispielsweise nach dem Benennen von Autor, Titel und Textsorte deinen Erstleseeindruck und die evtl. noch ungeklärten Fragen kurz beschreiben. Eine andere Variante wäre das Benennen der Thematik oder Textproblematik. Du müsstest also klären, worum es deines Erachtens im Gedicht geht. Sehr hilfreich kann diesbezüglich das Aufstellen einer Vermutung (Interpretationshypothese) sein, die du versuchst, im Verlauf deiner Betrachtungen zu erhärten. Am Ende deiner Analyse kannst du dann eine schlüssige Beantwortung wagen.
Eine kurze Inhaltsangabe leitet den Hauptteil ein (vgl. Kapitel B). Daran schließt sich der umfangreichste Teil deiner Interpretation an, die Textanalyse. Hier betrachtest du Inhalt, Form und Sprache strophenweise, um eine gründliche Untersuchung zu gewährleisten. Alle Auffälligkeiten, die du entdeckst, solltest du nutzen, um den Textinhalt umfassend zu erschließen und der Textaussage auf den Grund zu gehen. Abschließend positionierst du dich selbst zu den gewonnenen Erkenntnissen und Beobachtungen. Inwieweit die Gedichtthematik heute noch von Bedeutung ist, klärst du am Ende deiner Interpretation.

Anmerkungen zu Eduard Mörike

Eduard Mörike wurde am 8. September 1804 in Ludwigsburg geboren. Er hatte zwölf Geschwister. Sein Vater, Medizinalrat Karl Friedrich Mörike, verstarb früh, sodass der erst dreizehnjährige Eduard zu seinem Onkel nach Stuttgart ziehen musste. Dieser Onkel hatte für ihn eine geistliche Laufbahn vorgesehen, die Mörike ab 1818 mit dem Eintritt in das evangelische Seminar Urach einschlug. Doch machte ihm diese Ausbildung kaum Freude und so war er im Studium wenig erfolgreich. Obwohl er einige Jahre den Beruf eines Pfarrers ausübte, fand er darin keine Erfüllung. Oft wechselte er die Pfarrstellen und versuchte hin und wieder, sich durch Schreiben eine andere Existenz aufzubauen. 1843 lies sich Mörike im Alter von 39 Jahren vom Pfarrdienst pensionieren. Doch seine geringe Pension reichte nicht aus, um den Lebensunterhalt zu bestreiten.
Mörike lernte mit seinem Umzug nach Bad Mergentheim die Tochter seines neuen Vermieters kennen, die er 1851 heiratete. Er wurde Vater von zwei Töchtern, doch das Eheglück währte nicht ewig. 1873 trennte er sich von seiner Frau.
Mörike unterrichtete seit 1851 Literatur am Katharinenstift in Stuttgart, wo er zum Professor ernannt wurde. Den Ehrendoktortitel der Universität Tübingen nahm er 1852 entgegen.
Auch seine letzten Lebensjahre waren von häufigen Wohnortwechseln geprägt. 1871 erfolgte die endgültige Rückkehr nach Stuttgart, wo er am 4. Juni 1875 starb.

Sein Schriftstellerkollege Gottfried Keller charakterisierte Mörike als „Sohn des Horaz und einer feinen Schwäbin". Als „Nachkomme" des römischen Dichters Horaz war er von der Antike fasziniert, als Schwabe zeigte er Wertschätzung für das Volkstümliche. All dies spiegelte sich in seinen literarischen Werken wider.

Tabellarische Stoffsammlung

Inhalt	Form	Sprache	Deutung/Wirkung
für alle Strophen gilt: Natur-, Liebes- oder Gedankenlyrik aus der Epoche des Biedermeier	Strophen 1–3 je 6 Verse, Sonderrolle Strophe 4: 7 Verse unregelmäßige Reimform freies Metrum lyrischer Sprecher (lyrisches Ich) Zeilensprung (Enjambement) in fast jeder Strophe	Frühling als Schlüsselbegriff erkennbar: „Frühlingshügel" (V. 1) → weitere Begriffe aus dem Wortfeld „Frühling": „Vogel" (V. 3), „Sonnenblume" (V. 7), „Sonne" (V. 14), „Biene" (V. 18), „golden grüner Zweige" (V. 24) Liebe als Schlüsselbegriff erkennbar Präsens	Leser ist durch Überschrift auf Naturgedicht eingestellt → erkennt am Ende ein sehnendes, sich erinnerndes lyrisches Ich Gefühlszustand des lyrischen Ichs spiegelt sich auch im unregelmäßigen Reimschema wider Leser nimmt unmittelbar Anteil am Geschehen
1. Strophe (V. 1–6): in Natur aufgehendes lyrisches Ich; scheint sich zum geflügelten Wesen zu verwandeln; sehnt sich nach einer „all-einzige[n] Liebe" (V. 4), die nicht greifbar ist und kein Zuhause hat	6 Verse Reimschema: aabccb	hell klingende Verben: „lieg" (V. 1), „fliegt" (V. 3), „bliebe" (V. 5) lebendige Substantive: „Frühlingshügel" (V. 1), „Wolke" und „Flügel" (V. 2) Interjektion „Ach" (V. 4) Vergleich „du und die Lüfte, ihr habt kein Haus" (V. 6)	gewisse Leichtigkeit verbreitet sich; Aufbruch bzw. Frühlingsstimmung Stimmungswechsel ab V. 4 → klagend, sehnsüchtig nach wahrer Liebe, die angesprochen wird, aber nicht greifbar ist
2. Strophe (V. 7–12): lyrisches Ich hofft, durch den Frühling seine Sehnsüchte stillen zu können → führt Dialog mit Frühling	6 Verse Reimschema abbacc	Vergleich mit „Sonnenblume" (V. 7) Schlüsselbegriff „Liebe" (V. 10) taucht erneut auf Partizipien „Sehnend,/ Sich dehnend" (V. 8 f.) Personifikation „Frühling" (V. 11) Fragesätze: „Frühling, was bist du gewillt? / Wann werd ich gestillt?" (V. 11 f.)	lyrisches Ich ist offen wie die Blüte einer Sonnenblume, die nach dem Licht strebt, für Neuanfang oder Beginn einer Liebesbeziehung lyrisches Ich spricht mit dem Frühling und hofft, dass es Sehnsüchte stillen kann, doch die Fragen bleiben unbeantwortet

3. Strophe (V. 13–18): lyrisches Ich lässt sich von Naturphänomenen berauschen, alle Sinne werden berührt	6 Verse Reimschema aabcbc	zahlreiche Zeilensprünge, z. B. V. 14 f. → Verben beschreiben Durchdringungsprozess (Natur – lyr. Ich): „wandeln" (V. 13), „dringt … hinein" (V. 14 f.), „berauschet" (V. 16), „lauschet" (V. 18) Personifikation: „Sonne goldner Kuß" (V. 14)	Aufgehen in der Natur wird als berauschendes Erlebnis wahrgenommen → lyrisches Ich geht in Natur auf bzw. lässt sich von ihr durchdringen → alle Sinne sind angeregt
4. Strophe (V. 19–25): lyrisches Ich wird sich seiner verworrenen Gedanken bewusst, die durch alte Erinnerungen, ausgelöst durch den Frühling, wach geworden sind lyrisches Ich schließt seine Gedanken ab, scheint Ruhe zu finden	7 Verse Reimschema aabbccb	Verben, die Denkprozess verdeutlichen: „denke … denke" (V. 19); „sehne … weiß" (V. 20) Personifikation „Herz" (V. 22) Fragesatz: „Mein Herz, o sage, / Was webst du für Erinnerung / In golden grüner Zweige Dämmerung?" (V. 22–24) fragmentarischer Ausrufesatz beendet Gedicht	lyrisches Ich scheint sich zu sammeln, Ordnung in seine Gedanken zu bringen (unterstreicht vielleicht auch das Reimschema) tritt in den gedanklichen Dialog mit eigenem Herz erkennt, dass die Erinnerungen längst vergangen und verblasst sind → Sehnsüchte lösen nur noch angenehme Gefühle aus, bleiben ungestillt

Gliederung

Einleitung:
Übersichtssatz (Titel, Genre, Autor, Thema, evtl. historische Einordnung)

Hauptteil:
a) Inhaltsangabe (vgl. Kapitel B)
b) Textanalyse (auf der Grundlage der tabellarischen Stoffsammlung)
c) Lesewirkung, Autorenintention

Schluss:
persönliche Wertung
Aktualität des Themas bzw. der zentralen Textaussage

Aufsatzbeispiel

Einleitung

Das Gedicht „Im Frühling“ wurde von Eduard Mörike, einem literarischen Vertreter des Biedermeier, geschrieben. Der Titel lässt zunächst auf ein Naturgedicht schließen. Jedoch wird während des Lesens deutlich, dass es sich auch um ein Liebesgedicht handeln könnte. Beschriebene Sehnsüchte des lyrischen Ichs machen daneben eine Zuordnung zur **Gedankenlyrik** möglich.
Der Frühling wird hier dargestellt als erhoffter, aber nicht recht fassbarer Orientierungspunkt für ein lyrisches Ich, das sich als erwartungsfroh, aber auch als unsicher und von Wehmut erfüllt empfindet.

Hauptteil

Das lyrische Ich hat sich in die Natur begeben und möchte in ihr ganz aufgehen. Gleichzeitig wird ein Sehnen nach einer großen unerreichbaren Liebe in ihm wach. Die Natur soll seine Sehnsüchte stillen und von seinen Sinnen Besitz ergreifen. Doch das scheint nicht zu gelingen, da die Erinnerungen an vergangene Tage alles überlagern und sein Herz schwer machen. Das lyrische Ich schwankt zwischen Freude und Trauer und befindet sich in einer wehmütigen Stimmung, die in eine melancholische Erinnerung mündet.

Das Gedicht besteht aus vier Strophen mit je sechs Versen, außer der letzten Strophe, die sieben Verse besitzt und damit eine gewisse Aufmerksamkeit auf sich zieht. Weitere Formauffälligkeiten, die für das gesamte Gedicht zutreffen, sind die **unregelmäßigen Reime** und ein **freies Metrum**. Diese sprachlich-stilistischen Mittel verdeutlichen die Unsicherheit und das Schwanken des lyrischen Ichs zwischen Hoffen und Bangen. In fast allen Strophen treten **Zeilensprünge** auf, die das übergreifende Sehnen des lyrischen Ichs versinnbildlichen.

Innerhalb der Strophen erkennt der Leser einen Wechsel der verschiedenen Satzarten. Ausrufe- und Fragesätze machen die Suche nach Erfüllung des lyrischen Sprechers deutlich. Auch wenn es sich nicht um ein typisches Naturgedicht handelt, durchzieht der **Frühling als Schlüsselbegriff** alle Strophen. Entsprechende Begriffe aus dem Wortfeld „Frühling“ sind beispielsweise: „Vogel“ (V. 3), „Sonnenblume“ (V. 7), „Sonne“ (V. 14), „Biene“ (V. 18) oder „golden grüner Zweige“ (V. 24). Ebenso taucht die Liebe an zahlreichen Textstellen auf. Sie ist für den Seelenzustand des lyrischen Ichs verantwortlich, versetzt es in Unruhe und animiert zum Dialog mit der Natur. Durch das **Präsens** fühlt sich der Leser unmittelbar in die dargestellte Situation hineingezogen.

In der **ersten Strophe** taucht das lyrische Ich in die Natur ein. Es hat sich auf den „Frühlingshügel“ (V. 1) – eine seltsam offen bleibende Wortschöpfung – gelegt und nimmt eine Wolke als Flügel, um den Vögeln zu folgen. Doch würde es lieber bei seiner „all-einzige[n] Liebe“ (V. 4) bleiben, die aber nirgends beheimatet ist und damit unerreichbar erscheint.
Das Reimschema aabccb vermittelt zunächst eine gewisse Ordnung. Leichtigkeit wird durch die hell klingenden Verben wie „lieg“ (V. 1), „fliegt“ (V. 3) und „bliebe“ (V. 5) hervorgerufen. Die Lebendigkeit der Natur unterstützen die Substantive: „Frühlingshügel“ (V. 1), „Wolke“ und „Flügel“ (V. 2). Insgesamt nimmt der Leser eine für den Frühling typische Aufbruchsstimmung wahr. Durch die Interjektion „Ach“ (V. 4) ist jedoch ein **Stimmungsumschwung** zu erkennen. Das lyrische Ich sehnt sich nach seiner großen Liebe, die es nicht finden kann. Gedanklich möchte es mit dieser Liebe in einen Dialog treten, spricht die Liebe mit „du“ (V. 5 und 6) an, bekommt aber keine Antwort, da sie nicht erreichbar ist. In seiner Enttäuschung findet es dafür einen treffenden Vergleich: „Doch du und die Lüfte, ihr habt kein Haus.“ (V. 6)

Das lyrische Ich lässt sich von der Enttäuschung nicht beherrschen, es hofft, durch die Natur seine Sehnsüchte stillen zu können. In der **zweiten Strophe** spricht es diesmal den Frühling an. Aber auch dieser gibt ihm keine Antwort. Indem das lyrische Ich sich mit einer „Sonnenblume“ (V. 7) vergleicht, die dem Licht entgegenstrebt, zeigt es sich offen für einen Neuanfang oder bereit für den Beginn einer neuen Liebesbeziehung. Die Partizipien „Sehnend, / Sich dehnend“ (V. 8 f.) zeigen, wie geeignet bzw. berechtigt der Vergleich mit der Sonnenblume ist, die auch nach dem Sonnenlicht strebt und sich ihm stets zuwendet. Indem das lyrische Ich den Frühling direkt anspricht, **personifiziert** es diesen Begriff. Somit werden eine intensive Auseinandersetzung und ein Sich-Annähern an diese Jahreszeit, die den Menschen oft neu belebt, möglich. Die an den Frühling gerichteten Fragen „Frühling, was bist du gewillt? / Wann werd ich gestillt?“ (V. 11 f.) bleiben aber unbeantwortet. Das Reimschema abbacc hat sich im Vergleich zur ersten Strophe etwas verändert, weist aber weiterhin eine gewisse Grundordnung auf. Der Leser bekommt den Eindruck, dass das lyrische Ich einen anderen Versuch unternommen hat, seine Erfüllung zu finden.

Ein weiterer Anlauf wird in der **dritten Strophe** deutlich. Dass es sich um eine neue Variante handelt, zeigt das Reimschema aabcbc. Das lyrische Ich lässt sich von den Naturerscheinungen berauschen. Mit allen Sinnen taucht es in die dargebotene Vielfalt ein und scheint von ihr durchdrungen und damit von seinen Sorgen entfernt. Das Stilmittel des **Zeilensprungs**, z. B. in V. 14 f., unterstützt den Rauschzustand und lässt das Erlebte als etwas Großes und Ganzes wahrnehmen. Die Verben „wandeln“ (V. 13), „dringt … hinein“ (V. 14 f.), „berauschet“ (V. 16), „lauschet“ (V. 18) stehen für den Durchdringungsprozess. Die Personifikation „Sonne goldner Kuß“ (V. 14) gibt dem Geschehen etwas Übermächtiges, Göttliches, auf das sich das lyrische Ich einlässt, wenn es sagt: „Es dringt … / Mir tief ins Geblüt hinein;“ (V. 14 f.).

Doch der Rauschzustand hält nicht lange an. In der **vierten** und letzten **Strophe** versucht das lyrische Ich, Ordnung in seine Gedanken zu bringen und sich wieder zu finden, wenn es sagt: „Ich denke dies und denke das“ (V. 19). Das sortierte Reimschema aabbccb unterstützt diese Beobachtung. Das Herz wird – wie schon oben die „Liebe“ (V. 4) und der „Frühling“ (V. 11) – direkt angesprochen mit einer in ein Bild gekleideten, geheimnisvollen Frage: „Was webst du für Erinnerung / In golden grüner Zweige Dämmerung?“ (V. 23 f.) Offen bleibt auch der Schlussvers, in dem eine unbestimmte Erinnerung an „[a]lte unnennbare Tage“ (V. 25) beschworen wird.
Der Leser erkennt, dass die Erinnerungen weit zurückliegen und verblasst sind. Trotzdem lösen diese Sehnsüchte aus, die aber unerfüllt bleiben. Es bleibt zu vermuten, dass das lyrische Ich Ruhe in seinen Gedanken findet und den Erinnerungen in seinem Herzen einen festen Platz zuweist. Ganz sicher ist dieser Prozess auch von Verzweiflung und Trauer unterlegt. Eine **melancholische Stimmung** schwebt am Ende des Gedichtes mit. Das lyrische Ich bleibt zwischen „Lust“ und „Klage“ (V. 21) stecken.

Schluss

Das zu Beginn fröhlich und leicht anmutende Gedicht durchläuft einen gewissen Spannungsbogen. Der Aufschwung in frühlingshafte Höhen (1. Strophe) gerät ins Stocken. Der Frühling versinkt in der 4. Strophe im Dämmer der Erinnerung.
Ich hatte gehofft, dass das lyrische Ich Erfüllung in der Natur findet. Doch der Inhalt der letzten Strophe legt rückblickend Traurigkeit über die Zeilen und macht aus dem anfänglichen Naturgedicht schwermütige Gedankenlyrik. Was bleibt, ist der Rückzug in das Innere, die Erinnerung an eine Vergangenheit, in der das lyrische Ich vermutlich mehr Glück erfahren hat. Dies ist typisch für die Zeit des **Biedermeier**, in der sich viele Menschen von den politischen Wirren abgewandt und ins Private zurückgezogen haben.

Die Sehnsucht und das Verlangen nach Liebe bewegt die Menschheit schon, solange es sie gibt. Auch wird der Frühling mit dieser Thematik seit Jahrhunderten gleichgesetzt, da er die Sinne reizt und für Neuanfang und Regeneration steht. Die dargestellten menschlichen Sehnsüchte haben sich bis heute nicht verändert und werden sich ganz sicher auch in Zukunft nicht ändern. Somit hat Mörike ein zeitloses und eindrucksvolles Gedicht geschaffen.

Aufgabe:

Versetzen Sie sich in eine der beiden Hauptfiguren des Textes und vertrauen Sie Ihre Gedanken und Gefühle Ihrem Tagebuch an.

Christian Bieniek (geb. 1956): Alles easy oder was? (Auszug aus dem Jugendbuch)

Komisch, wie schnell sich so was ändert …

Vor der ersten Verabredung mit Alex hatte ich feuchte Hände und Herzklopfen und rutschte in der Straßenbahn so unruhig auf dem Sitz hin und her, dass mein Rock fast durchgescheuert wäre. Und jetzt, nur sechs Wochen später, hänge ich total schlapp in der Bahn rum, muss alle zwei Minuten gähnen und freue mich auf Alex wie auf eine Blinddarmoperation.

Eigentlich wollte ich schon am Samstag mit ihm Schluss machen, doch da kam was dazwischen: Er lud mich ins Kino ein und spendierte anschließend eine Pizza. Es wäre nicht besonders nett von mir gewesen, ihm beim Abschied zu sagen, dass ich eigentlich nichts mehr von ihm wissen will. Außerdem ist der Abend eigentlich ganz lustig gewesen, weil Alex so müde war, dass er kaum den Mund aufkriegte. Okay, das klingt ziemlich seltsam, aber Alex ist eben ein ziemlich seltsamer Typ.

Wir haben uns auf Wiebkes Fete kennen gelernt, zu der Alex eingeladen wurde, weil er über ein paar Ecken mit Wiebke verwandt ist. Als er reinkam, verschluckten sich fast alle Mädchen an ihrer Cola. Und das lag daran, dass Alex nicht gerade aussieht wie der Glöckner von Notre-Dame. Bei der nächsten Wahl zum BRAVO-Boy hätte er bestimmt Chancen, unter die ersten drei zu kommen. Mir genügte ein kurzer Blick, um ihn sofort in die Schublade „eingebildeter Schönling" zu stecken; damit war er für mich erledigt. Dann lächelte er mich an und von dem Moment an war ich völlig weggetreten.

„Soll ich mal raten, Saskia, warum deine Augen plötzlich so strahlen?", fragte prompt meine Freundin Katrin.

Im Laufe des Abends hätten auch die andern mitkriegen können, was mit mir los war. Ich trank nämlich kaum noch was, knabberte stundenlang an einer Salzstange rum und war so gesprächig wie die Fische in Wiebkes Aquarium. Ansonsten beschäftigte ich mich damit, Alex anzustarren und zu beten, er möge sich zu mir setzen und sich mit mir unterhalten. Ich dachte, wir hätten uns jede Menge zu erzählen. Aber als wir uns gegen Ende der Fete eher zufällig gegenüberstanden, wechselten wir nur ein lahmes Hallo und zwei, drei Satze über Wiebke.

Beim Einschlafen, Aufwachen, in der Schule und beim Mittagessen hatte ich nur einen Gedanken: Alex. Als am Nachmittag das Telefon klingelte und ich nach dem Abheben die Stimme von Alex erkannte, dachte ich, ich hätte Halluzinationen. Aber er war es wirklich! Vor Aufregung umklammerte ich den Hörer so fest, dass ich ihn fast zerquetschte. Alex fragte, ob ich Lust hätte mit ihm spazieren zu gehen. Ich überlegte eine Hundertstelsekunde und dann sagte ich Ja.

Wir trafen uns um fünf Uhr vor dem Eingang zum Nordpark. Ich stieg aus der Bahn, und sofort wurde mir richtig schlecht. Alex stand auf der anderen Straßenseite. Als er mich anlächelte, wäre mir das Herz in die Hose gerutscht, wenn ich eine angehabt hätte. Aber ich trug einen kurzen grünen Rock und eine weiße Strumpfhose, und das bei drei Grad unter Null. Trotzdem schwitzte ich wie in der Sauna.

Wir schlenderten durch den Park und redeten über dies und das, hauptsächlich über die Schule. Irgendwann fiel uns nichts mehr ein. Wir schwiegen, dann lachten wir ohne

jeden Grund wie zwei Irre und dann schwiegen wir wieder. Und plötzlich lagen wir uns in den Armen und küssten uns.
Das war der Anfang – und gleichzeitig auch das Ende. Es wurde nämlich nie mehr so schön wie bei diesem ersten Treffen. Wir sahen uns sechs Wochen lang jeden Tag, in den Osterferien sogar von morgens bis abends. Und mit der Zeit wurden meine Probleme mit Alex immer größer. Sicher, wir hatten jede Menge Spaß zusammen. Alex ist immer gut drauf und kann unheimlich zärtlich sein, wenn er will. Was mich am Anfang nur wenig störte, mittlerweile allerdings ganz schön nervt, ist Folgendes: Es gibt kaum ein ernstes Thema, über das ich mit Alex reden kann. Er wird bald 16 und sieht aus wie 20, aber er kommt mir oft vor wie ein zehnjähriges Kind. Comics, Popstars, Basketball, Videospiele, Modellflugzeuge – das ist seine Welt. Wenn ich mich mal über etwas anderes mit ihm unterhalten will, zum Beispiel über unsere Eltern, unsere Zukunft oder unsere Gefühle füreinander, kriege ich nur flapsige Sprüche zu hören. Als er auf meinem Fensterbrett die Spardose entdeckte, in der ich Geld für ein Brunnenbauprojekt in Westafrika sammle, machte er tagelang Witze darüber. So richtig ernsthaft kann man mit ihm nur über Alfred E. Neumann, Michael Jordan und Aerosmith reden, das aber stundenlang. Allerdings gibt es ein Mittel, mit dem ich ihn dann unterbrechen kann: knutschen. Ehrlicherweise muss ich gestehen, dass ich alles andere als allergisch gegen dieses Mittel bin.
Trotzdem: Jetzt ist Sense!, sage ich mir entschlossen. Schließlich ist Alex nicht der einzige Junge auf der Welt. Und ich nicht das einzige Mädchen. Alex wird bestimmt keine Schwierigkeiten haben, eine neue Freundin zu finden. Und wenn doch, dann soll er Katrins Schwester anrufen. Die würde sehr gut zu ihm passen: Sie ist sportlich, ein totaler Comicfan und neun Jahre alt.
[…]

Bieniek, Christian: Alles easy oder was? Würzburg: Arena, 2005, S. 6 ff.

Lösung

Hinweis: In diesem Arbeitsauftrag steckt eine produktiv-kreative Schreibaufgabe. Du hast die Wahl, in welche der beiden Hauptfiguren du dich versetzen möchtest, um aus deren Sicht einen Tagebucheintrag zu den Geschehnissen der Textvorlage zu verfassen. Der Inhalt des Textauszugs aus dem Jugendbuch „Alles easy oder was" von Christian Bieniek wird bereits aus der Sicht der weiblichen Ich-Erzählerin dargestellt, somit wäre es recht schwierig, aus ihrer Perspektive die Geschehnisse in einem Tagebucheintrag noch einmal zu beleuchten. Der Spielraum, inhaltlich kreativ zu werden, ist recht gering und du könntest Gefahr laufen, Textpassagen des Originaltextes zu übernehmen. Aus der Perspektive des Jungen, Alex, ergeben sich dagegen interessante Möglichkeiten, die dargestellte Geschichte neu aufzurollen.

Inhaltliche Schwerpunkte

1. Schreibanlass klären → Ort und Zeitpunkt festlegen
2. Entwicklung der Beziehung aus der Sicht der gewählten Figur reflektieren – orientiert an der Textvorlage
3. Darlegen eigener Gedanken und Gefühle
4. im Gespräch mit sich selbst (Tagebuch) sein
5. Wertung der Situation
6. Erwartungen / Perspektiven über die Textvorlage hinaus

Aufsatzbeispiel

Liebes Tagebuch, 18. Juni 2012

Träume, was sind schon Träume?
Ich glaube nicht an Traumdeutung. Mein Unterbewusstsein versucht nicht, mir Nachrichten zu schicken und wenn doch, dann kommen sie nie bei mir an.
Doch dieses Mal war es anderes, liebes Tagebuch. Dieser Traum kam mir so real vor, dass mein Herz immer noch wie wild klopft und meine Finger, die diesen Stift halten, wie Espenlaub zittern.
Ich habe von meiner Freundin Saskia geträumt. Von uns beiden, wie wir auf dem ausgebeulten alten Sofa in meinem Zimmer rumlümmelten und irgendeinen Film ansahen. Irgendetwas mit glitzernden Vampiren und jeder Menge schnulziger Dialoge.
Es fühlte sich gut an, den Menschen im Arm zu halten, der für einen das Wichtigste auf der Welt ist. Ich hätte in diesem Moment sogar meine heißgeliebte Comicsammlung hergegeben, nur um ewig mit Saskia auf diesem Sofa bleiben zu können. Bis dahin war es ein schöner Traum.

Der grausame Gedanke an das, was danach geschehen ist, an das, was diesen schönen Moment zerplatzen ließ wie eine Seifenblase, jagt mir kalten Schauer über den Rücken und mir wird ganz übel vor Angst. Denn Saskia entwand sich plötzlich meinem Griff und stampfte wütend aus dem Zimmer. Ich saß erstaunt da, mit offenem Mund, und konnte mich erst bewegen, als die Tür mit einem lauten Knall zurumste. Verzweifelt versuchte ich im Traum, ihr nachzulaufen, sie festzuhalten, doch sie war immer schneller als ich. Als ich sie endlich zu fassen bekam und sie sich umdrehte, erschrak ich zutiefst. Ihr sonst so schönes und fröhliches Gesicht glich eher einer Maske des Zorns und des Ekels. Ekel? Warum sah sie mich an, als sei ich ein lästiges Insekt? Dann sagte sie die vier Worte, die diesen Traum nun vollständig zu einem Alptraum machten. „Es ist aus, Alex!"

„Nein!" Mit diesem Aufschrei schreckte ich hoch. Mir war unausstehlich heiß und ich zitterte am ganzen Körper. Mit großer Anstrengung gelang es mir, die unnatürlich schwere Decke von mir zu hieven. Ein verärgertes Brummen erregte meine Aufmerksamkeit. Mein Kater bahnte sich schnaufend einen Weg aus dem Deckenwirrwarr und blinzelte mich vorwurfsvoll an. Mit bebenden und kalten Fingern fuhr ich durch sein samtenes Fell, schloss die Augen und seufzte. Das Mondlicht, das durch das Dachfenster fiel, malte unheimliche Schatten in mein Zimmer. Das Zimmer aus meinem Traum. So durcheinander war ich noch nie gewesen. In meinem Kopf schwirrten viele Eindrücke wild umher und sie zu ordnen, war mir unmöglich.

Dann fiel mein unruhiger Blick auf dich, altes Tagebuch, wie du ganz verstaubt in einem Regal lagst. Ein wenig kindisch kam ich mir schon vor, als ich dich in die Hand nahm und zu schreiben begann. Das habe ich seit Ewigkeiten nicht mehr getan! Was alles so in dir drin steht! Mein erster Schultag in der neuen Schule, Omas Beerdigung und sogar ein Eintrag über den ersten Besuch bei der Comicmesse!
Doch diese Erinnerungen sind nicht genug, um mich von meinem Traum abzulenken … Warum sollte Saskia mit mir Schluss machen?

Ich erinnere mich noch genau an unser erstes Treffen. Sie sah fantastisch aus, auf Wiebkes Party. Eigentlich hatte ich an diesem Abend etwas anderes vorgehabt, doch in diesem Augenblick, als ich sie das erste Mal sah, beglückwünschte ich mich selber zu der Entscheidung, gekommen zu sein. Mir war bewusst, dass ich ein breites Grinsen auf dem Gesicht trug, doch ich konnte einfach nicht anders. Als sie ihren Blick abwandte, sank meine Zuversicht. War ich so abstoßend? War ich so langweilig, dass sie gegen Ende der Party nur wenige Worte mit mir wechselte? Unsicher trat ich mit meinen Füßen hin und her und das Sprachzentrum meines Hirns schien alle bisher gelernten Worte vergessen zu haben. Warum musste sie denn auch so toll aussehen? Sie hat das hellste Haar, das ich jemals gesehen habe, die größten Augen der Welt und ihre Zähne sind von einem so reinen Weiß, dass Meister Proper einpacken kann!

Wiebke muss meine Schwärmerei bemerkt haben, denn als ich ihr dabei half, die Überreste der Fete zu beseitigen, steckte sie mir ein zusammengefaltetes Zettelchen zu mit ihrer Nummer. Habe ich nicht die tollste Cousine der Welt?

Gott, ich war so verdammt aufgeregt, als ich Saskia anrief, und noch aufgeregter, als sie einem Treffen zustimmte! Ich bin völlig albern in meinem Zimmer herumgehüpft und meine Freudenschreie waren bestimmt im ganzen Dorf zu hören. Im Nachhinein ein wenig peinlich, aber in diesem Moment einfach nötig. Sonst wäre ich geplatzt!
Ich war so nervös, als ich am Eingang des Parks auf sie wartete. Sie sah wieder toll aus. Ein grüner Rock, so kurz, dass er mir den Anblick ihrer wunderschön geformten Beine ermöglichte und ich mich unwillkürlich um ihre Gesundheit sorgte, war es doch so kalt, dass mir fast die Zähne klapperten. Ihr schien es allerdings nichts auszumachen. Ich bemühte mich die ganze Zeit, möglichst cool und schlau zu wirken. Neben einer wie Saskia ein ziemlich schweres Unterfangen. Sie muss sehr klug sein, sonst wäre sie wohl kaum die beste Schülerin der Schule. Was sollte ich, ein mittelmäßiger Schüler ohne Motivation und Talent, nur zu diesem Gespräch beisteuern? Durch meine trübsinnigen Gedanken abgelenkt, merkte ich gar nicht, dass sie aufhörte zu reden und mich fragend ansah. Da war sie wieder, diese Nervosität! Mir fiel beim besten Willen nicht ein, was sie zuletzt gesagt hatte, jetzt musste sie mich ja für einen vollständig verblödeten Idioten halten. Doch dann musste ich plötzlich lachen und kam mir unendlich dämlich vor. Doch zu meiner Verwunderung lachte sie mit! Sie hatte ein unglaublich schönes Lachen. Ich konnte einfach nicht dem Drang widerstehen, sie zu küssen … Und seitdem sind wir zusammen. Doch ich weiß, dass unsere Beziehung nicht perfekt ist. Sie ist sogar sehr weit entfernt von perfekt. Wir sind einfach zu unterschiedlich, haben andere Interessen und Bedürfnisse. Sie entspannt sich lieber beim Lesen eines Buches, während ich, mit Tastatur und Maus bewaffnet, unzählige Welten vor bösen Zauberern und Feuer speienden Drachen befreie. Dennoch können wir uns unterhalten und zusammen Spaß haben. Doch woher kommt die plötzliche Angst, sie zu verlieren? Warum träume ich nur so einen Unsinn?
Ich bin oftmals wütend über mich selbst. Alles, was Saskia tut, ist genau durchdacht. Ich bewundere ihre Klugheit und ihr Einfühlungsvermögen. Neben ihr fühle ich mich manchmal wie ein ungehobelter Holzklotz, unfähig, meine Gedanken auszudrücken.
Ich erinnere mich noch gut an den „Brunnenbauprojekt-Zwischenfall". Musste ich mich über eine Sache, die ihr so viel bedeutet, lustig machen? Ich konnte es einfach nicht ertragen, dass sie sogar an das Wohl der Menschen in Westafrika denkt und das Einzige, für das ich Geld sammeln würde, die Weiterführung der Numb3rs-Serie wäre.

Und immer diese Gespräche über unsere Eltern und unsere Zukunft … Ich weiß, mit 16 sollte man schon irgendeinen Plan im Kopf haben, man sollte zumindest einen Ansatz haben, was man mit seinem Leben anstellen will, doch ich möchte jetzt noch nicht darüber nachdenken. Ich muss Saskia bestimmt total mit meinen Ausflüchten nerven; auch, dass ich immer vom Thema ablenke, ist bestimmt anstrengend. Doch wer gibt schon gerne zu, dass er zwar keinen Plan für die Zukunft hat, dafür aber fast jeden einzelnen Planeten aufzählen kann, den der „Doctos" in „Doctor Who" besucht hat? Ich nicht.
Wie kann ich ihr zeigen, dass sie mir so viel bedeutet? Dass ich sie wirklich liebe? Dass meine Sprüche eigentlich nur von meiner Furcht ablenken sollen, dass sie erkennt, wie wenig wir zusammenpassen und sie jemanden Besseren verdient hat?

Das erste Mal in meinem Leben hat ein Traum eine Bedeutung. Ich muss unbedingt etwas ändern, sonst wird er bittere Realität! Hoffentlich habe ich nicht zu spät erkannt, dass ich etwas ändern muss, liebes Tagebuch.
Gleich morgen werde ich sie ins Kino einladen, in einen Film ihrer Wahl. Sonst landen wir am Ende noch in diesem spannenden neuen Superheldenfilm und das würde meiner Sache wenig helfen … Anschließend können wir noch eine Pizza essen. Zwar werde ich nach dieser langen Nacht total müde und erschöpft sein, doch ich bin zuversichtlich, dass ich durch das morgige Date einiges an unserer Beziehung ändern kann. Ich möchte niemals wieder einen so schrecklichen Alptraum haben wie heute Nacht!

2012-17

Realschulabschluss Deutsch in Thüringen: Prüfungsaufgaben 2013
Aufgabe 1

Aufgabe:

1.1 Entnehmen Sie dem Text zwölf Informationen über Fast Food und stellen Sie diese in einer geeigneten Form dar.
1.2 Erörtern Sie die Thematik „Fast Food und gesunde Ernährung im Alltag" und beziehen Sie die Ernährungspyramide der folgenden Seite mit ein. Berücksichtigen Sie in Ihren Ausführungen Konsequenzen für Ihr persönliches Handeln.

FAST FOOD
WENN SCHON, DENN SCHON!

„Fast Food" heißt schnelles Essen. Der Begriff bezieht sich also nicht auf die Qualität von Gerichten, sondern auf die Geschwindigkeit, mit der sie zubereitet und gegessen werden. Schon in der Antike und im Mittelalter gab es die Möglichkeit, schnell und günstig zu essen: So wurden von fahrenden Köchen Suppen und Bratfisch, aber auch Süßes angeboten.
Eine Befragung unter deutschen Jugendlichen zeigt, dass 87 Prozent Fast Food für ungesund halten. Man isst es und denkt gleichzeitig, es sei schlecht, Fast Food zu essen. Kritiker bezeichnen Fast Food häufig auch als „junk food" (engl. junk = Müll). Doch Fast-Food-Gerichte sind in ihrer Zusammensetzung sehr unterschiedlich und genauso unterschiedlich werden sie von Ernährungswissenschaftlern auch beurteilt. Die Frage ist nicht, ob wir Fast Food essen, sondern wie viel. Ab und zu schadet nicht. Nur jeden Tag, das wäre ungesund. Viele Fast-Food-Mahlzeiten enthalten zu viel Fett und Salz sowie zu wenig Vitamine, Mineralstoffe und Spurenelemente. Daher ist eine optimale Kombination verschiedener Lebensmittel pro Fast-Food-Mahlzeit und ein Ausgleich durch andere Mahlzeiten wichtig. Man kann den Nährstoffgehalt einer Fast-Food-Mahlzeit mit den richtigen Beilagen aufpeppen. Mit Salat und Fruchtsaft wird aus einem Stück Pizza eine ausgewogene Mahlzeit. Die Vitamin- und Mineralstoffbilanz kann über den Tag zum Beispiel durch Vollkornbrot, fettarme Milchprodukte, Salate, Obst und Gemüsebeilagen ausgeglichen werden. Wenn schon schnell essen, dann wenigstens mit Köpfchen!

In: Jugendmagazin Food Fun Fantasy, Zeitbild-Verlag, KV 17
http://www.zeitbild.de

© Bundesministerium für Gesundheit/Österreich; http://bmg.gv.at/home/Service/Publikationen_bestellen/

Hinweis:

Beide Teilaufgaben 1.1 und 1.2 sind zu bearbeiten und gehen folgendermaßen in die Bewertung ein:

1.1: 25 %
1.2: 75 %

Lösung

Hinweis: Die ***Aufgabe 1.1*** *verlangt von dir, zwölf Informationen zum Thema Fast Food aus dem vorgegebenen Text herauszufinden. Diese sollst du dann in einer geeigneten Form schriftlich darstellen.*
Zunächst muss der Text von dir gründlich bearbeitet werden. Die Methoden zur Lesetechnik und Informationsdarstellung findest du im Kapitel E dieses Buchs. Es empfiehlt sich das totale/gründliche Lesen, da du dem relativ kurzen Text viele Informationen entnehmen musst und keine speziellen Aussagen gesucht sind. Beim Lesen solltest du dir alle wichtigen Informationen anstreichen, um anschließend ohne aufwendiges Suchen eine geeignete Auswahl der geforderten 12 Informationen treffen zu können.
Als Darstellungsform eignet sich eine Mindmap. Sie ermöglicht, verschiedene Sachverhalte grafisch zu strukturieren. Achte darauf, dass du die ausgewählten Informationen im Nominalstil in Form von Stichpunkten darstellst.

Fast Food

Beurteilung:
- Haltung der meisten Menschen eher kritisch
- von 87 % der befragten Jugendlichen als ungesund eingestuft
- von Kritikern bezeichnet als „junk food“
  → Bedeutung junk (engl.) = Müll
- sehr unterschiedliche Zusammensetzung von Fast-Food-Gerichten
- unterschiedliche Beurteilung von Ernährungswissenschaftlern

Vorgeschichte:
- bereits in Antike und Mittelalter Möglichkeit des schnellen und günstigen

Bedeutung:
- schnelles Essen
- keine Qualitätsbeschreibung, sondern Merkmal für Geschwindigkeit der Zube-

Optimierung:
- gelegentlicher Verzehr wenig schädlich
- viele Fast-Food-Gerichte ungesund
  → zu viel Fett und Salz
  → zu wenig Vitamine, Mineralstoffe und Spurenelemente
- Optimierung der Mahlzeit durch Kombination mit anderen Lebensmitteln, z. B. mit Salat und Fruchtsaft
- Ausgleich der Vitamin- und Mineralstoffbilanz durch Vollkornbrot, fettarme Milchprodukte, Salat, Obst und Gemüse

Hinweis: Die Thematik „Fast Food und gesunde Ernährung im Alltag" ist laut ***Aufgabe 1.2*** *zu erörtern. Dabei sollst du die abgebildete Ernährungspyramide miteinbeziehen, die wichtige Informationen zu den verschiedenen Lebensmittelgruppen und zu deren sinnvollem Verzehr bereithält. Außerdem sind Überlegungen bezüglich des eigenen Ernährungsverhaltens anzustellen.*
Zunächst gilt es zu klären, ob Fast Food im Widerspruch zu einer gesunden Ernährung steht. Daraus ergibt sich die Frage, inwieweit sich Fast Food mit gesunder Ernährung im Alltag vereinbaren lässt. Der Schwerpunkt liegt also weniger auf dem Für und Wider zum Thema Fast Food, sondern eher auf der gerade erwähnten Fragestellung. Du kannst sowohl die Aussagen des vorgegebenen Textes als auch eigene Erfahrungen einfließen lassen. Auch die Betrachtung der Ernährungspyramide ist für deine Ausführungen sehr gewinnbringend, da diese weitere gesicherte Fakten zur Thematik bietet. Die Wertigkeit der verschiedenen Nahrungsmittelgruppen erkennst du durch die Pyramidenform und die angefügten Kommentare.
Du kannst aus einem recht großen Informationspool schöpfen, was ein gründliches Durcharbeiten der Materialien und ein strukturiertes Vorgehen besonders wichtig macht. Abschließend darfst du nicht vergessen, Konsequenzen für dein eigenes Handeln bezüglich deiner Ernährung abzuleiten und begründet darzulegen.

Analyse und Eingrenzen des Themas

Fast Food und **gesunde Ernährung** im Alltag

↓ Was ist Fast Food? — Definition des Begriffes

↓ Was gehört zu einer gesunden Ernährung? — Einbeziehung der Ernährungspyramide

→ Zu erörternde Fragen:

Inwieweit lassen sich Fast Food und gesunde Ernährung im Alltag vereinbaren?

↓

Welche Konsequenzen für mein persönliches Handeln ziehe ich?

↓

Erörtern der Problematik = kritische Auseinandersetzung in Form einer linearen Erörterung

Klärung der Begriffe

Fast Food

Fast Food ist ein englischer Begriff und bedeutet schnelle Nahrung, schnelles Essen oder Schnellimbiss. Es handelt sich dabei um einfache und schnell angerichtete Speisen, die für den raschen Verzehr produziert werden. Diese Speisen sind industriell so weit zubereitet, dass die Zeitspanne zwischen Bestellung und Erhalt des Produktes meist weniger als zehn Minuten beträgt. Häufig wird der Begriff mit „junk food" (engl. junk = Müll) gleichgesetzt.

Gesunde Ernährung
Gesunde Ernährung wird auch als vollwertige Ernährung bezeichnet. Diese Nahrung enthält alle notwendigen Bestandteile, die der Mensch zur Deckung seines Energiebedarfs braucht, z. B. Proteine, (komplexe) Kohlehydrate und gesundes Fett, in ausreichender Menge. Damit wird eine wesentliche Grundlage für den Muskelaufbau und die Erhaltung der Gesundheit gelegt.

Erschließen der Materialsammlung
Wesentliche Informationen aus den Stufen der Ernährungspyramide:

viel

Sockel	→	Fundament, verweist auf ausreichende Flüssigkeitszufuhr über den Tag verteilt (z. B. Tee, Wasser, Saft)
1. Stufe	→	optimale Vitaminzufuhr (5× täglich Gemüse, Obst)
2. Stufe	→	optimale Versorgung mit Kohlehydraten (Getreide, Kartoffeln)
3. Stufe	→	optimale Versorgung mit Eiweiß (täglich Milch und Milchprodukte, regelmäßig Fisch, mäßiger Verzehr von Fleisch, Wurst und Eiern)
4. Stufe	→	mäßiger Verzehr von Ölen und Fetten, dabei Berücksichtigung der Qualität
Spitze	→	möglichst sparsamer Verbrauch von fett- und zuckerreichen Lebensmitteln

wenig

Gliederung des Aufsatzes

Einleitung:
- Hinführung zur Thematik
- variabel (persönliches Erlebnis, eigene Erfahrungen, allgemeine Erscheinungen …)
- Aufzeigen der Problematik

Hinweis: Der Leser soll durch die Einführung mit der Thematik und deren Bedeutung konfrontiert werden.

Hauptteil:
- Analyse der Thematik
- Definition der Begriffe (dabei klare Unterscheidung von Fast Food und „junk food“)
- lineare Argumentation

Klärung der zentralen Fragestellungen:
Inwieweit lassen sich Fast Food und gesunde Ernährung im Alltag vereinbaren?
- ausschließliche Fast-Food-Ernährung ungesund, da meist zu viel Fett und Salz enthalten; außerdem zu wenig Vitamine, Mineralstoffe und Spurenelemente
- deshalb Fast Food nur hin und wieder
- Ergänzung von Fast Food mit Obst, Gemüse, Vollkornbrot oder fettarmen Milchprodukten
- für Auswahl und Menge der Nahrungsmittel an Ernährungspyramide orientieren, z. B. stets auf ausreichende Menge an Flüssigkeit achten, viel Obst und Gemüse verzehren und, wenn möglich, auf zucker- und fettreiche Lebensmittel verzichten

Welche Konsequenzen für mein persönliches Handeln ziehe ich?
- Nahrungsaufnahme bewusst in Tagesablauf einplanen → sich Zeit fürs Essen nehmen
- Nahrungsmittel sorgfältig auswählen

Hinweis: Achte auf eine schlüssige Argumentation, reihe deine Gedanken logisch aneinander, sodass der Leser dir stets gut folgen kann. Vermeide Gedankensprünge.

Schlussteil:
Fazit und Bedeutung der Thematik

Aufsatzbeispiel

Einleitung

Seit einigen Jahren beklagen sich immer mehr Menschen, dass Hektik und Schnelllebigkeit zu Gesundheitsschäden und Unzufriedenheit beitragen. Wir verfolgen ehrgeizige Ziele, wollen viel schaffen, doch zerstören wir dabei unsere eigene Lebensqualität. Dies beginnt bereits beim Essen. Es soll gut schmecken, aber in der Zubereitung mit möglichst geringem Zeitaufwand verbunden sein. Zahlreiche Unternehmen haben daraus erfolgreiche Geschäftsideen entwickelt. Unterschiedliche Fast-Food-Ketten locken mit wohlschmeckenden Schnellmenüs vor allem junge Menschen in ihre Restaurants. Auch Fertiggerichte in Supermärkten ziehen durch ihre effektive Zubereitung die Aufmerksamkeit vieler berufstätiger Eltern auf sich, versprechen sie doch eine leckere und gesunde Mahlzeit für die Lieben daheim. Die meisten von uns wissen jedoch, dass solche Mahlzeiten mit einer gesunden Ernährung wenig zu tun haben. Trotzdem ist die Nachfrage groß und die Angebotspalette wächst stetig. Nun stellt sich die Frage, ob Fast Food mit einer gesunden Ernährung im Alltag zu vereinbaren ist.

Hauptteil

Zunächst sollte man sich den Begriffen Fast Food und gesunde Ernährung genauer zuwenden, um über eine Vereinbarkeit dieser Ernährungsformen genauer nachdenken zu können.
Fast Food kommt aus dem Englischen und bedeutet schnelle Nahrung, schnelles Essen oder Schnellimbiss. Es handelt sich dabei um einfache und schnell angerichtete Speisen, die für den raschen Verzehr produziert werden. Diese Speisen sind industriell so weit zubereitet, dass die Zeitspanne zwischen Bestellung und Erhalt des Produktes meist weniger als zehn Minuten beträgt. Häufig wird der Begriff mit „junk food" (engl. junk = Müll) gleichgesetzt, da sich die Produkte aus Zutaten minderwertiger Qualität zusammensetzen und meist zu viel Salz und Fett beinhalten. Somit deutet der Begriff „junk food" eine generelle Ablehnung von solchen Imbissangeboten an.

Gesunde Ernährung wird auch als vollwertige Ernährung bezeichnet. Eine solche Nahrung enthält alle notwendigen Bestandteile, wie Proteine, komplexe Kohlehydrate und gesundes Fett, in ausreichender Menge, die der Mensch zur Deckung seines Energiebedarfs braucht. Damit wird eine wesentliche Grundlage für den Muskelaufbau und die Erhaltung der Gesundheit gelegt.

Da in diesem Aufsatz der Vergleich der Qualität der Nahrung im Mittelpunkt steht, wird nachfolgend der Begriff Fast Food bezüglich der Nährstoffzusammensetzung begutachtet. Es geht also weniger um die eigentliche Wortbedeutung des schnellen Essens.

Es sollte jedoch vorangestellt werden, dass gesundes Essen auch Zeit und Ruhe erfordert. Dies beginnt schon mit der Auswahl der Nahrungsmittel. Will man frische und gesunde Lebensmittel für seine Speisen, sollte man diese in aller Ruhe auswählen und sich eventuell vom Fachpersonal beraten lassen. Auch beim Zubereiten kann durch Hektik und Stress der Speise viel an Qualität genommen werden. Um den Sättigungs- und Verdauungsprozess zu optimieren, muss die Nahrungsaufnahme ohne Hast erfolgen.

Durch die unausgewogene Zusammensetzung der Nährstoffe in den meisten Fast-Food-Produkten ist eine Ernährung allein mit diesen Lebensmitteln über einen längeren Zeitraum sehr ungesund. Untersuchungen haben gezeigt, dass der Mensch über diese Nahrung zu wenig Vitamine, Mineralstoffe und Spurenelemente aufnimmt. Vor allem Kinder neigen bei häufigem Verzehr zu Antriebslosigkeit und raschen Ermüdungserscheinungen, was nicht zuletzt zu Fettleibigkeit oder hoher Infektionsanfälligkeit führt.

Wer Fast Food nur hin und wieder isst, wird jedoch von den genannten Folgeerscheinungen kaum betroffen sein, denn erst nach einem längeren und regelmäßigen Verzehr werden die Mangelerscheinungen sichtbar. Somit ist ein Besuch bei McDonald's als gelegentliches Highlight nicht gefährlich und muss auch nicht prinzipiell verpönt werden.

Fast-Food-Esser können die fehlenden Nährstoffe selbst ergänzen. So braucht z. B. niemand auf seine Lieblingspizza zu verzichten, wenn frisches Gemüse als Belag ergänzt wird. Ein leckerer Obstsalat, der den Vitaminhaushalt abdeckt, ist auch schnell zubereitet, und ein Glas Milch deckt rasch den täglichen Kalziumbedarf. Die Kombinationsmöglichkeiten sind unbegrenzt und sehr variabel.

Wer Schwierigkeiten hat, sich ausgewogen und gesund zu ernähren, weil ihm diesbezüglich vielleicht auch die genauen Kenntnisse fehlen, kann ohne größeren Aufwand die wichtigsten Informationen aus der Ernährungspyramide entnehmen. Aus ihr lässt sich ableiten, in welchen Mengenverhältnissen die verschiedenen Lebensmittelgruppen dem Körper zuzuführen sind. So ist z. B. eindeutig erkennbar, dass eine ausreichende Flüssigkeitszufuhr von Wasser, Tee oder Säften eine Hauptvoraussetzung für eine gesunde Ernährung darstellt. Der regelmäßige Verzehr von Obst und Gemüse wird mehrmals täglich empfohlen, dagegen sollten zucker- und fettreiche Lebensmittel möglichst selten gegessen werden.

All dies ist für die meisten Menschen nicht neu. Trotzdem gehören Disziplin und eine bewusste Einstellung dazu, sich konsequent gesund zu ernähren. Die Verlockungen, schnell einmal den kleinen Hunger zu stillen, warten fast überall auf uns – hier ein Riegel Schokolade, da ein kleiner Hamburger. Oft verdrängt man die sündigen Momente mit Sätzen wie: „War ja nur eine Kleinigkeit." Doch es sind diese kleinen Zwischenmahlzeiten, die den gesunden Ernährungsplan durcheinanderbringen und uns krank machen können.

Gesunde Ernährung will also gelernt sein. Dazu gehört das Einhalten von regelmäßigen Mahlzeiten, die einen festen Platz im Tagesablauf einnehmen. Empfohlen werden drei größere oder fünf mittlere Mahlzeiten. Außerdem kommt es, wie bereits erwähnt, auf die richtige Nahrungszusammensetzung an sowie auf die bewusste und sorgfältige Auswahl qualitativ hochwertiger Lebensmittel.

Da es in meiner Familie üblich ist, jeden Tag gemeinsam zu frühstücken und auch das Abendessen zusammen einzunehmen, habe ich von Haus aus günstige Voraussetzungen, mich gesund zu ernähren. Auch achten meine Eltern sehr auf die Qualität und Zusammensetzung unserer Speisen. Nur hin und wieder, wenn das Pausenbrot nicht schmeckt oder der Duft vom Döner-Stand über die Straße weht, lasse ich mich schon einmal vom Fast-Food-Angebot anlocken. Mit dem Wissen, wie ich diese Speisen aufwerten kann, werde ich mir in der Zukunft noch bewusster Obst und Gemüse in eine extra Dose packen. Zum Glück gibt es in unserer Schule einen Trinkbrunnen, den ich ab jetzt öfter als einmal am Tag aufsuchen werde.

Schluss

Weil in den letzten Jahren eine Zunahme an übergewichtigen Menschen zu beobachten ist und die erwähnten Folgeerscheinungen nicht ausbleiben werden, ist es an der Zeit, dass die Menschen in unserer Gesellschaft sich noch bewusster mit ihrer Ernährungsweise auseinandersetzen. Unser Staat investiert bereits sehr viel Geld in Aufklärungskampagnen zur gesunden Ernährung. Letztendlich kommt es jedoch auf jeden selber an, Wohlbefinden und Lebensfreude zu erhalten – was ohne eine gesunde Ernährungsweise dauerhaft kaum möglich ist.

Realschulabschluss Deutsch in Thüringen: Prüfungsaufgaben 2013
Aufgabe 2

Aufgabe:

100. Todestag von Rudolf Diesel
Am 29. September 2013 jährt sich zum 100. Mal der Todestag von Rudolf Diesel.

Verfassen Sie einen ausführlichen Artikel für eine Tageszeitung, in dem das Wirken des Erfinders Rudolf Diesel gewürdigt wird. Nutzen Sie die Informationen aus den vorliegenden Materialien 1–4.

Bild: Deutsche Post AG

Material 1

18. 03. 1858	Geburt in Paris als zweites Kind von Theodor Diesel und seiner Frau Elise
1872	Entschluss, „Mechaniker“ (Ingenieur) zu werden
1873	Beendigung der Gewerbeschule als Bester
1875	Abschluss der Industrieschule, erneut als Bester Beginn des Studiums an der Technischen Hochschule München
1880	Abschluss mit dem besten Examen seit Bestehen der Hochschule März: Eintritt als Volontär[1] in die Lindesche Eisfabrik in Paris
1881	Ernennung zum Direktor der Lindeschen Eisfabrik
September	erstes Patent auf ein Verfahren zur Herstellung von Klareis in Flaschen
1889	Weltausstellung in Paris: Betreuung des Standes der Kälte- und Eismaschinen von Linde
23. 02. 1893	Patent für die später nach ihm benannte Verbrennungskraftmaschine mit hohem Wirkungsgrad
1893–1897	Entwicklung des Dieselmotors
28. 01. 1897	Fertigstellung des Diesel-Viertaktmotors (zweiter Versuchsmotor)
1898	Gründung der Dieselmotorenfabrik Augsburg (1911 aufgelöst) Bau der ersten Dieselmotoren in den USA
1900	Gründung der „Diesel Engine Company“ in England Weltausstellung in Paris: Auszeichnung des Dieselmotors
1908	Bau des ersten Klein-Dieselmotors
29. 09. 1913	Tod

nach: http://www.wissen.de

1 Volontär: Praktikant

Material 2

Steter Begleiter war seine Idee, eine rationelle Wärmekraftmaschine zu schaffen. Diese war im Jahre 1892 so weit gereift, dass er am 27. Februar 1892 beim Kaiserlichen Patentamt in Berlin eine Anmeldung mit dem Titel „Neue, rationelle Wärmekraftmaschine“ einreichte, wofür er ein knappes Jahr später das Patent erhielt. Diesel war bewusst, dass er viel Geld benötigen würde, und suchte daher die Unterstützung bedeutender Maschinenfabriken, die er in der Maschinenfabrik Augsburg und bei Friedrich Krupp fand.
Verträge mit diesen Firmen garantierten ihm den Bau eines Versuchsmotors und ein angemessenes Gehalt. So konnte er sich selbstständig machen und ganz der Realisierung seines Motors widmen. Bereits im Juli 1893 war in Augsburg ein Versuchsmotor fertiggestellt, der allerdings nicht funktionierte. Die Zeit des Experimentierens sollte noch bis zum 17. Februar 1897 dauern, dem Tag, an dem die offiziellen Abnahmeversuche an dem Motor stattfanden. Mit einem Gesamtgewicht von 4,5 t und einer Leistung von 20 PS wartete dieser erste „praxistaugliche Dieselmotor“ mit einem Wirkungsgrad von etwa 26 % auf. Er übertraf damit die Dampfmaschinen mit damals 12 % Wirkungsgrad erheblich.

http://www.deutsches-museum.de

Material 3

Im 19. Jahrhundert bestand im Kleingewerbe ein großer Bedarf an Antriebsmaschinen. Die Dampfmaschine war für den Einsatz in diesem Bereich zu groß und zu teuer.
Viele Erfinder waren von dem Gedanken beherrscht, einen Motor für das Kleingewerbe zu bauen. Dies führte u. a. zur Konstruktion des Verbrennungsmotors. [...] Die ersten Verbrennungsmotoren waren gasbetrieben, später verwendete man vorwiegend flüssige Brennstoffe. Leistung und Drehzahl der Motoren wurden laufend erhöht.
Die Verbrennungskraftmaschinen haben sich zu universellen Antriebsmaschinen entwickelt: Otto- und Dieselmotoren – als Zweitakter und als Viertakter arbeitend – treiben Fahrzeuge aller Art an, sie werden eingesetzt zum Antrieb von Stromgeneratoren, [...], Rasenmähern usw. Wichtige Stationen der Entwicklung der Verbrennungsmotoren: [...]

- 1876 N. A. Otto führt mit dem Viertakt-Prinzip und der Vorverdichtung der Ladung ein vollkommen neues Verfahren in den Motorenbau ein.
- 1879 K. Benz erster Zweitakt-Benzinmotor läuft.
- 1883 G. Daimler und W. Maybach lassen den ersten Fahrzeugmotor patentieren.
- 1897 R. Diesel stellt seinen Motor vor.

http://www.deutsches-museum.de

Material 4

Der Erfinder des Diesel=Motors verschwunden.

Selbstmord oder Unfall?

London, 2. Oktbr. Offenbar hat Rudolf Diesel, der Erfinder des Diesel=Motors, in den Fluten des Meeres ein tragisches Ende gefunden. Deutlich kam

Weimarische Landeszeitung vom 3. 10. 1913 (N° 272)

Der Erfinder des Diesel-Motors verschwunden

Selbstmord oder Unfall?

London, 2. Oktbr. Offenbar hat Rudolf Diesel, der Erfinder des Diesel-Motors, in den Fluten des Meeres ein tragisches Ende gefunden. Deutlich kam diese Befürchtung auf der Aktionärsversammlung der englischen Diesel-Gesellschaft zum Ausdruck, zu der sich Diesel hatte begeben wollen. Whitman erklärte, Dr. Diesel, ein reicher Mann, habe keine Sorgen gehabt und sei nicht der Mann, von dem man einen Selbstmord erwarten könnte, solange er bei Verstand war. Es sei jedoch denkbar, daß sein Geist sich plötzlich umnachtete. Auch andere Freunde des Verschwundenen geben zu, daß sie vor einem vielleicht nie lösbaren Rätsel stehen. Die Wahrscheinlichkeit eines Unfalls scheine gering, da die See ruhig und die Fahrt glatt war. Möglich wäre jedoch, daß Dr. Diesel sich auf das Gitter am Verdeck setzte, dort einnickte und von einem plötzlichen Ruck über Bord geschleudert wurde. Jedenfalls stehe fest, daß der Erfinder in Harwich nicht aus dem Schiff stieg, so daß entweder ein Unfall oder Selbstmord in einem Anfall geistiger Umnachtung die allein möglichen Erklärungsarten seines geheimnisvollen Verschwindens bildeten. (Dr. Diesel stand im 56. Lebensjahre. 1893 zog er durch eine Schrift über die Theorie seines rationellen Wärmemotors, einer Rohölmaschine, die Heizkraft in nutzbare Arbeit umsetzt, die Aufmerksamkeit auf sich. Die Herstellung einer solchen Maschine gelang ihm in den nächsten Jahren. 1897 führte er das erste brauchbare Modell auf der Jahresversammlung des Vereins deutscher Ingenieure vor. Der Diesel-Motor trat dann bald einen Siegeszug in der Technik an. Die Hamburg-Amerika-Linie hat angefangen, den Motor einzuführen, und letzthin haben auch auf der preußischen Staatsbahn Versuche mit einer Diesel-Schnellzuglokomotive stattgefunden.)

Aus: Weimarische Landeszeitung vom 03. 10. 1913 (No. 272)

Lösung

Hinweis: Die Aufgabenstellung verlangt von dir, dass du einen ausführlichen Artikel für eine Tageszeitung verfasst. In diesem soll das Wirken des Erfinders Rudolf Diesel gewürdigt werden. Der 100. Todestag von Rudolf Diesel am 29. September 2013 ist Anlass für deinen Zeitungsbeitrag. Um geeignete Informationen zu finden, die einer Würdigung des Erfinders gerecht werden, ist es notwendig, dass du die vorgegebenen Materialien gründlich liest. Die Informationen zur geeigneten Lesetechnik findest du im Kapitel E in diesem Buch.
Da die Aufgabenstellung keine weiteren Vorgaben oder Einschränkungen enthält, ist es ratsam, die relevanten Fakten nach Schwerpunkten geordnet zu sammeln. Damit ist einerseits ein strukturiertes Vorgehen gewährleistet, andererseits fällt es dir so leichter, die Informationsfülle der verschiedenen Materialien zu handhaben.
Für die Bewältigung dieser Aufgabe benötigst du Kenntnisse zu den verschiedenen Textsorten der pragmatischen Texte. Da sich keine rein journalistische Textsorte für eine Würdigung eignet, kannst du nur eine Mischform aus Bericht, Kommentar und Reportage verfassen. Außerdem solltest du versuchen, einen persönlichen Bezug zum Erfinder Rudolf Diesel zu finden, um Anerkennung und Wertschätzung glaubwürdig darzustellen.

Merkmale journalistischer Textsorten

Bericht: Der Bericht gibt in ausführlicher Form Tatsachen, Ereignisse und deren Ablauf wieder. Im Vorspann werden die Fragen *wer, was, wann* und *wo* beantwortet, auf die anderen W-Fragen geht der Hauptteil ein. Der Bericht enthält keine persönlichen Meinungen.

Kommentar: In einem Kommentar nimmt der Verfasser zu wichtigen und aktuellen Themen Stellung und bewertet Ereignisse. Er liefert Argumente für seine Sicht und will zur kritischen Auseinandersetzung mit dem Thema anregen.

Reportage: Die Reportage schildert ein Ereignis aus persönlicher Sicht, sie will den Leser bis zum Ende fesseln. Sinneseindrücke werden beschrieben, um dem Leser das Gefühl zu geben, er wäre dabei gewesen. Es werden zusätzliche Hauptinformationen geliefert, die Zusammenhänge deutlich machen sollen.

Aufbau des Aufsatzes

Einleitung:
- Person vorstellen (kleine Episode oder Lebensdaten oder Verdienst)
- Schreibanlass klären (100. Todestag → Würdigung)

Hauptteil:
- wichtige Lebensdaten und Ereignisse, die die Verdienste des Erfinders aufzeigen
- geeignete Aspekte finden, zusammenfassen und vertiefen → Schwerpunkte sinnvoll gliedern (z. B. chronologisch oder nach Wichtigkeit der Informationen)
- Bericht mit kommentierenden Elementen

Schluss:
- persönliche Würdigung
- aktuelle gesellschaftliche Relevanz

Stoffsammlung aus den Materialien – geordnet nach Schwerpunkten

Material	Lebensdaten	berufliches Streben	(Zeit-)Umstände und Hintergründe	zu würdigende Verdienste
1	– 1858: Geburt in Paris – 1913: Tod	– 1872: Berufswunsch des Mechanikers – 1873–1880: Einschlagen einer sehr erfolgreichen Ingenieurlaufbahn (stets Jahrgangsbester in Gewerbe-, Industrie- und Hochschule)		– 1893: Erhalt eines Patents für Verbrennungskraftmaschinen mit hohem Wirkungsgrad vom Kaiserlichen Patentamt in Berlin – 1893–1897: Entwicklung und Fertigstellung des Diesel-Viertaktmotors – 1898: Gründung der Dieselmotorenfabrik Augsburg, Bau der ersten Dieselmotoren in den USA – 1900: Gründung der „Diesel Engine Company“ in England; Auszeichnung auf Weltausstellung in Paris – 1908: Bau des ersten Klein-Dieselmotors
2		– 1897: erster praxistauglicher Dieselmotor	– finanzielle Unabhängigkeit durch Unterstützung bedeutender Maschinenfabrikanten, wie z. B. Friedrich Krupp	– 1897: erster praxistauglicher Dieselmotor mit einem Wirkungsgrad von 26 %, damit um 14 % höher als der der damaligen Dampfmaschine
3			– 19. Jh.: großer Bedarf an Antriebsmaschinen im Kleingewerbe → deshalb Bestreben vieler Erfinder, Motor für Kleingewerbe zu bauen	– Entwicklung der Verbrennungskraftmaschinen zu universellen Antriebsmaschinen → Antrieb von Fahrzeugen aller Art, von Stromgeneratoren und Rasenmähern usw.
4			– im 56. Lebensjahr: geheimnisvolles Verschwinden während einer Schifffahrt; Umstände seines Todes ungeklärt	– 1897: Siegeszug des Dieselmotors im Verkehrswesen (Schiff, Diesel-Schnellzuglokomotive)

Aufsatzbeispiel
Ein Leben im Dienste des Fortschritts – Zum 100. Todestag von Rudolf Diesel

Einleitung

„Offenbar hat Rudolf Diesel, der Erfinder des Diesel-Motors, in den Fluten des Meeres ein tragisches Ende gefunden …“ – mit dieser Meldung beginnt ein Artikel in der Weimarischen Landeszeitung vom 03. 10. 1913 über den dramatischen und zugleich mysteriösen Tod Rudolf Diesels. Hatte er sich das Leben in einem Anfall geistiger Verwirrung genommen? Oder wurde er Opfer eines tragischen Schiffsunglücks? Sein geheimnisvolles Verschwinden sowie die Umstände seines Todes sind auch hundert Jahre nach seinem Ableben ungeklärt. Wichtiger als das Aufdecken dieser Hintergründe ist jedoch, seine Persönlichkeit und seine Leistungen anlässlich seines 100. Todestages in den Mittelpunkt zu stellen.

Hauptteil

Kaum eine andere Erfindung ist mit dem Namen ihres Erfinders so eng verbunden und auf dem ganzen Erdball bekannt wie die des Ingenieurs Rudolf Diesel. Unsere heutige Welt wäre ohne Schiffe, Traktoren, Baumaschinen, Lastkraftwagen und Notstromaggregate kaum vorstellbar.

Rudolf Diesel wurde am 18. März 1858 in Paris geboren und verstarb am 29. September 1913. Bereits im Alter von 14 Jahren träumte er vom Beruf des Mechanikers. Zielstrebig verfolgte er diesen Wunsch und schlug 1873 eine sehr erfolgreiche Ingenieurlaufbahn ein. Diesel war Jahrgangsbester sowohl in der Gewerbe- als auch in der Industrieschule. Das Studium an der Technischen Hochschule München schloss er 1880 mit dem besten Examen seit Bestehen der Hochschule ab. Sein permanentes Streben, eine rationelle Wärmekraftmaschine zu konstruieren, ermöglichte ihm 1892, ein Patent für eine Verbrennungskraftmaschine mit hohem Wirkungsgrad beim Kaiserlichen Patentamt in Berlin einzureichen. Ein Jahr später erhielt er das Patent.

Der enorme Bedarf an Antriebsmaschinen im Kleingewerbe führte im 19. Jahrhundert dazu, dass viele Erfinder danach strebten, Motoren zu entwickeln. Auch Diesel führte den Bau eines Versuchsmotors zielstrebig fort und stellte 1897 seinen Diesel-Viertaktmotor fertig. Für die Realisierung seiner Ideen benötigte er viel Geld. Unterstützung fand er bei bedeutenden Maschinenfabrikanten wie z. B. Friedrich Krupp. Verträge mit deren Firmen garantierten ihm finanzielle Sicherheit, sodass er sich selbstständig machen und sich der Realisierung seines Motors uneingeschränkt widmen konnte. Der erste praxistaugliche Dieselmotor unterschied sich enorm von den damaligen üblichen Dampfmaschinen, denn er übertraf deren Wirkungsgrad um 14 %.

Rudolf Diesels beruflicher Werdegang setzte sich weiterhin erfolgreich fort. So gründete er 1898 eine Dieselmotorenfabrik in Augsburg. Auch im Ausland wuchs seine Bekanntheit. 1898 wurden die ersten Dieselmotoren in den USA gebaut. Zwei Jahre später gründete er die „Diesel Engine Company“ in England und erhielt auf der Weltausstellung in Paris eine Auszeichnung für seinen Motor. Der Siegeszug des Dieselmotors hatte mit der Einführung des Motors im Verkehrswesen begonnen. Schiffe und Diesel-Schnellzuglokomotiven nutzten ihn als Antriebsmaschine.

Schluss

Durch weiteres Experimentieren gelang es Diesel, 1908 den ersten Klein-Dieselmotor zu bauen. Seit dieser Zeit haben sich Verbrennungskraftmaschinen zu universellen Antriebsmaschinen entwickelt. Sie werden zum Antrieb von Fahrzeugen aller Art genutzt. Der Einsatzbereich in Wirtschaft und Haushalt ist äußerst vielfältig. Damit ist das Wirken Rudolf Diesels bis heute gegenwärtig und einer Würdigung unbedingt wert.

Aufgabe:
Interpretieren Sie **einen** der beiden lyrischen Texte.

Johann Wolfgang von Goethe (1749–1832): Willkommen und Abschied

Es schlug mein Herz: geschwind zu Pferde!
Es war getan fast eh' gedacht;
Der Abend wiegte schon die Erde
Und an den Bergen hing die Nacht:
Schon stand im Nebelkleid die Eiche,
Ein aufgetürmter Riese, da,
Wo Finsternis aus dem Gesträuche
Mit hundert schwarzen Augen sah.

Der Mond von einem Wolkenhügel
Sah kläglich aus dem Duft hervor,
Die Winde schwangen leise Flügel,
Umsausten schauerlich mein Ohr;
Die Nacht schuf tausend Ungeheuer;
Doch frisch und fröhlich war mein Mut:
In meinen Adern, welches Feuer!
In meinem Herzen, welche Glut!

Dich sah ich, und die milde Freude
Floss von dem süßen Blick auf mich;
Ganz war mein Herz an deiner Seite
Und jeder Atemzug für dich.
Ein rosenfarbnes Frühlingswetter
Umgab das liebliche Gesicht,
Und Zärtlichkeit für mich – ihr Götter!
Ich hofft' es, ich verdient' es nicht!

Doch ach! schon mit der Morgensonne
Verengt der Abschied mir das Herz:
In deinen Küssen, welche Wonne!
In deinem Auge, welcher Schmerz!
Ich ging, du standst und sahst zur Erden
Und sahst mir nach mit nassem Blick:
Und doch, welch Glück, geliebt zu werden!
Und lieben, Götter, welch ein Glück!

In: Paefgen, Elisabeth, K. (Hrsg.): Echtermeyer. Deutsche Gedichte. Berlin 2005, S. 173–174

oder

Rosenstolz: Liebe ist alles

Hast du nur ein Wort zu sagen
Nur einen Gedanken
Dann lass es Liebe sein

Kannst du mir ein Bild beschreiben
Mit deinen Farben
Dann lass es Liebe sein

Wenn du gehst
Wieder gehst
Schau mir noch mal ins Gesicht
Sag's mir oder sag es nicht

Dreh dich bitte noch mal um
Und ich seh's in deinem Blick
Lass es Liebe sein
Lass es Liebe sein

Hast du nur noch einen Tag
Nur eine Nacht
Dann lass es Liebe sein

Hättest du nur eine Frage
Die ich nie zu fragen wage
Dann lass es Liebe sein

Wenn du gehst
Wieder gehst
Schau mir noch mal ins Gesicht
Sag's mir oder sag es nicht

Dreh dich bitte noch mal um
Und ich seh's in deinem Blick
Lass es Liebe sein
Lass es Liebe sein

Das ist alles was wir brauchen
Noch viel mehr als große Worte
Lass das alles hinter dir
Fang noch mal von vorne an

Denn Liebe ist alles
Liebe ist alles
Liebe ist alles
Alles was wir brauchen

Lass es Liebe sein
Lass es Liebe sein

Lösung

Hinweis: Die Aufgabenstellung verlangt von dir, einen der beiden vorliegenden lyrischen Texte zu interpretieren. Hinweise zu dieser Aufsatzform findest du im Kapitel B dieses Buchs. Sicher bemerkst du bereits während des ersten Lesens, dass beide Texte sich hinsichtlich ihrer Entstehungszeit sowie ihrer Form und Sprache unterscheiden. Diese Aspekte könnten dir bei der Entscheidung für einen Text behilflich sein. Auch die Verfasser und deine Kenntnisse über sie beeinflussen möglicherweise deine Entscheidung.
Wenn du dich bereits mit Johann Wolfgang von Goethe näher beschäftigt hast, dann weißt du, dass er Vertreter zweier Literaturepochen war – Sturm und Drang sowie Klassik. Da die Entstehungszeit des Werkes nicht vorliegt, musst du diese durch genaue Analyse selbst herleiten. Der Liedtext des Musikduos Rosenstolz ist ein Werk der Gegenwart. Liedtext und Gedicht thematisieren beide die Liebe.
Nachdem du deine Auswahl getroffen hast, solltest du Auffälligkeiten und Eigenheiten des lyrischen Werks markieren. Notiere Fragen an das Gedicht und persönliche Kommentare unmittelbar neben den Text (siehe Kapitel E). Halte im Anschluss deinen ersten Leseeindruck fest. Aus Erstleseeindruck und Thema kannst du eine Fragestellung bzw. Vermutung (Interpretationshypothese) entwickeln, mit der du dich im Verlauf der Analyse auseinandersetzt. Nutze die einzelnen Strophen als Sinneinheiten, um den jeweiligen Inhalt kurz zusammenzufassen. Markiere Form- und Sprachauffälligkeiten verschiedenfarbig. Mithilfe einer tabellarischen Stoffsammlung kannst du deine Beobachtungen festhalten. Die strukturierte Übersicht bildet die Grundlage für den auszuformulierenden Hauptteil. So ist es dir möglich, die Wechselwirkung zwischen Inhalt, Form und Sprache in deiner Textanalyse aufzuzeigen, das Gesagte zu deuten und dir der Wirkung bewusst zu werden. Alle formulierten Deutungen müssen für den Leser nachvollziehbar und am Text belegt sein.

1. Gedicht

Anmerkungen zum Autor Johann Wolfgang von Goethe (1749–1832)

Folgende biografische Hintergründe sind für die Interpretation des Gedichts „Willkommen und Abschied“ relevant:

Johann Wolfgang von Goethe kam am 28. August 1749 in Frankfurt am Main als Sohn eines Juristen zur Welt. 1765 reiste Goethe nach Leipzig, um dort Jura zu studieren. Er kam damit dem Wunsch seines Vaters nach. Goethe genoss das studentische Leben und lernte wichtige deutsche Geistesgrößen kennen.
Schwer krank kehrte er 1768 in seine Heimatstadt zurück und setzte 1770 sein Studium in Straßburg fort. Neben den Rechtswissenschaften interessierten ihn auch Medizin, Botanik, Chemie, Theologie und Philosophie. Er verliebte sich in die Pfarrerstochter Friederike Brion. Die Achtzehnjährige erwiderte seine Liebe. Seine leidenschaftlichen Gefühle drückte Goethe auch sprachlich aus. Die entstandene Gedichtsammlung „Sesenheimer Lieder“ enthält Gedichte wie „Das Mailied“, „Willkommen und Abschied“ oder „Kleine Blume“. Im Sommer 1771 verließ Goethe Straßburg, ohne Friederike Lebewohl zu sagen.

Einleitung
- Formulieren des Übersichtssatzes (Nennung des Titels, des Autors und des Themas)
- Formulieren des ersten Leseeindrucks

Hauptteil
- knappe Wiedergabe des Inhalts (vgl. Kapitel B in diesem Buch)
- Formulieren der Interpretationshypothese und des damit verbundenen Interpretationsansatzes
- Interpretation (Textanalyse sowie Deutung und Wirkungsbeschreibung) auf der Basis der unten stehenden tabellarischen Stoffsammlung
- Diskussion der Interpretationshypothese

Analyse (Stoffsammlung)

Das Gedicht bietet eine außerordentliche Fülle an stilistischen Mitteln. Es werden nachfolgend wesentliche lehrplanrelevante Stilfiguren und sprachliche Besonderheiten aufgeführt.

Inhalt	Form	Sprache	Deutung/Wirkung
Gemeinsamkeiten aller Strophen: Liebeslyrik des Sturm und Drang, d. h. gefühlsbetontes, überschwängliches Liebesgedicht	4 Strophen zu je 8 Versen Reim = Kreuzreim Metrum = Jambus Sprecher = lyrisches Ich	Überschrift „Willkommen und Abschied" prägt Handlungsverlauf Vorfreude: „welches Feuer" (V. 15); „welche Glut" (V. 16) Trennungsschmerz: „Verengt der Abschied mir das Herz:" (V. 26)	Gefühlsschwankungen des lyrischen Ichs nachvollziehbar → Vorfreude auf Zusammentreffen und sich anschließender Trennungsschmerz
		Versanfänge: durchgängig Großschreibung Wechsel verschiedener Satzarten Präteritum Zeilensprünge	im Erinnern an das Ereignis spiegeln sich intensive Gefühlsregungen und -schwankungen des lyrischen Ichs wider
1. Strophe (V. 1–8) lyrisches Ich erinnert sich an rasch geplanten und aufregenden Ritt durch die Nacht, in der der Nebel und die Dunkelheit die Natur gespenstisch erscheinen ließen	8 Verse Jambus Kreuzreim: ababcdcd	Ausrufesatz: „Es schlug mein Herz: geschwind zu Pferde!" (V. 1) fehlende Interpunktion: „Es war getan fast eh' gedacht" (V. 2)	Pferd und Reiter verschmelzen → Galopp des Tieres scheint dem Herzschlag des Reiters zu entsprechen (Jambus) → emotionaler Einstieg starke Verdichtung → große Geschwindigkeit

		lange Satzverbindung, deren Satzteile durch Enjambements verbunden (V. 3/4; V. 7/8) oder durch Kommas, Doppelpunkte und Semikolons getrennt sind	alles geschieht mit großer Eile → Spannungssteigerung Naturerscheinungen sehr intensiv wahrgenommen
		Personifikationen (z. B. V. 3, V. 5/6 oder V. 7/8), Aussagen verstärkt durch Hyperbel und Adjektivattribut „schwarzen“ (V. 8)	Naturerscheinungen beeindrucken lyrisches Ich → unheimliche Phänomene regen Fantasie an → Spannungsaufbau
2. Strophe (V. 9–16) lyrisches Ich kann schauriger Natur trotzen, da es voller Liebessehnsucht und Vorfreude ist	unveränderte Formbesonderheiten Kreuzreim: efefghgh	Personifikationen: „Der Mond von einem Wolkenhügel/Sah kläglich aus dem Duft hervor“ (V. 9/10); zugleich Zeilensprung	düstere Nacht → Mondlicht, das Orientierung geben könnte, scheint nur dürftig; lyrisches Ich somit auf sich gestellt
		weitere Personifikationen (V. 11–13) mit aktiven Verben und schwebend klingenden Adjektiven	Dunkelheit und Wind lösen gespenstische Fantasien im lyrischen Ich aus
		Konjunktion „doch“ (V. 14): Gegensatz Alliteration „frisch und fröhlich“ (V. 14) und zugleich Personifikation „… war mein Mut“ Substantivhäufung und zugleich Metaphern für leidenschaftliche Liebe: „Mut … Adern … Feuer … Herzen … Glut“ (V. 14–16)	jedoch lässt sich das lyrische Ich nicht einschüchtern → Leidenschaft (Liebe) trägt und leitet
		Ausrufesätze in Form eines Parallelismus: „In meinen Adern, welches Feuer!/In meinem Herzen, welche Glut!“ (V. 15/16)	verstärken Willen und Zielstrebigkeit

3. Strophe (V. 17–24) lyrisches Ich erinnert sich an das Ankommen und den Anblick des geliebten Partners → erfährt Stimmungswandel, wird mit Zärtlichkeit empfangen → wird sich der Besonderheit der Liebe bewusst	Kreuzreim: ijijklkl	veränderte Satzkonstruktion: Erststellung des Personalpronomens „dich" (V. 17) mit Hebungsprall Rahmenbildung mit letztem Wort von V. 20 Pronomen „mich" (V. 18) und „mein" (V. 19)	geliebter Mensch steht im Zentrum aller Betrachtung, aber umkreist zugleich das lyrische Ich → verdeutlicht innige Zusammengehörigkeit
		Zeilensprung V. 17/18 und 19/20	Verschmelzung
		Adjektivattribute „rosenfarbnes" (V. 21), „liebliche" (V.22)	Darstellung beschreibt Zauber der geliebten Person
		zwei Ausrufesätze (V. 23/24) mit Anruf der „Götter" (V. 23)	lyrisches Ich nimmt Liebe als etwas Göttliches wahr; damit nicht selbstverständlich → kann Glückszustand nicht wirklich fassen
4. Strophe (V. 25–32) bei Tagesanbruch nehmen die Liebenden schweren Herzens Abschied → trotz des empfundenen Trennungsschmerzes überwiegt das positive Gefühl der gegenseitigen Liebe	Kreuzreim: mnmnopop	fünf Ausrufesätze Interjektion/Ausruf „Doch ach!" (V. 25)	verdeutlichen Wehmut und Schmerz; Zerrissenheit, Gefühlsrausch → Liebe mit allen Sinnen
		Parallelismus; Ellipse: „In deinen Küssen, welche Wonne! / In deinem Auge, welcher Schmerz!" (V. 27/28) Antithetik: „Wonne" (V. 27) ↔ „Schmerz" (V. 28)	Erinnerung wird gegenwärtig unmittelbare Empfindung kommt zum Ausdruck → Epochenbezug zum Sturm und Drang
		Gegenüberstellung aktiver und passiver Form des Verbes *lieben* in Form eines Chiasmus (Überkreuzstellung) Wiederholung des Substantivs *Glück* Anruf (Apostrophe) der Götter: „Und lieben, Götter, …" (V. 32)	gelangt am Ende des Gedichtes zur Erkenntnis, dass gegenseitige Liebe das höchste Glück ist und über allem Irdischen steht

		zwei Enjambements: V. 25/26 und V. 29/30 diese enthalten: – eine Personifikation: „Verengt der Abschied …“ (V. 26) – Verbhäufungen: „ging“ , „standst“, „sahst“ (V. 29/30) – Synästhesie: „nassem Blick“ (V. 30)	durch fließenden Übergang in Vers 26 → positive Assoziation des Morgens sofort ausgelöscht, da Abschied unmittelbar unterschiedliches Agieren der Liebenden im Trennungsmoment verdeutlicht Unsicherheit und Schmerz Abschied hat Gewalt über Seelenzustand Trennungsakt als etwas Dynamisches erlebt → Ausgeliefertsein verstärkt Anschaulichkeit

Schluss

- Formulieren der Autorenintention oder
- Epochenbezug oder
- Überlegung zur Aktualität der Textaussagen

Aufsatzbeispiel

Einleitung

Das Gedicht „Willkommen und Abschied“ wurde von Johann Wolfgang von Goethe in seinen frühen Schriftstellerjahren verfasst. Der junge Autor gestaltet ein lyrisches Ich, das von großer Leidenschaft, Tatendrang und Sehnsucht erfüllt ist. Der Text ist von starken Gefühlsschwankungen geprägt und wirkt somit dynamisch.

Hauptteil

Der Leser begleitet ein aufgewühltes, sehr emotionales lyrisches Ich auf seinem nächtlichen Ausritt zu seinem geliebten Partner. Zunächst ist der Ritt durch die dunkle Natur sehr abenteuerlich und unheimlich. Doch Sehnsucht und Vorfreude auf den Partner lassen den Reiter allen vermeintlichen Gefahren trotzen. Im höchsten Glücksrausch erlebt er die Begegnung, die jedoch mit Anbruch des neuen Tages schnell vom Abschiedsschmerz geprägt wird. Das lyrische Ich erfährt extreme Gefühlswandlungen und Stimmungswechsel. Diese vollziehen sich selbst noch in der Erinnerung an dieses Ereignis, denn das Gedicht ist in der Vergangenheitsform verfasst. Rückblickend lässt der Sprecher das Geschehen wieder lebendig werden. Bereits die Überschrift „Willkommen und Abschied“ verweist auf den Handlungsverlauf und lässt die Wandlung der Gefühle vermuten. Somit steht das Gedicht als ein typisches Beispiel für die Epoche des Sturm und Drang, die der junge Goethe entscheidend mitgeprägt hat.

Insgesamt besteht das Gedicht aus vier Strophen mit je acht Versen, deren jeweils erstes Wort durchgängig großgeschrieben ist. Dadurch erhält jeder Vers ein eigenes Gewicht. Der Kreuzreim durchzieht den gesamten Text. Metrisch ist das Gedicht in vierhebigen Jamben verfasst, was sowohl den Galopp des Pferdes als auch den heftigen Herzschlag des Liebenden verdeutlicht. Die zahlreichen Zeilensprünge erzeugen einen gewissen Spannungsaufbau, wodurch die Aufregungen des Erlebten nachvollziehbar zum Tragen kommen. Auch bedient sich das lyrische Ich der unterschiedlichsten Satzarten, um seine Gefühlslage lebendig werden zu lassen.

In der ersten Strophe werden Erinnerungen des lyrischen Ichs in neuer Leidenschaft geweckt. Der rasch geplante und aufregende Ritt durch die Nacht wird wieder lebendig. Zunächst scheinen Pferd und Reiter miteinander nahezu verschmolzen zu sein: „Es schlug mein Herz: geschwind zu Pferde!“ (V. 1) Das Herz gibt den Rhythmus vor und prägt die Geschwindigkeit des Rittes. Der Einstieg ins Geschehen wirkt insgesamt sehr emotional. Die Sprache wird durch fehlende Interpunktion („Es war getan fast eh' gedacht“ V. 2) verdichtet und veranschaulicht somit die große Geschwindigkeit und das Vorwärtsdrängen des Reiters. Durch lange Satzverbindungen, die durch Kommas, Doppelpunkte oder Semikolons getrennt sind, sowie Zeilensprünge kommen Eile und Aufregung gut zum Tragen. Die Spannung steigt stetig an. Intensiv nimmt der Reiter die nächtlichen Naturerscheinungen wahr, die unentwegt seine Fantasie anregen. Personifikationen wie „Der Abend wiegte schon die Erde“ (V. 3) oder „Schon stand im Nebelkleid die Eiche“ (V. 5) lassen die Natur lebendig werden. Jedoch entsteht kein idyllisches Naturbild. Das lyrische Ich nimmt auch unheimliche Phänomene wahr, die sich in weiteren Personifikationen manifestieren, wie in den letzten Versen der ersten Strophe deutlich wird: „Wo Finsternis aus dem Gesträuche/Mit hundert schwarzen Augen sah.“ (V. 7/8) Diese scheinen sich auf die Reisegeschwindigkeit des Reiters verstärkend auszuwirken und der Spannungsbogen steigt kontinuierlich an.

In der zweiten Strophe trotzt das lyrische Ich der schaurigen Natur. Heldenhaft begegnet es den Gefahren und lässt sich von seiner Liebessehnsucht und Vorfreude auf die bevorstehende Begegnung leiten. Zunächst gilt es jedoch, den unheimlichen Naturerscheinungen zu begegnen, die erneut durch unterschiedliche Personifikationen dargestellt werden, wie z. B. in den Versen 9/10: „Der Mond von einem Wolkenhügel/Sah kläglich aus dem Duft hervor“. Das Mondlicht, das eigentlich Orientierung geben könnte, scheint dürftig und wenig wirkungsvoll. Damit ist das lyrische Ich auf sich allein gestellt und muss sich den von der Nacht geschaffenen „tausend Ungeheuer[n]“ (V. 13) selbst stellen. Dunkelheit und Wind lösen erneut gespenstische Fantasien aus, die in Personifikationen wie „Die Winde schwangen leise Flügel,/Umsausten schauerlich mein Ohr“ (V. 11/12) Gestalt annehmen. Die Konjunktion „Doch“ (V. 14) leitet einen Umschwung der Gefühlslage ein. Das lyrische Ich lässt sich nicht einschüchtern. Es weist mit der Alliteration „frisch und fröhlich“ (V. 14) und zugleich der Personifikation „… war mein Mut“ darauf hin, dass es sich von seiner Leidenschaft tragen und leiten lässt. Die Substantivhäufungen und Metaphern „Mut … Adern … Feuer … Herzen … Glut …“ (V. 14–16) stehen für die leidenschaftliche Liebe. Die Strophe endet mit Ausrufesätzen in Form eines Parallelismus: „In meinen Adern, welches Feuer!/In meinem Herzen, welche Glut!“ (V. 15/16) Hier werden Wille und Zielstrebigkeit noch einmal deutlich verstärkt.

Das lyrische Ich erreicht mit der 3. Strophe sein ersehntes Ziel. Es trifft sofort auf seinen geliebten Partner. Durch die Erststellung des Pronomens „dich“ (V. 17) tritt der geliebte Mensch sogleich ins Zentrum des Geschehens und aller weiteren Betrachtungen. Zugleich bildet dieses Wort einen Rahmen um die darauffolgenden vier Verse, was den Eindruck verstärkt, dass dieses „dich“ den lyrischen Sprecher magisch umkreist und in Besitz nimmt. Auch die Pronomen „mich“ (V. 18) und „mein“ (V. 19) verdeutlichen die tiefe Zusammengehörigkeit und die Verschmelzung der Liebenden. Verstärkt wird dieser Liebeszauber außerdem durch Zeilensprünge (V. 17/18 und V. 19/20) sowie die Adjektivattribute „rosenfarbnes“ (V. 21) und „liebliche“ (V. 22). Zwei Ausrufesätze beenden die 3. Strophe, in denen das lyrische Ich die „Götter“ (V. 23) in Form einer Apostrophe anruft. Es wird deutlich, dass die Liebe als etwas Göttliches und Übermächtiges wahrgenommen wird. Somit ist sie nichts Selbstverständliches. Es ist zu vermuten, dass der lyrische Sprecher seinen Glückszustand kaum fassen kann, was der letzte Vers „Ich hofft' es, ich verdient' es nicht!“ (V. 24) belegt.

Die Stimmung schlägt gleich zu Beginn der 4. Strophe mit der Interjektion „Doch ach!“ (V. 25) um. Denn in dieser Strophe vollzieht sich mit dem Tagesanbruch der Trennungsakt. Zeilensprünge gestalten die Tragik dieses Momentes besonders intensiv: „… schon mit der Morgensonne/Verengt der Abschied mir das Herz“ (V. 25/26). Die positive Assoziation des Morgens wird durch den anstehenden Abschied sofort ausgelöscht. Die beiden Liebenden agieren in diesem tragischen Moment sehr unterschiedlich: „Ich ging, du standst und sahst zur Erden/Und sahst mir nach mit nassem Blick" (V. 29/30). Das Enjambement gestaltet aus dem Trennungsmoment ein Gesamtgebilde der Schwermut. Der Abschied hat Gewalt über den Seelenzustand der Liebenden. Dies bringt die Personifikation „Verengt der Abschied mir das Herz" (V. 26) anschaulich zum Tragen. Die Verbdichte („... ging ... standst ... sahst/... sahst ..."; V. 29/30) lässt den Trennungsakt als etwas Dynamisches erscheinen, wobei die Betroffenen hingegen ausgeliefert und fremdbestimmt wirken.

Der Abschied wird sowohl mit Schmerz als auch mit Zuversicht wahrgenommen. Diese Zerrissenheit wird in der Gegenüberstellung von V. 26 „Verengt der Abschied mir das Herz:" mit V. 31 „Und doch, welch Glück, geliebt zu werden!" sehr gut deutlich. Das lyrische Ich erfährt die Liebe, die nun ganz gegenwärtig erscheint, mit allen Sinnen. Durch den Parallelismus der Ellipsen „In deinen Küssen, welche Wonne!/ In deinem Auge, welcher Schmerz!" (V. 27/28) rückt das vergangene Geschehen mit all seiner Kraft in das Bewusstsein des Sprechers. Die Antithetik zwischen „Wonne" (V. 27) und „Schmerz" (V. 28) verweist noch einmal auf die Heftigkeit der Gefühlsschwankungen, die den lyrischen Sprecher in Besitz nehmen. Dies ist typisch für die Literaturepoche des Sturm und Drang, da es genau diese heftigen und extremen Gefühlsausbrüche waren, die die Autoren jener Epoche und auch ihre Protagonisten in ihrem Denken und Handeln prägten. Am Ende des Gedichtes gelangt das lyrische Ich zu einer wichtigen Erkenntnis. Es hebt hervor, dass gegenseitige Liebe das höchste Glück ist und über allem Irdischen steht. Die Eindringlichkeit dieser Aussage wird durch die Gegenüberstellung einer aktiven und passiven Form des Verbs „lieben" in Form eines Chiasmus erzeugt. Verstärkt wird dies zusätzlich durch die Wiederholung des Substantivs „Glück": „Und doch, welch Glück, geliebt zu werden!/Und lieben, Götter, welch ein Glück!" (V. 31/32) Auch hier werden die „Götter" (V. 32) als höhere Macht erneut angerufen. So endet das Gedicht in einem Liebestaumel des sich erinnernden Ichs.

Es bleibt offen, ob die beiden Liebenden sich wieder begegnen werden. Aber es ist zu vermuten, dass sie alles tun werden, um sich wiederzusehen. Die Leidenschaft, die in der beschriebenen Begegnung Gestalt annimmt, verlangt nach Erfüllung der Sehnsüchte. Somit geht die Spannung weit über den Gedichtinhalt hinaus und lässt den Leser über das dargestellte Geschehen weiterhin nachdenken. Diese Liebenden sollten unbedingt zueinanderfinden. Ihre Zuneigung erscheint intensiv und ehrlich.

Im 18. Jahrhundert war diese Form von Liebe nicht unbedingt an der Tagesordnung, wenn es um dauerhafte Bindungen ging. Man vermählte sich innerhalb der Standesgrenzen nach dem Willen der Eltern. Die Vertreter des Sturm und Drang stellten mit aller Konsequenz diese und andere autoritäre Regeln infrage. Es ging ihnen um die Emanzipation des subjektiven Gefühls. Freiheit, Genie, Natur und Gefühl, das waren die Schlagworte dieser literarischen Jugendbewegung. All diese Begriffe erhalten im Gedicht „Willkommen und Abschied" Bedeutung. Frei und spontan entscheidet sich der Reiter zum nächtlichen Ausflug. Ohne Angst begegnet er den Phänomenen der Natur und scheint sogar in ihr aufzugehen, denn seine Leidenschaft entfaltet sich Stück für Stück und seine Gefühle beherrschen ihn völlig. Dieser Zustand wird als etwas Hohes und Vollkommenes bewertet. Das Ideal der uneingeschränkten Liebe als das absolute Glück macht das Gedicht zu einem typischen Werk des Sturm und Drang.

Schluss

Auch der moderne Mensch sehnt sich in unserer Gesellschaft nach wahrer und ehrlicher Liebe, um der manchmal drohenden Einsamkeit zu entkommen. Nicht immer ist es einfach, sich einem Menschen ganz hinzugeben, da die Gefühle auch schnell verletzt werden können, wenn der andere sie nicht erwidert. Umso beeindruckender erscheint es heute, mit welcher Hingabe das lyrische Ich zu seiner Liebe steht.

2. Gedicht

Anmerkungen zum Musikduo

Die Sängerin AnNa R. und der Sänger und Songwriter Peter Plate gründeten 1991 in Berlin die Gruppe Rosenstolz. Ihre fast durchgängig auf Deutsch gesungenen Lieder bewegen sich stilistisch zwischen Pop, Chanson und Rock, wobei die Pop-Elemente im Laufe ihrer Karriere immer mehr in den Vordergrund traten. Rosenstolz gilt bis heute als das erfolgreichste Pop-Duo Deutschlands. Zum Ende des Jahres 2012 gab die Gruppe ihre Trennung auf unbestimmte Zeit bekannt.

Einleitung

- Formulieren des Übersichtssatzes (Nennung des Titels, der Autoren, des Erscheinungsorts/-jahrs und des Themas sowie Einordnung in die Liebeslyrik)
- Anführen eines persönlichen Beispiels zum Thema des Songtextes oder Formulieren des ersten Leseeindrucks

Hauptteil

- Formulieren der Interpretationshypothese und des damit verbundenen Interpretationsansatzes
- knappe Wiedergabe des Inhalts (vgl. Kapitel B in diesem Buch)
- Interpretation (Textanalyse sowie Deutung und Wirkungsbeschreibung) auf der Basis der unten stehenden tabellarischen Stoffsammlung

Tabellarische Stoffsammlung

Inhalt	Form	Sprache	Deutung/Wirkung
Gemeinsamkeiten aller Strophen: lyrisches Ich spricht ein Gegenüber an → fordert auf und fragt, erhält keine Reaktionen, sondern gibt Antworten vor	alle Versanfänge in Großschreibung	keine Satzzeichen Wiederholungen Häufung von Fragen und Imperativen	lyrisches Ich lebt nur für die Liebe, blendet alles um sich herum aus; erwartet dies auch von seinem Gegenüber
	Wiederholung der 3. in der 7. Strophe und der 4. in der 8. Strophe		Eindringlichkeit wird erhöht Liedcharakter wird unterstützt (ähnlich einem Refrain)
	Leitmotiv, das im Gedicht mehrfach auftaucht: „(Dann) L/lass es Liebe sein“ (V. 3, 6, 13, 14, 17, 20, 27, 28, 37, 38)	unstimmige Bezüge, z. B. „Nur einen Gedanken/Dann lass es Liebe sein“ (V. 2/3)	Leser darf sich nicht irritieren lassen von den Bezugsfehlern, muss über diese Unexaktheit hinwegsehen und selbst erschließen, was mit „es“ gemeint ist
	Zeilensprünge		Lesefluss wird erhöht
	Überschrift „Liebe ist alles“ in der 10. (vorletzten) Strophe dreimal wiederholt		Eindringlichkeit der Aussage wird erhöht; Absolutheit wird deutlich
	elf Strophen mit jeweils zwei bis vier Versen		

	bis auf wenige Ausnahmen reimlos ohne festes Metrum Ausnahmen: – Paarreim (V. 9/10; 18/19) – Metrum Trochäus (V. 9/10; 11/12; 18/19) Anrede „du“ meint nicht den Leser/Hörer, sondern ein Gegenüber des lyrischen Ichs		formale Strenge ist aufgehoben wirkt leicht und unbeschwert findet sich bei eindringlichen Appellen oder einer entscheidenden Frage unterstützt den Ernst in der jeweiligen Aussage trotzdem Einbeziehen des Lesers, diese Fragen kann sich dieser auch stellen
1. Strophe (V. 1–3): Lyrisches Ich fordert sein Gegenüber auf, wenn dieses nur noch ein Wort zu sagen oder einen einzigen Gedanken zu denken habe, dann sollen diese Liebe sein.	drei Verse Leitmotiv „… lass es Liebe sein“ (V. 3)	Frage ohne Fragezeichen: „Hast du …“ (V. 1) Konditionalsatz „Hast du … Dann“ (V. 1/3) einschränkendes Wort „n/Nur“ (V. 1/2) Substantive (hier: Abstrakta): „Wort/Gedanken/Liebe“ (V. 1/2/3)	lyr. Ich stellt eine Frage, die es gleich darauf mit einer Aufforderung „beantwortet“ → möchte gar keine Antwort erhalten; Gegenüber muss nun entscheiden, ob es dieser Aufforderung nachkommen kann → Leser überlegt durch „du“ gleichzeitig, ob er auch diesen Anspruch erfüllen könnte fehlendes „wenn“ lässt sich erschließen → Bedingung wird gestellt Worte und Gedanken sollen von nichts anderem als von Liebe ausgefüllt sein, selbst wenn das Gegenüber nur ein Wort oder einen Gedanken hat Konzentration des Lesers auf die drei Nomen wird verstärkt erste Nennung des Leitmotivs als Überleitung auf den 1. und 2. Vers

2. Strophe (V. 4–6): Wenn das Gegenüber ein Bild mit seinen Farben beschreiben könne, dann sollen Tätigkeit und Produkt ein Akt der Liebe sein.	drei Verse	Frage ohne Fragezeichen: „Kannst du …" (V. 4)	lyr. Ich stellt erneut eine Frage, die es gleich darauf mit einer Aufforderung „beantwortet" → möchte gar keine Antwort erhalten; Gegenüber muss nun entscheiden, ob es dieser Aufforderung nachkommen kann → Leser überlegt durch „du", ob auch er diesen Anspruch erfüllen könnte
		Konditionalsatz + Modalverb (können): „Kannst du mir … Dann …" (V. 4/6)	fehlendes „wenn" lässt sich schnell erschließen → Bedingung wird gestellt; Verb macht deutlich, dass man diese Fähigkeit nicht automatisch besitzen muss
		zwei Personalpronomen „du" und „mir" (V. 4)	enge Beziehung wird deutlich
		„Bild beschreiben / Mit deinen Farben" (V. 4/5)	ungewöhnliche Aufgabe: Beschreibung nicht nur mit Worten, sondern mit Farben → Leser wird angeregt, darüber nachzudenken, wie solch ein Bild der Liebe aussehen könnte, wie Liebe im Bild dargestellt werden kann, was seine eigenen Farben der Liebe sind, was er selbst darstellen würde
	Leitmotiv „… lass es Liebe sein" (V. 6)		Wiedererkennung, Betonung des Gesagten und Schlussfolgerung aus den Versen 4 und 5

3. Strophe (V. 7–10): Wenn das Gegenüber geht, was es schon einmal getan hat, dann soll es das lyr. Ich noch einmal anschauen und es sagen oder nicht.	vier Verse	Konditionalsatz „Wenn du …“ (V. 7)	leitet Möglichkeit ein
	Paarreim aa (V. 9/10)	Wiederholung des Verbs „gehen“ (V. 7/8), dabei Adverb „wieder“ vorangestellt	die Möglichkeit, dass der andere erneut geht, wird verstärkt dargestellt
		Imperative „Schau …“ (V. 9), „Sag's … sag es nicht“ (V. 10)	lyr. Ich spricht das Gegenüber so einerseits mit Nachdruck an, andererseits schwächt die Aussage in V. 10 die Aufforderung ab, denn der andere kann es sagen, muss es aber nicht → Leser stellt sich die Frage, was „es“ ist und warum das Gegenüber die Wahl hat
		abgewandelte Redewendung „ins Gesicht“ schauen (V. 9)	erinnert an Redewendung „jemandem in die Augen schauen“; übertragene Bedeutung, dass man erkennt, ob der andere ehrlich ist, lässt sich auch hier anwenden
		umgangssprachliche Wendungen „noch mal ins“ (V. 9), „Sag's“ (V. 10), durch Weglassen von Wortteilen ((ein)mal) oder Zusammenziehen von Wörtern (in das) oder Auslassen von Buchstaben (Sag es!)	Sprachökonomie; Alltagssprache
4. Strophe (V. 11–14): Das lyr. Ich bittet den anderen, sich erneut umzudrehen. Es kann seinen Blick deuten und wünscht sich gleichzeitig Liebe darin.	vier Verse	Imperative „Dreh dich bitte … um“ (V. 11) und „Lass“ (V. 13/14)	fließende Überleitung durch weitere Aufforderung, dabei höhere Eindringlichkeit durch das Verb „bitten“ → Fordern wird bittend Gegenüber muss nichts sagen, denn das lyr. Ich erkennt seine Gefühle für sich am Blick; zeigt, dass es ihn gut kennt

		umgangssprachliche Wendungen „noch mal“ (V. 11), „seh’s“ (V. 12)	Sprachökonomie; Alltagssprache
	Leitmotiv „Lass es Liebe sein“ (V. 13)	Wiederholung des Leitmotivs (V. 14)	wünscht sich sehr, dass es ein Blick der Liebe ist → Betonung/ Wichtigkeit des Anliegens
5. Strophe (V. 15–17): Lyrisches Ich fordert sein Gegenüber auf, wenn dieses nur noch einen Tag oder eine Nacht habe, dann sollen diese Liebe sein.	drei Verse	Frage ohne Fragezeichen: „Hast du …“ (V. 15)	lyr. Ich stellt erneut eine Frage, die es gleich darauf mit einer Aufforderung „beantwortet“→ möchte gar keine Antwort erhalten; Gegenüber muss nun entscheiden, ob es dieser Aufforderung nachkommen kann
		Konditionalsatz „Hast du … Dann“ (V. 15/17)	fehlendes „wenn“ lässt sich erschließen → Bedingung wird gestellt
		einschränkendes Wort „nur noch/ Nur“ (V. 15/16)	Worte und Gedanken sollen von nichts anderem als von Liebe ausgefüllt sein, selbst wenn das Gegenüber nur noch einen Tag oder eine Nacht hat
			Leser wird nachdenklich, weil ihm das Bewusstmachen dieser kurzen Zeitspanne wie ein mögliches Ultimatum erscheint
		Substantive (hier: Abstrakta): „Tag“/ „Nacht“/„Liebe“ (V. 15/16/17)	Konzentration auf die drei Nomen wird verstärkt → enge Verbindung der drei Wörter wird unterstrichen
	Leitmotiv „… lass es Liebe sein“ (V. 17)		Wiedererkennung; Betonung des Gesagten und Schlussfolgerung aus V. 15 und 16

6. Strophe (V. 18–20): Das lyr. Ich wagt es nicht, die Frage nach der Liebe zu stellen, fordert aber genau dazu sein Gegenüber auf, wenn dieses nur die Möglichkeit auf eine Frage hätte.	drei Verse Aufbau wie 1. Strophe	Konjunktiv II: „Hättest …“ (V. 18)	drückt Unwahrscheinlichkeit aus; vorsichtiges Anfragen zeigt Zweifel des lyr. Ichs
		einschränkendes Wort „nur“ (V. 18)	macht deutlich, wie wichtig die zu stellende Frage ist – Steigerung der Fragen hier auf dem höchsten Punkt → Gegenüber trägt Verantwortung, muss sich genau überlegen, ob es die Frage stellt
	Paarreim bb	Wortspiel „Frage … fragen wage“ (V. 18/19)	lyr. Ich traut sich nicht, sich direkt auszudrücken, möchte aber unbedingt, dass sein Gegenüber die Frage „Liebst du mich?“ stellt
		zwei Substantive (hier: Abstrakta): „Frage“/„Liebe“ (V. 18/20)	Fokussierung auf einen Aspekt: die Frage der Liebe
	Leitmotiv „… lass es Liebe sein“ (V. 20)		Wiedererkennung; Betonung des Gesagten und Schlussfolgerung aus V. 18 und 19
7. Strophe (V. 21–24)	WIEDERHOLUNG DER 3. STROPHE		
8. Strophe (V. 25–28)	WIEDERHOLUNG DER 4. STROPHE		
9. Strophe (V. 29–32): Das lyr. Ich ist der Meinung, dass die Liebe alles ist, was wir brauchen. Es fordert sein Gegenüber auf, alles hinter sich zu lassen, um noch einmal von vorn zu beginnen.	vier Verse	Aussagesatz mit Adverb „alles“ (V. 29) Personalpronomen „wir“ (V. 29) Vergleich „Noch viel mehr als …“ (V. 30)	lyr. Ich tritt viel selbstsicherer auf, ist sich im Prozess des Fragens darüber klar geworden, dass die Liebe das Wichtigste im Leben aller ist; zeigt Absolutheit in der Antwort Redensart „große Worte machen“ kommt Leser in den Sinn → es kommt also nicht auf eine pathetische Wortwahl oder Versprechungen an → keine leeren Worthülsen

		zwei Imperative: – in Verbindung mit Redewendung „Lass … alles hinter dir“ (V. 31) – in Verbindung mit umgangssprachlicher Wendung „Fang noch mal“ (V. 32)	lyr. Ich fordert Gegenüber zu einem radikalen Schnitt und Neuanfang auf; Natürlichkeit in der Sprache durch Gebrauch alltäglicher Wendungen → Verstärkung der Wirkung und Überzeugungskraft
10. Strophe (V. 33–36): Das lyr. Ich behauptet, dass Liebe alles sei, was wir brauchen.	vier Verse Aufgreifen der Überschrift	Konjunktion „Denn …“ (V. 33) Anknüpfen an 9. Strophe dreimaliges Wiederholen der Überschrift Adverb „alles“ in jedem Vers Zeilensprung (V. 35/36)	leitet Begründung für Aufforderung der vorangegangenen Strophe ein Begründung für den Neuanfang wird verstärkt; für die Liebe lohnt es sich, noch einmal anzufangen, weil sie einzigartig ist und über allem steht, einfach das Wichtigste ist Absolutheit wird deutlich unvollständige Überschrift wird zu einem vollständigen Satz → Botschaft des Textes unmissverständlich klar
11. Strophe (V. 37–38): Aufforderung an das Gegenüber, es Liebe sein zu lassen.	Leitmotiv „Lass es Liebe sein“ (V. 37/38)		Aufforderung hat Charakter eines Echos, erhält somit etwas Dauerhaftes

Schluss

– Formulieren der Autorenintention oder
– Äußern der eigenen Wertschätzung oder Sichtweise zum Liedtext oder
– Überlegung zur Aktualität der Textaussagen

Aufsatzbeispiel

Einleitung

Das Lied „Liebe ist alles“ stammt vom Berliner Pop-Duo Rosenstolz. Der Titel des Liedes weist auf das Thema des Texts hin. Während des ersten Lesens musste ich unweigerlich das Lied mitsummen, denn es gehört zu meinen Lieblingsliedern der Gruppe. Dass es nicht nur die Melodie ist, die im Kopf bleibt, sondern auch der Text, weiß ich seit einigen Wochen, weil ich zum ersten Mal so richtig verliebt bin. Im Moment bedeutet die Liebe zu meinem Freund alles für mich und ich kann mich in die Situation des lyrischen Ichs gut hineinversetzen.

Hauptteil

In meiner Interpretation will ich herausfinden, warum das Lied „Liebe ist alles" den Hörer so anspricht. Darin spricht ein lyrisches Ich ein Gegenüber an. Es stellt Fragen, erwartet jedoch keine Antworten, sondern liefert diese. Der andere wird aufgefordert, all sein Denken, Sagen und Tun mit Liebe erfüllt sein zu lassen. Die verrätselte Aufforderung, „es Liebe sein" zu lassen, zieht sich dabei als Leitmotiv durch den gesamten Text.

Das Lied besteht aus elf Strophen mit jeweils zwei bis vier Versen. Es ist bis auf wenige Ausnahmen reimlos; auch ein festes Metrum ist nicht erkennbar. Die Verse 9/10, 11/12 und 18/19 sind metrisch als vierhebige Trochäen verfasst. Auffällig sind die Großschreibung aller Versanfänge sowie die vielen Wiederholungen, z. B. die dreimalige Wiederholung der Überschrift in der vorletzten Strophe, die Wiederholung des Leitmotivs in 10 von 38 Versen (V. 3, 6, 13, 14, 17, 20, 27, 28, 37, 38) und der 3. als 7. Strophe sowie der 4. als 8. Strophe. Diese Wiederholungen sind einerseits typisch für einen Liedtext, andererseits werden die Eindringlichkeit und die Absolutheit der Aussage somit erhöht. Zu dieser Wirkung trägt ebenfalls das vermehrte Auftreten von Fragen und Imperativen bei. Die verwendeten Zeilensprünge erhöhen den Lesefluss. Das Weglassen sämtlicher Satzzeichen vermittelt den Eindruck, dass das lyrische Ich alles um sich herum ausblendet, nur für die Liebe lebt und diese Einstellung auch von seinem Gegenüber erwartet. Wenn es einem als Leser bzw. als Hörer gelingt, sich ganz auf die Thematik einzulassen, dann irritieren auch nicht die unstimmigen Bezüge im Leitmotiv „Lass es Liebe sein". Vielmehr wird man angeregt, zu überlegen, was sich hinter dem Pronomen „es" verbergen könnte. Überhaupt wird der Leser von Beginn an einbezogen, denn, obwohl man erkennt, dass die Anrede „du" nicht direkt den Leser meint, bewirkt diese Frageweise, dass man selbst auf alle gestellten Fragen eine eigene Antwort sucht.

In den drei Versen der 1. Strophe fordert das lyrische Ich sein Gegenüber auf, wenn dieses nur noch ein Wort zu sagen oder einen einzigen Gedanken zu denken habe, diese „Liebe sein" zu lassen. Es wartet die Antwort auf seine Frage gar nicht ab, sondern stellt sogleich seine Forderung „lass es Liebe sein" (V. 3), die hier erstmalig als Schlussfolgerung aus den einleitenden Versen und darüber hinaus als Leitmotiv für den gesamten Text steht. Der verwendete Konditionalsatz „Hast du … Dann" (V. 1/3) verdeutlicht, dass eine Bedingung gestellt wird: Wenn der andere nur noch ein Wort zu sagen oder einen Gedanken zu denken hat, dann soll er der Aufforderung nachkommen. Auch wenn das Personalpronomen „du" (V. 1) nicht den Leser meint, fühlt sich dieser in den Dialog einbezogen und denkt darüber nach, ob er den geforderten Anspruch erfüllen könnte. Das einschränkende Wort „n/Nur" (V. 1/2) unterstreicht den hohen Stellenwert der Liebe: Worte und Gedanken sollen von nichts anderem als von Liebe ausgefüllt sein. Da in der ersten Strophe lediglich die drei Abstrakta „Wort/Gedanken/Liebe" (V. 1/2/3) genannt werden und jedes dieser Substantive den Platz in einem Vers einnimmt, werden sie herausgestellt und die Konzentration des Lesers verstärkt sich auf diese Nomen.

Wenn das Gegenüber ein Bild mit seinen Farben beschreiben könne, dann sollen Tätigkeit und Produkt ein Akt der Liebe sein, verlangt das lyrische Ich in den drei Versen der zweiten Strophe. Der Aufbau ähnelt dabei dem der vorherigen Strophe: Einer Frage ohne Fragezeichen, als Konditional formuliert, die nunmehr durch das Modalverb „Kannst" (V. 4) eingeleitet wird, folgt der unmittelbare Aufruf in Form des oben genannten Leitmotivs. Das Modalverb „können" macht deutlich, dass der andere die erforderte Fähigkeit nicht automatisch besitzen muss. Es handelt sich dabei um eine ungewöhnliche Aufgabe, denn die Beschreibung des Bildes soll nicht mit Worten, sondern „Mit deinen Farben" (V. 5) erfolgen. Dieser Vers bewirkt, dass der Leser darüber nachdenkt, wie solch ein Bild der Liebe, beschrieben mit seinen Farben, aussehen könnte, wie Liebe im Bild dargestellt werden kann, was seine eigenen Farben der Liebe sind und was er selbst darstellen würde. Die Verwendung der Personalpronomen „du" und „mir" (V. 4) zeigt die enge Bindung des lyrischen Ichs und des angesprochenen Du – eine partnerschaftliche Beziehung wird auf diese Art verdeutlicht.

Die 3. Strophe, die ebenso als 7. Strophe erscheint, weist als formale Besonderheit einen Paarreim in den letzten beiden der vier Verse auf. In dieser Strophe verlangt das lyrische Ich von seinem Partner, dass er es noch einmal anschauen und es sagen soll oder nicht, wenn er geht (was er schon einmal getan hat). Durch die Verwendung des Konjunktivs „Wenn du …" (V. 7) und die Wiederholung des Verbs „gehen" (V. 7/8) mit dem vorangestellten Adverb „wieder" (V. 8) wird die Möglichkeit, dass der andere erneut geht, eindringlich dargestellt. Die Imperative „Schau" (V. 9) und sag's" (V. 10) bewirken einerseits, dass das lyrische Ich mit Nachdruck spricht, andererseits schwächt die Aussage „sag es nicht" (V. 10) die Aufforderung ab, denn der andere kann es sagen, muss aber nicht. Dem Leser oder Hörer stellt sich die Frage, was „es" ist und warum das Gegenüber die Wahl hat. Was das lyrische Ich jedoch unmissverständlich fordert, ist, dass der andere ihm „noch mal ins Gesicht" (V. 9) schauen soll. Unweigerlich kommt einem die Redewendung „jemandem in die Augen schauen" in den Sinn, deren übertragene Bedeutung, dass man erkennt, ob der andere ehrlich ist, sich auch hier anwenden lässt. Das lyrische Ich möchte es seinem Partner nicht so leicht machen, falls der sich entschließen sollte, es erneut zu verlassen. Er soll ihm die Wahrheit sagen in Bezug auf seine Liebe zu ihm und ihm dabei in die Augen sehen. Trotz der hohen Ernsthaftigkeit, die diese Forderung beinhaltet, kommt die Natürlichkeit in der Art und Weise des Gesagten zum Ausdruck. Umgangssprachliche Wendungen wie „noch mal ins" (V. 9), „Sag's" (V. 10), das Weglassen von Wortteilen ((ein)mal) sowie das Zusammenziehen von Wörtern (in das) oder das Auslassen von Buchstaben (Sag es!) unterstützen den Charakter einer alltäglichen Unterhaltung und lassen das Ausgesprochene somit authentisch und für den Leser nachvollziehbar wirken.

Die Überleitung zur nächsten vierzeiligen Strophe ist fließend, denn mittels einer weiteren Aufforderung bittet der Sprecher sein Gegenüber, sich noch einmal umzudrehen. Er kann den Blick des anderen deuten und wünscht sich gleichzeitig Liebe darin. Die Imperative „Dreh dich bitte … um" (V. 11) und „Lass" (V. 13/14) erzielen eine höhere Eindringlichkeit, wobei durch Benutzen des Wortes „bitte" (V. 11) das Fordern flehender wird. Im Gegensatz zur 3. Strophe muss der Angesprochene nun nichts sagen, denn das lyrische Ich erkennt seine Gefühle ihm gegenüber am Blick. Das zeigt, dass es ihm sehr vertraut sein muss. Die zweimalige Wiederholung des Leitmotivs betont die Wichtigkeit des Anliegens und unterstreicht den Wunsch des Sprechers nach einem Blick der Liebe von seinem Partner. Umgangssprachliche Wendungen wie „noch mal" (V. 11) und „seh's" (V. 12) tragen erneut dazu bei, dass das Gesagte ungezwungen und ehrlich auf den Leser oder Hörer wirkt und er sich in die Gesprächssituation hineinversetzen kann. Wie die 3. Stophe kann auch die 4. Strophe als eine Art Refrain betrachtet werden, denn nach drei weiteren Strophen erscheint sie noch einmal als 8. Strophe.

Die 5. Strophe weist formal eine große Ähnlichkeit mit der 1. Strophe auf. Es findet lediglich ein Austausch der Substantive statt, wobei die Darstellung noch knapper erfolgt, weil diesen keine Tätigkeit mehr zugeordnet wird. So fordert das lyrische Ich sein Gegenüber auf, wenn dieses nur noch einen Tag oder eine Nacht habe, dann sollen diese Liebe sein. Die enge Verbindung der drei Abstrakta „Tag/Nacht/Liebe" (V. 15/16/17) kommt deutlich zum Vorschein, gleichzeitig bewirkt das einschränkende Wort „nur noch/ Nur" (V. 15/16), dass der Leser nachdenklich wird, weil ihm der Hinweis auf diese kurze Zeitspanne wie ein Ultimatum erscheint. Das Fehlen des Tätigkeitswortes wirft die Frage auf: Wofür hat der Angesprochene nur noch einen Tag oder eine Nacht? Zum Leben, zum Überlegen, zum Treffen einer schwerwiegenden Entscheidung? Auch wenn die vom lyrischen Ich gestellte Frage in der Konditionalform steht und somit nur eine mögliche, aber eher unwahrscheinliche Situation darstellt, setzt man sich unweigerlich mit ihr auseinander. Was würde ich tun, wenn ich nur noch einen Tag und eine Nacht mit meinem Freund zur Verfügung hätte? – Die Aufforderung des lyrischen Ichs an sein Gegenüber tritt erneut als Leitmotiv im letzten der drei Verse auf.

Eine Parallele im Aufbau zur 1. Strophe ist auch in der dreizeiligen 6. Strophe zu erkennen, jedoch kommt dieser eine besondere Funktion zu: Das Fragen des lyrischen Ichs erreicht hier seinen Höhepunkt. Es traut sich nicht, die Frage nach der Liebe zu stellen, fordert aber genau dazu seinen Partner auf, wenn dieser nur die Möglichkeit zu einer einzigen Frage hätte. Der

Leser spürt die Unsicherheit und den Zweifel des Sprechers, die in dieser Anfrage mitschwingen, denn die Verwendung des Konjunktivs II „Hättest" (V. 18) drückt die Unwahrscheinlichkeit aus, dass der Angesprochene genau diese eine Frage stellt. Dieser muss sich dessen bewusst sein, dass er „nur" (V. 18) die Möglichkeit einer Frage hätte. Daraus resultiert eine hohe Verantwortung, denn man fragt einen Menschen nicht leichtfertig, ob dieser einen liebt. Das lyrische Ich möchte die drei Worte „Liebst du mich?" unbedingt hören, obwohl es selbst nicht den Mut aufbringt, diese Frage an sein Gegenüber zu richten. Es traut sich auch nicht, sich direkt auszudrücken, vielmehr mildert es die Brisanz des eigentlichen Frageinhalts durch das gereimte Wortspiel „Frage … fragen wage" (V. 18/19) ab. So will es vielleicht, seine Unsicherheit verbergen. Am Schluss wird trotz aller Ungewissheit das Leitmotiv wiederholt.

Nach der Wiederholung der 3. und 4. als 7. und 8. Strophe schließt sich die 9. Strophe mit vier Versen an. Das lyrische Ich, das nun das Pronomen „wir" verwendet, ist der Meinung, dass die Liebe alles ist, was wir brauchen. Es fordert sein Gegenüber auf, alles hinter sich zu lassen und noch einmal von vorn zu beginnen. Das lyrische Ich ist sich im Prozess des Fragens darüber klar geworden, dass die Liebe das Wichtigste im Leben aller ist. Der Aussagesatz mit dem Adverb „alles" (V. 29) sowie das Personalpronomen „wir" (V. 29) lassen den Sprecher viel selbstsicherer auftreten und zeigen die Absolutheit seiner Antwort. Um den Partner, aber auch den Leser, wirklich zu überzeugen, wird noch ein Vergleich angeführt: Liebe ist „[n]och viel mehr als große Worte" (V. 30). Beim Lesen dieses Verses kommt einem unweigerlich die Redensart „große Worte machen", die für dramatisch reden, viele Versprechungen machen oder auch prahlen steht, in den Sinn. Sie unterstützt die Aussage der Strophe: Liebe lebt von den inneren Werten, braucht keine Erklärungen, keine Beschreibungen. Das lyrische Ich betont aber nicht nur diesen Aspekt, sondern es fordert seinen Partner zur direkten Umsetzung auf: Er soll einen radikalen Schnitt und einen Neuanfang machen. Auffällig in der Sprache des lyrischen Ichs ist die Natürlichkeit durch den Gebrauch alltäglicher Wendungen. Zwei Imperative, der eine in Verbindung mit einer Redewendung zu dem Vers „Lass … alles hinter dir" (V. 31) formuliert, der andere als umgangssprachliche Wendung „Fang noch mal" verfasst, verstärken die Wirkung und erhöhen die Überzeugungskraft.

Warum der andere aufgefordert wird, alles hinter sich zu lassen und noch einmal von vorn zu beginnen, begründet das lyrische Ich in der 10. Strophe, die aus vier Versen gebildet ist. Es behauptet, dass die Liebe alles ist, was wir brauchen. Die Begründung für den geforderten Neuanfang wird jedoch nicht nur durch die Überleitung verstärkt, sondern vor allem durch das dreimalige Wiederholen der Überschrift „Liebe ist alles" (V. 33/34/35). Für die wahre Liebe lohnt es sich, noch einmal von vorn zu beginnen, weil sie einzigartig ist und über allem steht. Dass sie einfach das Wichtigste ist, soll durch viermaliges Nennen des Adverbs „alles" (V. 33/34/35/36) ausgedrückt werden. Beachtet der Leser den Zeilensprung zwischen den letzten beiden Versen, dann bemerkt er, dass aus der unvollständigen Überschrift ein vollständiger Satz wird: „Liebe ist alles/Alles was wir brauchen" (V. 35/36). Dieser bildet unmissverständlich die Botschaft des Textes.

Die elfte und letzte Strophe greift in ihren beiden Versen das Leitmotiv noch einmal auf. Durch die Wiederholung erhält die Aufforderung den Charakter eines Echos und somit etwas Dauerhaftes. Alles Wesentliche wurde bereits gesagt, so muss das lyrische Ich nur noch einmal an den Auftrag erinnern. Als Leser kann man sich sehr gut ein sanftes Mahnen mit gedämpfter Stimme vorstellen.

Schluss

Auch nach Ausklang der letzten Verse hat man als Leser oder Hörer das Lied noch eine Weile im Ohr. Der Text ist leicht verständlich und einprägsam, die Melodie eingängig. Außerdem wird einem zeitlosen Thema Raum gegeben, was für mich im Moment besonders aktuell ist. Mich bewegen in meiner Beziehung ähnliche Fragen und Wünsche und mir gefällt, dass es jemanden gibt, der sie offen ausspricht und der mich zum Nachdenken anregt. Ich höre mir das Lied des Pop-Duos Rosenstolz immer wieder gern an.

Realschulabschluss Deutsch in Thüringen: Prüfungsaufgaben 2013
Aufgabe 4

Aufgabe:

Legen Sie Ihre Gedanken und Gefühle zu dem folgenden Zitat dar. Schildern Sie dabei eine reale oder fiktive Situation.

„Mit einer geballten Faust kann man keinen Händedruck wechseln.“
(Indira Gandhi)

In: Das große Handbuch der Zitate. Von der Antike bis zur Gegenwart, Gütersloh/München 1993, S. 376

Lösung

Hinweis: Bei dieser Aufgabenstellung sollst du deine Gedanken und Gefühle zu dem vorgegebenen Zitat von Indira Gandhi darlegen, indem du eine reale oder fiktive Situation schilderst. Dazu ist es zunächst wichtig, dass du das Zitat gründlich erschließt, d. h. von der Bild- auf die Sachebene überträgst. Gefordert wird von dir eine Schilderung, d. h. eine Momentaufnahme, die in einen entsprechenden Kontext eingebettet ist. Es ist dir freigestellt, ob diese Situation wirklich stattgefunden hat oder nicht. Das Zitat muss im Aufsatz nicht wortwörtlich angeführt werden, jedoch ist es unerlässlich, dass dessen Grundaussage klar widergespiegelt wird.
Beim Verfassen dieser subjektiven Aufsatzform musst du deine Gedanken und Gefühle einfließen lassen. Das Beschreiben und Ausschmücken einer bestimmten Situation wird dir gelingen, wenn du persönlich und ausdrucksstark formulierst. Das erreichst du durch das wirkungsvolle Einsetzen entsprechender sprachlicher Mittel wie Metaphern, Vergleiche, Fragen, aussagekräftige Verben, Adjektive und Substantive. Formuliere auch eine ansprechende Überschrift.
Die Darstellung der Schilderung erfolgt in Anlehnung an die Aufgabenstellung in der Ich-Form. Mögliche Zeitformen sind Präsens und Präteritum. Der Aufbau muss nicht streng in Einleitung, Hauptteil und Schluss gegliedert sein, denn eine Schilderung führt den Leser oft unvermittelt in eine Situation hinein und bricht häufig auch abrupt ab. Trotzdem darfst du deine Ideen nicht wahllos aneinanderreihen. Es ist ratsam, die Vorüberlegungen in einer gegliederten Stoffsammlung festzuhalten.

Analyse und Eingrenzen des Themas

Zitat:	„Mit einer geballten Faust kann man keinen Händedruck wechseln.“	
	geballten Faust ↓	Händedruck wechseln ↓
Entschlüsseln der Bilder ↓	– symbolisiert Wut und Abwehr ↓	– Zeichen der Begrüßung und Versöhnung – Signal des gegenseitigen Verständnisses, des Aufeinander-Zugehens, des Übereinstimmens ↓

Bilder in Beziehung setzen ↓	– zwei geballte Fäuste prallen aufeinander (Konfrontation) – eine geballte Faust und eine geöffnete Hand finden nicht zueinander (Aufeinander-Einlassen nicht möglich) Schlussfolgerung: geballte Faust muss sich öffnen, um Händedruck zu ermöglichen
Erfassen der Lebensweisheit ↓	– Wut und Abwehr verhindern das Aufeinander-Zugehen und das Lösen des eigentlichen Problems bis hin zur Versöhnung
Erkennen der Problematik bzw. Forderung	Solange ein Mensch wütend ist, kann er weder seine eigenen Probleme noch die der anderen lösen. Nur eigenes besonnenes Handeln, ohne Wut und Hass, führt eine Änderung herbei.

Stichpunktartige Stoffsammlung und Gliederung

Hinweis: Das nachfolgende Beispiel für die Schilderung ist aufgrund der subjektiven Darstellungsform als Vorschlag zu betrachten.

Einleitung

– Zitat Indira Gandhis als Anlass für einen Blick in die Vergangenheit

Hauptteil

– Freundschaft zwischen der Ich-Erzählerin Tini und ihrer Freundin Biene
  - Schildern der Besonderheit der Beziehung
  - Darstellen der Ursache für den Bruch und die Auswirkung auf die beiden, dabei besonders die Gefühle der Ich-Erzählerin in den Mittelpunkt rücken
  - abrupte Zerstörung der vorsichtigen Annäherung der beiden Protagonistinnen durch Tod Bienes

Schluss

– Bezugnahme zum Zitat aus der Einleitung

Aufsatz

„Mit einer geballten Faust kann man keinen Händedruck wechseln.“ Da steht es schwarz auf weiß. Wieder und wieder lese ich den Satz, murmle ihn halblaut vor mich hin. Ich sehe ihn noch vor mir, selbst als ich mich schon längst abgewendet habe. Er hat sich in meinem Kopf eingenistet, macht sich breit, umklammert mein Herz, sodass es schmerzt. Ich fühle mich schuldig, ich bin schuld. Ich merke, wie die Tränen in mir hochsteigen. Vor meinen Augen verschwimmt das Hier und Jetzt, dafür läuft der Film der Vergangenheit umso klarer vor mir ab.

Wir waren seit einer Ewigkeit befreundet. Ich kannte Biene aus dem Kindergarten, zudem wohnten wir Tür an Tür, was uns, wie meine Mutter immer sagte, zu einem unberechenbaren Terror-Duo zusammenwachsen ließ. Jede freie Minute verbrachten wir miteinander, teilten zunächst im Sandkasten unsere Geheimnisse und Sorgen, später in Bienes Gartenlaube den ersten Liebeskummer, Stress in der Schule und Ärger mit den Eltern. Wir waren wirklich ein solch eingeschworenes Team, dass wir wussten, was dem anderen guttat und dass man ihm vertrauen konnte. Natürlich gab es im Verlauf der Jahre auch andere Freunde und Interessen und wir hatten mit zunehmendem Alter nicht mehr so viel Zeit füreinander. Trotzdem hielten wir an bestimmten Ritualen fest, um die uns so manche beneideten. Eine dieser selbstverständlichen Gewohnheiten war, dass wir unseren ersten Ferientag stets zusammen verlebten. Dieser Tag gehörte nur uns, dem Faulenzen, Lachen, gemeinsamen Kochen und Träumen. Er war zu etwas Besonderem geworden und ich hätte nie im Leben daran gedacht, dass sich daran etwas hätte ändern können. Es war eine Woche vor den Sommerferien und ich höre ihre Stimme am Telefon noch wie heute. „Du, Tini, das wird nichts mit unserem Treffen am ersten Ferientag. Ben und Anna haben mich auf eine Segeltour eingeladen …" Ich dachte, ich hätte mich verhört, und spürte, wie sich ein dicker Kloß im Hals bildete. „Bloß nicht anfangen zu heulen", hämmerte es in meinem Kopf. „Reiß dich zusammen, bleib cool!", flüsterte eine Stimme in mir. Ich nahm allen Mut zusammen, aber mehr als ein weinerliches „Macht nichts, ist ja nicht so schlimm" kam nicht aus mir heraus. Ich legte den Hörer auf. – Doch, es war schlimm, sehr schlimm sogar. Ich schluchzte hemmungslos, meine Gedanken wirbelten durcheinander. Warum tat sie mir das an? Bedeutete ihr unser Tag gar nichts mehr? Waren all die Jahre dieses Ferienrituals nichts mehr wert? Ich war so traurig, dass ich um mich herum nichts mehr richtig wahrnahm. Nicht den letzten Schultag mit meinem guten Zeugnis, nicht den wunderbaren warmen Sommer, selbst den Urlaub mit meiner Familie am Meer konnte ich nicht genießen. Immer wieder kreisten meine Gedanken um Bienes Verrat, denn als solchen betrachtete ich ihre Absage. Auf das „Warum?" fand ich keine Antwort. Ich war tief verletzt und zum Ende der Ferien stand für mich fest, dass ich Bienes Freundschaft nicht mehr wollte.

Ich mied sie, wo ich nur konnte, und zeigte ihr deutlich, dass ich auf ihre Gesellschaft keinen Wert mehr legte. Laut lachte und alberte ich nun mit den anderen Mädchen herum, doch mein selbst auferlegtes Abstandhalten fiel mir nicht leicht, es forderte viel Kraft. Aber ich wollte es Biene spüren lassen, wie weh es tat, wenn der andere einen fallen ließ wie eine heiße Kartoffel. So begann ich, mit ihren Gefühlen zu spielen. Ich tat eine Zeit lang so, als ob ich den Kontakt wieder mit ihr suchen würde, um sie dann unvermittelt stehen zu lassen. Biene sagte nichts, aber sie bemerkte, welches Spiel ich spielte, denn manchmal sah ich ihren traurigen Blick auf mir ruhen. Einmal kam sie auch von selbst auf mich zu und versuchte, sich zu erklären, sich zu entschuldigen. Es fiel ihr nicht leicht, ihre Schuld zuzugeben, sie wand sich und meinte, dass doch der gemeinsame erste Ferientag in den letzten Jahren nicht mehr den Stellenwert gehabt und ich mich ebenfalls verändert hätte. Ganz vorsichtig fügte sie hinzu, dass sie gar nicht gedacht hätte, dass mir der Tag noch so viel bedeutete. Biene hatte gemerkt, wie sehr sie mich verletzt hatte, und wollte den ersten Schritt der Versöhnung gehen. Ich jedoch war nachtragend und nur darauf aus, sie spüren zu lassen, was ich einen Sommer lang durchgemacht hatte. Manchmal erschrak ich vor mir selbst und fragte mich, was mit mir los war. Machte es mir Freude, sie so leiden zu lassen, oder war es doch die Angst davor, in einer erneuten Freundschaft möglicherweise nochmals verletzt zu werden? Die Wunde saß tief in mir und war noch Monate später nicht richtig verheilt.

Zu meinem letzten Geburtstag hatte ich alle eingeladen, die Lust auf eine Party hatten. Biene kam auch und zum ersten Mal seit einer langen Zeit hatte ich das zaghafte Gefühl, dass ich unserer Freundschaft wieder eine Chance geben konnte.
Eine Woche später erfuhr ich von ihrem Tod. Sie war auf eisglatter Straße mit ihrem Mofa verunglückt.

Wieder sind es Fragen, die auf mir lasten, die wie Ketten meine Brust umschnüren. Warum habe ich ihr Entgegenkommen, ihren Versuch des Händedrucks nicht schon eher angenommen? Warum zeigte ich in meiner Verletztheit nur die geballte Faust? Habe ich durch mein Verhalten nicht auch eine wunderbare Freundschaft zerstört? – Wie sinnlos erscheint mir jetzt der monatelange Krieg, aber ich kann nicht ungeschehen machen, was geschehen ist.

Ihre Meinung ist uns wichtig!

Ihre Anregungen sind uns immer willkommen. Bitte informieren Sie uns mit diesem Schein über Ihre Verbesserungsvorschläge!

Titel-Nr.	Seite	Vorschlag

Bitte hier abtrennen

Bitte hier abtrennen

Zutreffendes bitte ankreuzen!

Die Absenderin/der Absender ist:

- ☐ Lehrer/in in den Klassenstufen: ____
- ☐ Fachbetreuer/in
  Fächer: ____
- ☐ Seminarlehrer/in
  Fächer: ____
- ☐ Regierungsfachberater/in
  Fächer: ____
- ☐ Oberstufenbetreuer/in
- ☐ Schulleiter/in
- ☐ Referendar/in, Termin 2. Staatsexamen: ____
- ☐ Leiter/in Lehrerbibliothek
- ☐ Leiter/in Schülerbibliothek
- ☐ Sekretariat
- ☐ Eltern
- ☐ Schüler/in, Klasse: ____
- ☐ Sonstiges: ____

Unterrichtsfächer: (Bei Lehrkräften!)

____

STARK Verlag
Postfach 1852
85318 Freising

Bitte ausfüllen und im frankierten Umschlag an uns einsenden. Für Fensterkuverts geeignet.

23_V2N

Kennen Sie Ihre Kundennummer? Bitte hier eintragen.

Absender (Bitte in Druckbuchstaben!)

Name/Vorname

Straße/Nr.

PLZ/Ort/Ortsteil

Telefon privat

Geburtsjahr

E-Mail

Schule/Schulstempel (Bitte immer angeben!)